Collection
"Mémoire du Finistère"

Dans la collection **Mémoire du centre Bretagne**

1939-1945 en centre Bretagne (tome 1)
« Nous vaincrons parce que nous sommes les plus forts »

1939-1945 en centre Bretagne (tome 2)
« À chacun sa boussole »

1939-1945 en centre Bretagne (tome 3)
« Le bras de fer »

1939-1945 en centre Bretagne (tome 4)
« Les lendemains qui chantent »

Dans la collection **Mémoire du pays de Lorient**

Lorient sous les bombes (tome 1)

Lorient à l'heure de l'évacuation (tome 2)

Lorient sous le tir des canons (tome 3)

Lorient 1946, le grand retour (tome 4)

De Lorient à Port-Louis, 1947-1950 (tome 5)
Paul Le Melledo

1944-1945 entre Scorff et Laïta
Gestel, Guidel, Quéven dans la poche de Lorient

Lorient, ses Hommes illustres
Patrick Bollet

Lorient 1945-1950, renaissance d'un arsenal et d'un port
section Histoire du Club culturel et artistique de la Défense

Dans la collection **Mémoire du Morbihan**

Grandes et petites histoires de tramways et petits trains en Morbihan
Yannic Rome

1744-2006 - La Franc-maçonnerie en Morbihan
Yannic Rome

La Jeunesse d'Albert

De la Bretagne à l'Algérie

Photo de couverture : collection personnelle de M. Naour.

N° ISBN 13 : 978-2-84497-101-2

Imprimé par NIL - 58500 Clamecy - 801196

Albert Naour - Marcel Gozzi

La Jeunesse d'Albert

De la Bretagne à l'Algérie

LIV'ÉDITIONS
Carrefour du livre
20, rue de Portz-en-Haie
56320 LE FAOUËT
www.liv-editions.com

SOMMAIRE

Introduction

J'avais acheté une maison en Bretagne, déménagé, traversé la France d'est en ouest et jeté l'ancre en Cornouaille sud, à Clohars-Carnoët. Comme beaucoup d'« étrangers » à ce pays, j'étais amoureux de la Bretagne, conquis par les paysages et séduit par la gentillesse des habitants. Je voulais mieux connaître mon pays d'adoption. Souvent, je rencontrais mon voisin Albert Naour. Parfois, il me racontait un épisode de sa « drôle de vie » avec beaucoup d'humour et un talent affirmé de conteur. Ainsi l'idée d'écrire son histoire a-t-elle fait son chemin. Me l'a-t-il demandé ou le lui ai-je proposé ? L'initiative est-elle venue de moi ou de lui ? Je ne m'en souviens plus. Je me suis dit : « Pourquoi pas ? »

Raconter la jeunesse d'Albert était une occasion de mieux connaître la Bretagne profonde, les Bretons, leur vie, leurs mœurs, cinquante années plus tôt. Une plongée dans un monde presque déjà oublié, un retour sur le passé, une découverte et une exploration.

Albert est né à Locunolé, dans l'arrière-pays de Quimperlé. Fils et petit-fils de paysans.

Moi-même issu de famille paysanne, mais à l'est de la France, j'éprouvais de l'intérêt et du plaisir à confronter nos expériences et comparer les modes de vie. « Ce serait bien le diable, pensais-je, si je ne découvrais pas quelques similitudes entre les deux extrêmes : la Franche-Comté, province de vieilles coutumes, longtemps et farouchement indépendante, dont le patois, langue orale, perd ses derniers locuteurs, et la Bretagne, province, ancien royaume, duché de vieille civilisation celtique dont la culture retrouve et développe ses racines et son folklore, et dont la langue tente de survivre par l'écrit. »

J'ai rencontré Albert une fois par semaine.

Il m'a parlé de sa jeunesse.

Les souvenirs étaient parfois incertains, la pensée confuse et la parole réticente. Souvent, nous sommes revenus en arrière pour corriger ou compléter le récit. Souvent, nous avons essayé de renouer les fils ténus de la mémoire. Les débuts ressemblaient à des enfantements laborieux. Mais nous avons persévéré. Lentement, la confiance est venue avec les souvenirs retrouvés. J'étais captivé par le récit. J'écrivais sous sa dictée. Je l'interrompais pour quelque précision utile. Je remettais de l'ordre dans ses chronologies. Peu à peu, nous reconstruisions sa vie et sa généalogie. Dans le dédale de l'histoire, je voulais voir clair. Je définissais des chapitres. Avec son aide, je retrouvais les dates approximatives. Parfois, nous allions sur le terrain et dans les cimetières et les mairies pour reconnaître les lieux ou chercher des documents utiles. Lentement, nous émergions du tumulte des souvenirs. Ensemble, nous construisions la « Jeunesse d'Albert ».

Je me demandais pourquoi Albert souhaitait me parler de sa jeunesse. J'ai enfin compris quand nous avons abordé son service militaire.

Cette période marquait un tournant dans sa vie.

Il fut incorporé en 1955. À cette époque, la guerre sévissait en Algérie. Après quelques mois d'instruction peu ordinaire, ses supérieurs l'envoyèrent dans les Aurès, puis en Petite Kabylie. Il y resta vingt mois. Ce qu'il me raconta était terrible.

Pendant cette période dite d'instruction qu'il appelait ses « classes », on ne l'avait pas informé, on ne l'avait pas préparé à ce qui l'attendait.

La vie en Kabylie l'avait marqué pour toujours.

Enfin il devenait plus loquace. Ses souvenirs gagnaient en précision. Le passé remontait à la surface de sa mémoire comme les bulles explosives d'une solfatare agitée. Il écrasait sa conscience d'un poids difficile à supporter. D'autant plus difficile que jamais, depuis sa « libération » jusqu'à présent, soit pendant quarante-huit années, il n'avait trouvé quelqu'un à qui se confier.

C'est de ce passé-là qu'il souhaitait parler.

C'est pour cela qu'il voulait que j'écrive l'histoire de sa jeunesse.

Quand Albert me parlait de ses jeunes années, j'étais son confident, son confesseur, presque son thérapeute. Le nom importe peu. L'essentiel est qu'il ait pu s'exprimer.

Dès lors, il s'est mis à écrire lui-même chaque page de sa navrante histoire.

Quand nous nous rencontrions, Albert me lisait le texte qu'il avait préparé au prix d'un énorme effort de recherche intérieure. Et je prenais des notes, car jamais il n'a consenti à se séparer de son brouillon manuscrit. Parfois, il travaillait la nuit, fouillant ses souvenirs, interrogeant sa conscience, se demandant comment et pourquoi il avait pu traverser les aventures qui sont relatées dans ce récit et survivre à l'horreur. C'était pathétique. Pathétique à en pleurer. Oui, Albert a pleuré devant moi, parfois.

Pendant qu'il lisait un texte griffonné avec peine, application et émotion comme un élève studieux, je prenais des notes en style télégraphique. Puis, seul, je transcrivais son récit sur mon ordinateur. Le lendemain ou plus tard, je lui remettais ma copie. Il la corrigeait, l'émondait comme un arbre mal poussé, la commentait et la complétait. Il voulait que le récit fût exact, précis, fidèle. Il voulait que si, un jour, ses compagnons d'infortune venaient à lire ses aventures, aucun ne puisse contester ce qu'il considérait comme « la vérité », je dirais presque historique. Je reprenais mon écriture. Lentement, nous tournions les pages de cette histoire particulière ; nous posions les jalons de la difficile jeunesse d'Albert.

L'opération d'écriture, l'expression orale des phases de sa vie, l'effort de réflexion, la concentration – le soir tard parfois, quand, sur le papier, Albert couchait les souvenirs de son aventure algérienne – ont joué le rôle d'une thérapie.

J'ai compris, en écoutant cet homme qui avait beaucoup souffert à l'époque où il « crapahutait » dans le bled, combien certains souvenirs douloureux sont difficiles à exprimer. J'ai découvert la souffrance et la misère des soldats du contingent, expédiés en Algérie, obligés parfois d'accomplir contre leur gré des actes qu'ils réprouvaient et qu'aucune âme sensée ne pouvait cautionner. J'ai découvert l'horreur de cette guerre dite de « pacification » et de « maintien de l'ordre », une guerre qui cachait sa véritable identité : la poursuite de l'asservissement d'une population sous le joug de la colonisation défendue par notre armée.

À cette époque, nos hommes politiques clamaient haut et fort : « L'Algérie, c'est la France », mais nos malheureux soldats du contingent, qui occupaient ce beau pays contre leur gré, savaient bien, eux, que le sol qu'ils foulaient n'était pas la France et que les populations des villages qu'ils ratissaient, ou que parfois les bombes de nos avions rasaient n'étaient pas leurs amies.

Trop de souvenirs douloureux et poignants ont été refoulés dans les mémoires offensées des soldats du contingent. Trop de crimes ont été perpétrés, qui impliquaient des jeunes gens innocents au départ et qui souffrirent ensuite de troubles psychiques. Trop d'exactions ont été commises contre des personnes qui n'aspiraient qu'à cette chose que tout être humain désire profondément : retrouver la liberté confisquée. Oui ! La liberté des Algériens fut confisquée par l'envahisseur français, pendant cent trente ans. Cent trente années de colonisation, rébellion et répression. Cent trente années de malheur pour presque tout un peuple et des centaines de milliers de soldats français appelés. Trop de sang a été versé en vain.

Et l'épilogue sanglant ! La guerre dite d'Algérie qui dura presque dix années.

Et je ne parle pas des massacres de Sétif en 1945. Ils préfigurent et préparent ceux qui, entre 1954 et 1962, ont endeuillé l'Algérie et la France.

Albert Naour a pris sa part du désastre. Il a perdu vingt mois de sa jeunesse. Ensuite, il a souffert pendant quarante-huit ans. Et il continue de souffrir en son âme et conscience. Beaucoup de ses compagnons d'armes sont morts (plus de dix pour cent de l'effectif de son régiment pendant la durée de son séjour forcé en Kabylie, et c'est énorme). Beaucoup ont été blessés dans leur chair. Mais tous ont souffert moralement. La souffrance morale de l'homme honnête obligé d'accomplir contre son gré des tâches qui lui répugnent engendre remords, dégoût et honte. Ce que l'on fait contre sa conscience et contre la morale, on ne s'y résigne jamais, même si, avec l'habitude et la routine, on devient presque un automate. C'est pourquoi les jeunes du contingent, revenus de l'enfer, ont été si peu bavards.

Aucun soldat n'est revenu indemne. Albert était malade de l'Algérie. L'écriture de sa vie dans les djebels fut une thérapie pour lui.

Par boutade, je lui ai dit un jour :

— Albert, je devrais peut-être vous demander vingt euros chaque fois et vous devriez, en plus, me dire : merci, docteur !

Savez-vous ce qu'il m'a répondu ?

— Non, Marcel ! Je devrais plutôt vous verser des honoraires de spécialiste.

Au fur et à mesure de nos conversations, j'ai senti poindre une amélioration. Peu à peu, Albert se détendait. Il m'a même avoué qu'il se sentait mieux dans sa peau. Parce qu'il écrivait, parce qu'il se confiait, il terrassait ses vieux démons. Il retrouvait un équilibre détruit par presque deux années de guerre.

Ce n'est pas par hasard si ses compagnons de souffrance, jetés comme lui sur les montagnes de Kabylie pendant plusieurs mois, obligés de supporter les horreurs d'une guerre innommable, ont longtemps hésité à se retrouver. Vingt-sept années se sont écoulées depuis leur départ du bled avant qu'ils ne reprennent contact. Pourquoi ? C'était peut-être le temps nécessaire, non pas pour oublier, parce que certaines scènes vécues ne s'oublient jamais, mais pour être capables de dominer leurs angoisses et vomir leurs dégoûts. Et encore, ils ne parlent jamais entre eux de certains événements atroces et inhumains, impossibles à conter.

La malheureuse expérience d'Albert fut celle de centaines de milliers de jeunes qui maintenant approchent du terme de leur vie. Albert veut témoigner pour laisser une trace écrite. Puisse cette part de mémoire, transcrite avec un réel effort d'exactitude, servir à d'autres générations ! Puisse ce maigre écrit aider modestement à l'information de quelques-uns ! Qu'ils soient préservés de l'oppression militaire, religieuse, étatique ou sectaire ! Au moins, ensemble, Albert et moi, nous aurons fait une œuvre humaine et utile.

Et maintenant, laissons parler Albert !

Marcel GOZZI

I – Ma tendre jeunesse

Locunolé

Mes parents étaient agriculteurs à Locunolé, un village situé au nord de Quimperlé, en Cornouaille sud, dans le département du Finistère. Ils résidaient au manoir du Cosquer (le *vieux hameau*, en breton local) ou plutôt ils partageaient ce manoir avec la propriétaire, une dame prénommée Françoise, personne assez âgée, charmante et gentille.

C'est là que je suis né, le 4 novembre 1934, à deux pas de la chapelle Sainte-Gertrude et de la route départementale 790 qui relie Quimperlé au Faouët. Ma mère a accouché dans sa maison. C'était ainsi, avant la guerre. Quand les douleurs annonçaient l'enfantement, un dévoué allait chercher la sage-femme qui habitait à Quimperlé, rue Thiers. Elle s'appelait Mme Madigou. Il fallait atteler le char à bancs, une carriole à deux roues, avec deux bancs (l'un fixe, l'autre démontable) et partir vite.

La sage-femme se faisait aider par des voisines. En général, l'accouchement se passait bien. Pour fêter l'heureux événement, on débouchait une bouteille d'eau-de-vie et on invitait les voisins. Par précaution, on baptisait le nouveau-né dans les huit jours qui suivaient la naissance. C'était une assurance pour le Ciel. Souvent, les nouveau-nés mouraient peu après leur naissance, faute de soins adéquats.

Je m'appelle Albert André Naour. Mon oncle paternel, Corentin Naour, m'a donné ces deux prénoms. Avec mon nom de famille, je devrais être riche, car « Naour » vaut de l'or. Deux dames de Quimperlé qui faisaient des recherches sur l'origine des noms de famille et la microtoponymie, qui est l'étude des noms de lieux-dits, m'ont expliqué que mon nom dérivait de *aour* qui veut dire « or » en breton. Avec l'usage, la lettre « N » est venue le renforcer, pour l'euphonie. Mes ancêtres furent peut-être chercheurs d'or ou batteurs – on nommait ainsi les orfèvres qui moulaient les feuilles d'or pour décorer les meubles et les fresques. Mais moi, je n'ai jamais roulé sur l'or.

J'ai vécu les deux premières années de ma vie au manoir du Cosquer, mais je n'en garde pas de souvenirs précis : j'étais trop jeune. Ma famille occupait deux pièces principales, très vastes, flanquées de cheminées monumentales ; dans chacune, on pouvait faire griller un cochon entier sous le manteau. Le bâtiment du manoir est encore visible maintenant, à droite de la route qui conduit au Faouët, à la sortie de Locunolé.

Mon père était agriculteur. À cette époque, on travaillait manuellement et sans moteurs. Les pauvres gens n'avaient que leurs muscles et leur courage. Du courage, mes parents n'en manquaient pas. Il nous a permis de franchir le cap de notre tendre jeunesse. À notre tour, imitant nos parents et grands-parents, nous avons travaillé dur.

Des champs, des prés et des petits bois jouxtaient le manoir. Je ne connais pas leur étendue, mais ils suffisaient pour faire vivre notre petite famille : mon père, Jean-Louis Naour, ma mère, Marie-Louise Le Naour, ma sœur aînée Odette, mon frère Rémi (deuxième par le rang de naissance) et moi-même, le quatrième. Un autre frère Georges (le troisième), né en 1932, est décédé à l'âge de 56 jours, victime d'une diarrhée verte, maintenant on dit toxicose, ça fait plus savant. Plus tard, en 1943, ma sœur Marie-Thérèse, la petite dernière, viendra grossir les rangs de notre famille. Certains prétendent qu'elle fut « gâtée »... Mais passons !

Ma mère, Marie Le Naour, portait presque le même nom que son époux, mais l'article placé devant faisait la différence. Si j'en crois les rumeurs, elle devait être sa petite-cousine au troisième degré, mais, quand elle épousa mon père, les curés omirent de vérifier le degré de consanguinité. Plus tard, à l'occasion du mariage du frère de ma mère, Jean Le Naour, avec la sœur de mon père, Marie Naour, ils découvrirent leur erreur. Ils accordèrent une dispense à mes parents, mais ils les obligèrent à se remarier (simple formalité) le jour de l'union de leurs frère et sœur. Ainsi, mes parents se sont mariés deux fois. Le second mariage fut béni à la petite messe de sept heures et sans cérémonie.

Comment vivions-nous, au manoir du Cosquer, à Locunolé ?

Mon père et ma mère exploitaient des terres de landes, assez légères, propices à la culture du blé, du seigle et de la pomme de terre, et un verger de pommiers à cidre. Ils élevaient des animaux domestiques : quelques vaches, deux chevaux pour tirer la charrue, des cochons, des lapins, des poules, des chats et des chiens. Les vaches nous donnaient leur lait et nous vendions leurs veaux chaque année ; le cheval nous aidait pour la traction ; les cochons et les lapins nous apportaient leur viande et les poules leurs œufs et leur chair. Les jours de fête, nous cuisions une « poule au pot ». Les chats pourchassaient les souris et les mulots, gros consommateurs de graines. Les chiens gardaient la maison et éloignaient les intrus. Nous vivions en symbiose et harmonie avec nos animaux domestiques.

Tout était bien. Mais ce n'était pas le meilleur des mondes ; il fallait travailler, beaucoup travailler, du matin jusqu'au soir. Et souvent même le dimanche, en dépit des reproches du curé.

Mes parents vendaient les produits de la ferme pour payer le loyer et faire vivre notre famille et, quand nous avions tout payé, il ne nous restait presque rien, mais nous avions vécu, et « assez bien » selon mes parents. Comparés aux malheureux, qui étaient nombreux, nous étions des privilégiés.

Nous avions deux chevaux pour tirer la charrue.

À cette époque, mon père labourait ses terres avec une charrue « brabant » double. Le double soc était réversible. Cette invention récente était pratique et efficace. Quand on arrivait au bout du sillon, il suffisait de retourner le brabant et l'on pouvait creuser le sillon suivant, dans le sens inverse, sans revenir à l'autre extrémité du champ. Ce système (béni celui qui l'a trouvé !) évitait au laboureur de revenir sur ses pas sans tracer de sillon. Il doublait la productivité du travail.

Mon père achetait ses charrues à Quimperlé, à la fonderie *Rivière et Casalis*. Cette fabrique a disparu depuis longtemps. C'était l'occasion d'une affaire. Il commandait une charrue brabant double, complète (avec socs, coutres, versoirs, roues, timon et mancherons) et, quand il allait la chercher, il apportait une barrique de cidre de son pressoir. À cette époque, une barrique de cidre valait moins cher qu'une charrue, mais elle permettait à mon père de dépenser moins d'argent. Puis, satisfait de l'arrangement, il quittait la fonderie avec sa charrue neuve.

Depuis, les temps ont bien changé : le prix des charrues est devenu exorbitant, comparé à celui d'une barrique de cidre. Dix ans plus tard, après la guerre et à cause de l'inflation, même dix barriques de cidre ne pouvaient pas payer une charrue brabant double.

Mon père était méticuleux et rigoureux. Il labourait ses champs avec grand soin.

À l'extrémité des sillons, la partie où l'on retournait le cheval et la charrue n'était pas labourée. On l'appelait la « crinière ». Pour éviter de perdre cette portion de terrain, mon père y laissait pousser l'herbe et, quand elle était assez haute, il y mettait paître une vache. Mais le ruminant était attaché à un piquet par une chaîne dont la longueur était calculée de manière qu'il ne puisse pas brouter les céréales semées dans l'espace labouré. Plusieurs fois par jour, on déplaçait le piquet pour permettre à la vache de consommer toute l'herbe contenue sur l'étendue de la « crinière ».

Et pour les engrais ?

Nous utilisions le fumier des vaches et des chevaux, mais pas le goémon : son transport coûtait trop cher. Pour aller chercher du goémon au Pouldu, il fallait une journée entière. C'était une expédition. On partait le matin de bonne heure, on attelait deux chevaux à un tombereau de deux mètres cubes à peine et on revenait tard le soir. Ce n'était pas intéressant, pas rentable, dirions-nous maintenant, à cause de la distance.

Parfois, mon père attelait une voiture à cheval et il allait au Pouldu chercher du sable marin. C'était un excellent amendement. La coutume s'est perdue. Depuis longtemps, l'utilisation de cet engrais, parfois appelé maërl, est interdite. À cause des excès de quelques-uns, peut-être ? Et puis, soyons sérieux ! Si tous les paysans de Cornouaille dévalisaient les plages, que resterait-il pour nos touristes ?

Keranguen

Vers ma deuxième année, mon père a transporté notre petite famille à la ferme de Keranguen, sur le territoire de la commune de Tréméven. La distance n'était pas importante, moins de trois kilomètres, mais le déménagement prit une allure d'expédition. Avec la famille suivaient nos biens : les meubles, le matériel agricole, les animaux domestiques et leur nourriture.

▲ *À Keranguen.*

Keranguen ?

Pour les amateurs de breton, ce nom viendrait de *ker*, le hameau et de *gwenn* qui signifie blanc, la couleur blanche. Par déformation euphonique, *ker an gwennn* est devenu Keranguen (mot que l'on prononce *Kergwen*). Je dis « viendrait », parce que nous ne sommes pas toujours sûrs de l'origine des noms de lieux. Mais je puis vous assurer que, dans la terre de notre ferme, à Keranguen, on trouvait des pierres blanches à base de quartz. Mon grand-père et mon père ne les jetaient pas. Ils les ramassaient, ils les rapportaient à la ferme et ils construisaient des petits murs bien larges sur lesquels ils posaient les crèches réservées au fourrage des vaches. Mais dans les champs, à la place des pierres, il restait des trous. Alors, pour ne pas les perdre de vue, parce que les terres à Keranguen occupaient 33 hectares, ils plantaient des petits piquets de bois. Puis ils comblaient les trous avec de la terre et enfin ils retiraient les piquets. Mon grand-père avait coutume de dire :

— Si tu retires une pierre, mais si tu ne rebouches pas le trou, le sol s'affaisse.

C'était un homme de l'ancienne génération, patient, méticuleux et travailleur.

Pourquoi déménager pour Keranguen ?

Parce que mon grand-père Joseph, qui exploitait ces terres, allait prendre sa retraite. Ce domaine appartenait à M. Fichou, d'Arzano. Ensuite il l'a donné en héritage à sa fille, épouse Cordroc'h, de Kérivoual.

Arrivé à l'âge où tout homme qui a beaucoup travaillé sent faiblir ses forces et envisage de prendre un repos mérité, mon grand-père a cédé son exploitation à deux de ses fils : Jean-Louis, mon père, et Corentin, mon oncle. Avec le fruit de ses économies, il avait acheté un terrain à proximité du domaine et fait construire une petite maison au milieu d'un jardin. C'est là qu'il finit ses vieux jours avec ma grand-mère. Elle se prénommait Marianne, était née Guyader et avait mis au monde et élevé cinq enfants : Joseph, Guillaume, Marie, Corentin et Jean-Louis, mon père. C'était une femme remarquable.

Mon grand-père Joseph avait obtenu son certificat d'études à 12 ans, au terme d'un cycle court et en breton, mais il n'écrivait pas le français. Le certificat d'études constituait un bagage précieux et rare, avant la guerre de 1914-1918. Son père (mon arrière-grand-père) était métayer chez les curés, à Kerlazarec en Locunolé, au voisinage de la chapelle Sainte-Gertrude, non loin du Cosquer, et les curés, pour récompenser les familles qui travaillaient sur leurs terres, assuraient l'éducation de leurs enfants, tous les jours, sauf les dimanches, bien entendu. Ainsi mon aïeul a-t-il bénéficié d'une petite instruction primaire. En ce début du XXe siècle, la religion avait une grande influence en Bretagne.

Joseph Naour était affligé d'un tic. Il remuait la peau de son crâne et de son front, ce qui faisait bouger son couvre-chef. Aussi, les gens du pays l'appelaient : « Fich-i-tog » ce qui signifie « bouge-chapeau », en breton. C'était un homme honnête et bon. Il tenait toujours parole. Pour lui, tout engagement verbal valait un écrit. Mais la confiance, cette belle vertu, renommée, mais si peu pratiquée, pouvait aussi lui jouer des mauvais tours. Ainsi l'aventure suivante qu'il a plusieurs fois contée et qui, avouons-le, lui était restée en travers de la gorge.

Le domaine de Keranguen comprenait des prés, des champs et des espaces boisés. Chaque printemps, on irriguait les prés pour que l'herbe pousse haute et drue, car le climat de la Cornouaille sud, en dépit de l'image erronée que l'on prête à la Bretagne, terre de pluie et d'humidité, est assez sec et ensoleillé.

L'eau nécessaire à l'irrigation des prairies exploitées par mon grand-père provenait d'une source située en amont de ses terres. Elle appartenait à un paysan dont je tairai le nom par égard pour ses descendants. Ils ne sont pas responsables de sa vilenie et peut-être même ignorent-ils le mauvais tour qu'il a joué à mon grand-père. Selon une vieille coutume et aux termes d'accords oraux, le propriétaire de la source avait droit à quatre jours d'eau par semaine et mon grand-père à trois. Tout allait pour le mieux entre les deux utilisateurs. Ils respectaient les accords verbaux, jusqu'au jour où le voisin de mon grand-père – nous l'appellerons M. C... – pour simplifier le récit lui proposa de faire établir devant notaire un accord rédigé « en bonne et due forme », selon une expression connue.

Mon grand-père accepta. Il pensait qu'un écrit valait mieux que des paroles, surtout en prévision de la transmission future de l'exploitation du domaine, dans l'intérêt de ses héritiers.

Le notaire lui présenta l'acte et lut le principal. Mon grand-père fit confiance et signa sans le relire ce texte qui l'engageait. Mais au printemps suivant, quand vint son tour d'utiliser l'eau de la source, M. C... lui refusa ce droit. Il garda toute l'eau pour lui. Il en avait besoin, affirmait-il : la sécheresse sévissait. Mon grand-père protesta et, bien sûr, fit remuer son chapeau parce qu'il était contrarié.

— Et l'acte ? demanda t-il à son voisin. On a bien signé un papier, non ? chez le notaire ?

Le voisin avait prévu cette objection. Il lui proposa de bien relire l'acte notarié.

Mon grand-père, intrigué, lut le document qui était rangé dans la commode de la salle à manger et qui, pensait-il, lui conférait un droit sur l'eau. Tout était bien expliqué avec le partage de l'eau : quatre jours pour M. C... et trois jours pour lui. C'était parfait et conforme aux accords verbaux. Mais, à la fin du document, au bas de la dernière page et après la signature des parties, un paragraphe annexe stipulait qu'en cas de nécessité, M. C... se réservait le droit exclusif de se servir en priorité et à volonté, sans rien devoir à mon grand-père. Comme l'eau utilisée par M. C... repartait dans le ruisseau, mon père ne pouvait plus l'utiliser. Il n'avait pas les moyens de la faire remonter.

Voilà ce qui arrive quand on ne lit pas les contrats et que l'on fait confiance.

Toute sa vie, mon grand-père souffrit de cette vilenie.

Mais l'histoire ne s'arrête pas là. Elle a une chute.

La morale triomphe, comme dans les contes de fées ou la farce de l'arroseur arrosé.

Mon grand-père alla conter sa mésaventure à M. Fichou, le propriétaire du domaine. Ce dernier, assez diplomate, mais retors, lui conseilla de ne pas envenimer les relations avec son voisin indélicat. Simplement, il lui conseilla d'acheter trois sacs d'engrais à Quimperlé et de les répandre sur les prés, et à l'insu de tous, dans les endroits qui manquaient le plus d'eau. Et, à la fin du printemps, mon grand-père eut une grande joie : là où il avait épandu l'engrais poussait une herbe belle et drue, beaucoup plus épaisse que celle de son voisin qui, lui, avait de l'eau à volonté.

M. C..., étonné, lui demanda les raisons de cette belle prairie :

— Pourquoi mon herbe est belle ? répondit mon grand-père, tu voudrais bien le savoir, hein ! bougre de malin ! Mais c'est parce que je n'y mets pas d'eau. Moins on arrose, plus l'herbe est belle. Voilà le secret !

Le voisin fut-il dupe de l'argument ? Je l'ignore. Mais depuis cette conversation, tout rentra dans l'ordre. Mon grand-père retrouva son droit coutumier et les relations entre voisins redevinrent cordiales.

Joseph Naour vivait à l'aise sur ses terres. Il gagnait même un peu d'argent. Mais à cette époque, il n'accordait aucune confiance aux banques. « Tous des voleurs ! » pensaient la plupart des braves gens de la campagne. Il cachait ses sous en un lieu sûr connu de lui seul. Ainsi, parfois, dans une ferme, le patriarche mourait sans avoir le temps de révéler à ses descendants où il avait « planqué son magot ». Alors, les enfants sondaient les murs ou creusaient la terre pour retrouver une marmite ou une lessiveuse, comme dans la fable du laboureur de La Fontaine. Parfois, longtemps après le décès d'un ancien, ses héritiers avaient la bonne surprise de retrouver un « magot » dans un double mur. Ces cachotteries-là font parfois des heureux, même de nos jours.

Avec ses économies, mon grand-père se fit construire une petite maison, près de la ferme de Keranguen où mon père et son frère Corentin exploitaient chacun une quinzaine d'hectares, la moitié du domaine. Il y prit sa retraite avec ma grand-mère. Il cultivait un petit jardin amendé avec des bouses de vache ramassées sur les chemins.

Avant la guerre, mes grands-parents vivaient avec la maigre retraite de mon grand-père, les produits de son jardin et leurs économies. Mais après la guerre, l'inflation a rongé leurs économies improductives et la retraite dérisoire de mon grand-père ne suffisait plus pour vivre. Les deux vieux ne pouvaient plus joindre les deux bouts. Alors, leurs cinq enfants les ont aidés : un peu de nourriture par-ci, quelques vêtements par-là, un fagot de bois de landes pour se chauffer et faire cuire les repas. C'était un régime de survie.

Joseph et Marianne vivaient chichement, mais cela ne les empêchait pas d'offrir une petite fête à leurs petits-enfants. Au 1er janvier, ils recevaient toute leur famille autour d'un civet de lapin prélevé sur leur clapier. Les invités apportaient nourriture et boissons et nous fêtions en famille l'arrivée de la nouvelle année.

Mon grand-père aimait bien boire « un petit coup », à l'occasion, mais il n'était pas alcoolique. Les paysans bretons ont toujours apprécié le cidre et la gnôle. Dans la cave de Joseph Naour, la barrique de cidre était toujours prête. De temps en temps, il allait la saluer. Pour marquer son passage, il en soutirait un ou deux verres. C'était une petite manie de vieux taquin : il voulait vérifier que le cidre « ne tournait pas ». Comme ma grand-mère le surveillait, il dissimulait deux litres de cidre sous un tas de bois, dehors.

En observant son manège, alors qu'il tournait autour de la pile de bois, mon père a découvert le subterfuge, mais il l'a laissé faire, car il était tolérant.

À propos de la tolérance de mon père Jean-Louis et de la malice de mon grand-père Joseph, voici une autre petite histoire.

En ce temps-là, chaque exploitant agricole pouvait distiller vingt litres d'eau-de-vie à cinquante degrés alcoométriques centésimaux (soit l'équivalent de mille degrés) sur lesquels il payait une redevance. Les employés de la Régie des alcools pratiquaient des contrôles. Comme mon oncle Jean Le Naour (le frère de ma mère) distillait toujours quelques litres de plus qu'il n'en déclarait, il cachait cet excédent. Un jour, il confia six litres d'eau-de-vie (distillée en fraude) à mon grand-père et il lui demanda de les lui garder. Huit mois plus tard, quand mon oncle vint réclamer son alcool à mon grand-père, celui-ci, désolé, lui répondit :

— Je les ai cachés… mais si bien que je ne les retrouve plus.

— Ça alors ! s'étonna mon oncle. Cherche un peu ! À la cave, peut-être ?

Le grand-père et l'oncle fouillèrent la cave et retournèrent les choux, les carottes et les pommes de terre, mais ils ne trouvèrent pas les bouteilles d'eau-de-vie.

— Je croyais pourtant les avoir cachées ici ! insistait mon grand-père.

En réalité, pendant les huit mois et à petites doses, le gourmand avait tout bu, mais il n'osait pas l'avouer à son beau-fils.

C'est alors que mon père intervint. Il avait deviné et compris. Il connaissait trop bien son père. Discrètement, il partit chercher six bouteilles d'eau-de-vie dans sa propre réserve et il les cacha sous un tas de bois, près de la maison de mon grand-père. Puis il proposa à son père et son beau-frère de poursuivre leurs recherches ailleurs que dans la cave ; mieux, il les aida, car mon oncle (il y tenait, à son alcool) avait une grande envie de récupérer ses bouteilles. Et mon grand-père, de plus en plus gêné, n'osait pas avouer qu'il les avait toutes bues.

— Si elles ne sont pas dans la cave… parce qu'on a déjà tout retourné ici ? Où elles peuvent bien être ? demandait mon oncle à mon grand-père qui était mal à l'aise.

Mon père leur suggéra :

— Et si on cherchait dehors ?

— Dehors ? s'étonna mon oncle.

— Oui ! Sous le tas de bois, par exemple. Et pourquoi pas ?

— Va pour le tas de bois !

Et là, que trouvèrent-ils, bien cachées, enveloppées dans la paille ?

Les six bouteilles d'eau-de-vie que mon père venait d'y mettre.

Mon oncle, soulagé, fit remarquer à mon grand-père :

— Quand même, la mémoire, c'est quelque chose… quand on n'en a plus guère.

— Mais je le savais bien, moi… répliqua mon grand-père, qui feignait l'étonnement. Je les avais cachées là, mais vois-tu, Jean, je l'avais oublié. À mon âge !

Chaque année, son fils Guillaume, mon oncle, qui habitait à Bordeaux, envoyait une barrique de vin à mon grand-père Joseph, en retraite dans sa petite maison de Keranguen, et Joseph mettait ce « bon vin » en bouteilles à la maison. L'opération mobilisait toute la famille, se transformait en petite fête et prenait des allures de cérémonie. Nous étions tous occupés pour le lavage, la préparation des bouteilles, le remplissage en vin, la pose des bouchons, le coulage de la cire, l'étiquetage, etc. Tout était organisé selon un rituel strict. Les membres de ma famille obéissaient au patriarche. La fête terminée, chacun repartait avec quelques bouteilles. Personne n'était oublié. Mais mon grand-père – à tout seigneur, tout honneur – se réservait la meilleure part.

Joseph, honnête et confiant, pouvait aussi mentir, mais c'était toujours pour une bonne cause, si j'excepte l'histoire des bouteilles d'alcool.

Ainsi, mobilisé pendant la guerre de 1914-1918, il était le seul de sa section à savoir lire et écrire le breton. Ses camarades de régiment lui demandaient de rédiger leurs lettres. Mais il les truffait de mensonges pour ne pas affoler leurs familles. Quand le régiment était exposé au feu, même dans les pires situations, il prétendait que tout allait bien. Il écrivait : « Où on est, c'est dur, assez dur, mais il y a encore plus dur, croyez-moi ! Pour tout vous dire, on a bien de la chance. »

Plus tard, il m'avoua que ces périodes de guerre furent celles où il avait menti le plus.

Il lui arriva aussi de mentir à d'autres occasions.

Ainsi, une fois démobilisé, il devait avertir un ami du décès d'un membre de sa famille. Comme il n'osait pas lui annoncer la cruelle vérité, il utilisa un subterfuge. Il dit, l'air assuré :

— Tes parents ont perdu une vache. Ah ! Que voilà un bien grand malheur !

Mais ensuite, de retour à la maison, il avoua :

— Mes amis, j'ai menti délibérément pour ne pas faire de peine à un ami. Je le regrette, mais pouvais-je faire autrement ?

Cet homme de bien mourra en 1956.

À cette époque, j'étais soldat en Algérie, au camp d'El Main.

Je me souviens d'avoir reçu en même temps deux télégrammes. Le premier disait : « Grand-père malade » et le second : « Grand-père décédé. » Ce fut un grand choc pour moi. Je n'ai pas pu assister à son enterrement. J'ai éprouvé beaucoup de peine. Un homme que j'avais en grande estime et affection venait de disparaître.

Ma grand-mère, Marianne Guyader, était une femme de grande taille, un peu plus grande que mon grand-père Joseph, homme petit, mais nerveux et travailleur. Je ne dirai pas qu'elle était une sainte femme, mais elle pratiquait la charité comme il convenait à une bonne chrétienne de son temps. Sa porte était toujours ouverte aux miséreux que nous appelions « mendiants ». En ces temps-là, les familles des particuliers suppléaient aux carences d'une société insuffisamment organisée pour subvenir aux besoins des plus déshérités. Tous les jours, entre six et dix mendiants venaient manger chez mes grands-parents. Ils leur donnaient une écuelle de soupe, la même soupe que les membres de la famille, et un croûton de pain, mais ils ne les invitaient jamais à la table familiale. Les miséreux prenaient leur écuelle de terre cuite et leur pain, puis ils s'en allaient manger dehors ou dans un appentis, quand il pleuvait. Ma grand-mère ne mélangeait jamais la famille et les mendiants. Elle avait coutume de dire : « La famille, c'est la famille. » On leur donnait aussi le coucher pour la nuit, mais dans une grange et sur la paille. Et là, interdiction de fumer ou de craquer une allumette ! Les risques d'incendie étaient grands. Ces invités d'un genre particulier allaient fumer dehors, mais comme ils n'avaient pas d'argent pour acheter du tabac et parce que cette denrée manquait aussi à cause des restrictions imposées par la guerre, au printemps, ils se rabattaient sur un mélange à base de fleurs de châtaignier.

Cette grand-mère remarquable survécut longtemps à son époux. Elle passa ses vieux jours chez ses trois enfants qui habitaient dans la région. Elle vivait successivement trois mois chez l'un, puis trois mois chez l'autre. Elle mourut très âgée.

Mon oncle, Pierre Le Naour, était un grand fumeur. Aussi mon père se mit à cultiver des plants de tabac. Il les semait dans un jardin. Il récoltait les feuilles, les faisait sécher dans un grenier, les rinçait à l'eau pour enlever une partie de la nicotine, puis il les mettait sécher de nouveau. Enfin, il les roulait, les tranchait finement et il offrait le tabac à mon oncle Pierre. Moi aussi, je fus mis à contribution. Je coupais les feuilles, je les enfilais sur une cordelette pour les mettre à sécher, puis je les préparais et je les roulais avant de les couper finement.

En ces temps de grandes restrictions, mon père a fait beaucoup d'heureux. Il s'est attiré des amis grâce au tabac.

Le travail à la ferme

Le domaine de Keranguen comprenait trente-trois hectares de terres, landes et jardins, plus une ferme avec ses bâtiments disposés autour d'une cour centrale. Les maisons étaient construites en pierres sèches, liées par un pisé d'argile et couvertes de chaume. À l'intérieur, de hautes cheminées en pierres symbolisaient le « modernisme », aimait à rappeler mon grand-père. Il avait connu les maisons d'autrefois. Elles n'avaient pas de cheminées. Il apprécia beaucoup le jour où il emménagea dans une maison dotée d'une cheminée. Cette « invention » représentait pour lui le summum du « modernisme. » Cet événement considérable se passait au début du XXe siècle.

À Keranguen, nous nous éclairions au gaz. L'électricité est arrivée plusieurs années après la fin de la guerre de 1939-1945.

Quand mon grand-père exploitait le domaine de Keranguen, il fallait travailler dur, nourrir le personnel, lui donner un peu d'argent et payer le fermage. Trois à quatre commis assuraient le service de la ferme et deux servantes appelées « bonnes » aidaient ma grand-mère pour le ménage et les soins aux animaux ! Les petits commis et les servantes travaillaient dans les fermes parce que leurs parents ne pouvaient pas les nourrir. À Keranguen, avec mes grands-parents, leurs enfants, les commis et les bonnes, cela faisait une belle maisonnée. Tout ce petit monde vivait en famille et mangeait à la même table, sans distinctions. Il fallait une grande table et beaucoup de victuailles pour nourrir la famille et le personnel. Les revenus étaient faibles et, à la fin de l'année, l'argent gagné facile à compter. Mes grands-parents s'estimaient heureux d'avoir pu vivre « bien et en bonne santé ».

En 1936, quand mon grand-père Joseph prit sa retraite, dans sa petite maison avec jardin, mon père Jean-Louis et mon oncle Corentin exploitèrent, pour leur compte, la propriété de Keranguen. Elle fut divisée en deux parcelles d'environ seize hectares chacune et les bâtiments de ferme furent partagés entre les deux frères. Puis la guerre éclata. Mon oncle, mobilisé en 1939, fait prisonnier en 1940, resta quatre années en Allemagne. À son retour, il quitta ce domaine pour s'installer à Kerlesquaou, sur la commune de Tréméven.

Dès lors, mon père exploita seul les trente-trois hectares.

Jean-Louis Naour était un homme moustachu, assez grand pour l'époque. Son travail le retenait sur ses champs, ses prairies et dans ses bois. Si j'excepte les soins aux animaux domestiques, il était presque toujours dehors. Un domestique dévoué l'aidait. Il s'appelait Raymond. Quand parfois mon père avait du temps libre, il s'en allait braconner.

Ma mère, Marie-Louise (mais tous l'appelaient Marie), née Le Naour, était une belle femme de taille moyenne, vive et alerte. Elle avait reçu une bonne éducation, soignait sa tenue vestimentaire, cuisinait bien et tenait impeccablement son intérieur : le rêve de tout époux, comme il se doit. Elle ne travaillait jamais dans les champs ni sur les terres mais s'occupait des travaux intérieurs : tenir la maison, faire la cuisine, nourrir les animaux, traire les vaches, passer le lait, battre le beurre. Le travail ne manquait pas. Cette femme admirable était occupée du matin jusqu'au soir. Odette, ma sœur aînée, l'assistait.

Que cultivions-nous à Keranguen ?

Des graminées : du seigle (pour le grain et la paille destinée au chaume), du blé, de l'avoine et du sarrasin ou blé noir, des légumineuses (petits pois et haricots principalement), des pommes de terre et des betteraves rouges et blanches. L'essentiel de nos récoltes alimentait les conserveries de Quimperlé. Avant la concentration industrielle, il y avait quinze usines de mise en conserve, dans cette ville.

Quand mon grand-père Joseph exploitait la ferme de Keranguen, il faisait trois récoltes de petits pois avant d'arracher les plants, ce qui nécessitait une abondante main-d'œuvre de tâcherons. Mais quand mon père et son frère Corentin reprirent la ferme, les techniques avaient évolué. Les usines de Quimperlé étaient équipées avec des batteuses mécaniques. Alors ils arrachaient les plants de petits pois, ils les transportaient à l'usine pour être battus afin de séparer les grains et les fanes, puis ils rapportaient les fanes à la maison où elles servaient de nourriture pour les animaux. Plus tard, la mécanisation fit de nouveaux progrès. Maintenant, de puissantes batteuses séparent les grains et les fanes sur les champs et les camions bennes transportent les grains vers les usines.

Les battages

D'aussi longtemps qu'il m'en souvienne, nous avions une batteuse à Keranguen.

Mon père l'avait achetée en commun avec Jean Le Naour. C'était une batteuse mécanique fabriquée à Vierzon. Elle était équipée d'un moteur à essence Bruno, avec deux volants d'inertie, une poulie, une courroie d'entraînement et une grosse cuve d'eau pour refroidir les cylindres. À la fin de la journée, l'eau tiède récupérée servait à laver les servants de la machine qui étaient recouverts de poussière.

Le tambour de la batteuse avait une largeur d'un mètre vingt. C'était un des plus larges de l'époque. Cette particularité permettait de battre la paille destinée au chaume qui servait à couvrir les toitures. C'était une belle machine. Mon père en était fier. De plus, faisait-il remarquer, le tambour refoulait en avalant les bottes. Cette disposition heureuse constituait une sécurité pour l'engreneur. Ainsi, le servant de la machine qui bourrait les gerbes ne risquait pas de voir ses mains happées par le tambour.

▲ *Battages à Keranguen.*

Nous allions battre les moissons avec notre machine dans la cour des fermes voisines. Mais, dans les petites exploitations, les *pennti*, le coût du déplacement eût été trop important en regard de la valeur de la moisson. Alors, les petits paysans nous apportaient une ou deux charretées et nous les battions dans la cour de notre ferme. Le travail commençait tôt le matin. Il durait toute la journée, dans la chaleur et la poussière. Un panier de bouteilles de cidre était présent, en permanence, sur l'aire de battage pour abreuver les servants de la machine. Mais le soir, une fois le travail fini, les dames offraient aux travailleurs un verre d'eau-de-vie de pomme pour « faire passer la poussière ».

La batteuse était montée sur un châssis à roues et munie de brancards. Elle pouvait être tirée par deux chevaux de trait et transportée dans les autres hameaux ou « villages » : à Keriquel ou Kerlavarec. Mon père devenait alors entrepreneur de battage. Il opérait dans six fermes différentes. Et le soir, à la fin du battage, après une rude journée de travail, les habitants des fermes offraient un repas. C'était le *koan freilh*, le repas de fin de moisson, l'occasion d'une sorte de fête. Les gens mangeaient et buvaient jusque tard dans la nuit. Personne n'était pressé.

L'argent gagné sur le battage servait d'abord à entretenir la machine qui est restée à Keranguen jusque vers l'année 1963. Puis un incendie a détruit le hangar dans lequel elle était remisée. La batteuse n'a pas résisté au sinistre.

Le fauchage des blés

Nous avions aussi une faucheuse mécanique. Tirée par deux chevaux, elle servait aux fenaisons et aux moissons. Plus tard, mon père acheta une faucheuse-lieuse capable de faucher les blés et de les mettre en gerbes.

Le machinisme débutait en Beauce ; ensuite, il débordait sur la Bretagne.

Nous étions donc les héritiers de Beaucerons.

Histoires de curés

À Tréméven, comme dans toute la Bretagne, au temps de ma jeunesse, l'Église dirigeait les personnes et gouvernait les âmes. Enfants, nous suivions les cours du catéchisme. Le curé nous enseignait la religion, la morale et l'éthique. Il nous apprenait à haïr le péché et à aimer notre « prochain ». Nous devions nous confesser chaque mois, avouer nos péchés, faire contrition, promettre de ne plus recommencer et endurer une pénitence. Un cycle vertueux d'apprentissage des obligations morales nous incitait à devenir meilleurs. Le rituel était incontournable et rigoureux, mais nos sacrées caboches, séduites par le démon, succombaient aux tentations.

Certaines cérémonies religieuses étaient obligatoires. Ainsi la messe dominicale. Parfois, nos parents manquaient à leurs devoirs à cause des gros travaux d'été, mais nous, les enfants, qui n'avions pas cette mauvaise excuse, nous y étions forcés. Le dimanche après-midi, les vêpres constituaient une obligation, moins ardente que la messe, mais très contraignante. Les grands sacrements jalonnaient les étapes de la vie : baptême, communion (la première vers neuf ans et la solennelle vers douze), mariage (pour le meilleur et le pire et pour la vie) et enterrement (précédé, pour les chanceux, par l'extrême-onction, un véritable sauf-conduit pour le paradis).

Première histoire

Je pouvais avoir sept ou huit ans. Notre curé s'appelait Perenou. Quand ses pieuses obligations lui en laissaient le loisir, le saint homme cultivait un verger et un jardin potager attenants à la cure, avec arbres fruitiers, plants de légumes et fraisiers.

Un jeudi, jour de congé scolaire, à la sortie du catéchisme, libérés et oisifs, nous avons visité le potager et le verger du curé. Les fraises et les cerises étaient mûres ; elles nous parurent les meilleures du monde. La tentation était grande. Comme nos lointains ancêtres supposés de la Genèse, nous avons goûté les fruits défendus et commis le péché. Il n'était ni original ni originel. Mes copains m'entraînaient. Je les ai suivis. Les fruits maraudés dans le jardin du curé avaient bien meilleur goût que ceux du verger de mes parents. Peut-être parce qu'ils appartenaient au curé, comme le vin de messe, réputé supérieur au vin bouché des caves particulières ?

Heureusement, les foudres du Bon Dieu ne s'abattirent pas sur nous.

Mais le dimanche matin, après le catéchisme et avant la grande messe, le curé nous prit à part. Il rassembla notre petite équipe, celle qui avait participé au larcin, le jeudi. Comment nous avait-il découverts ? Mystère ! Le « petit doigt » du Bon Dieu, sans doute, lui désignait secrètement les coupables ? Je compris alors que le curé (à qui rien de ce que nous faisions de mal ne pouvait échapper) nous tendait un piège. Je me demandais comment cette aventure allait se terminer, quand le brave homme nous proposa :

— Venez, mes enfants ! Allons faire un tour dans le jardin !

Nous sortîmes par la petite porte du presbytère et nous entrâmes dans le jardin.

Oh la la ! Nous allions connaître notre douleur.

Le curé nous emmenait, mes copains et moi, comme les gendarmes conduisaient les accusés sur les « lieux du crime » pour reconstituer les faits délictueux. La reconstitution précédait la preuve et la preuve le châtiment. Mais quel châtiment ?

Mon esprit élucubrait à toute vitesse, mais je ne pouvais pas imaginer quelle peine allait nous être infligée. Le curé nous obligerait-il à cueillir tous ses fruits et à les remiser dans son grenier ? Nous ferait-il travailler quelque temps pour son compte ? Avertirait-il nos parents après avoir arraché nos aveux ? Il pouvait nous punir de mille manières, mais j'ignorais comment. Et mes parents ? Que diraient-ils, quand ils apprendraient que j'avais maraudé le verger et le potager de notre curé ? Et quelle indulgence me vaudrait cette piètre excuse selon laquelle j'avais suivi mes copains ?

J'en étais à ce stade de mes pensées quand le curé nous invita fort gentiment :

— Venez donc, mes enfants ! Et mangez-moi ces bonnes fraises ! Cueillez-moi ces belles cerises ! Servez-vous ! Faites comme chez vous ! Mangez, mais n'en abusez pas, pour éviter l'indigestion !

Le ciel me serait tombé sur la tête que je n'aurais pas été plus stupéfait.

Le curé nous invitait à consommer les fruits de son jardin. Eh bien, le croiriez-vous ? Au lieu de nous précipiter sur les cerises et sur les fraises qui excitaient notre envie, nous avons hésité. Nous sommes restés immobiles, pétrifiés. Et le curé nous regardait et souriait, l'air détendu.

— Eh bien, mes enfants, qu'attendez-vous ? Que sonne l'heure de la messe pour rentrer à l'église ? Allez ! Régalez-vous donc !

Enfin nous reprîmes courage. Mes copains entrèrent dans le jardin, hésitants et tremblants. Puis ils prirent de l'assurance, goûtèrent une fraise par-ci, une cerise par-là. Enfin, ils se goinfrèrent de fraises, grimpèrent dans les cerisiers et ils s'empiffrèrent de cerises. Et moi, qui me posais tant de questions l'instant d'avant, pensez-vous que je sois resté en rade ? J'ai obéi aux ordres de mon curé et j'ai suivi mes copains. Les fraises étaient délicieuses et les cerises succulentes. Nous en avons tous beaucoup mangé.

Le curé nous regardait en souriant. Puis, avant de retourner à l'église, car même les bonnes choses ont une fin, il nous a réunis et il nous a confié :

— Aujourd'hui, alors que je vous le proposais, vous hésitiez à cueillir mes fraises et mes cerises, mais jeudi vous vous serviez bien, sans ma permission.

Je n'ai jamais oublié cette leçon de savoir-vivre de mon curé. Elle est restée gravée en moi, comme une ardente invitation à respecter le bien d'autrui.

Deuxième histoire

Plus tard, nous eûmes un nouveau curé. Il s'appelait Kerbiriou. J'allais au catéchisme chaque jeudi et à la messe tous les dimanches. Nous pouvions soit assister à la petite messe, vers huit heures, soit à la grande messe, à dix heures et demie, mais nous devions impérativement assister à l'une ou à l'autre. Toute absence devait être justifiée par nos parents, sous peine de perdre nos droits à la première communion et même à la communion solennelle. Chaque enfant possédait un livret individuel sur lequel le curé apposait un tampon. Par ce moyen, il contrôlait notre assiduité au divin sacrifice.

Mais un dimanche, pour une raison que je n'osai pas révéler à mes parents, j'omis d'assister à la messe. La case de mon livret correspondant au jour de mon absence ne fut pas tamponnée par le curé. Le dimanche suivant, je serais bien ennuyé quand il me demanderait des comptes. J'imaginais déjà son regard perçant fixé sur moi et j'entendais sa voix qui n'admettait pas de réplique : « Et va vite trouver ton père ! » Ou encore : « Faut-il que j'en parle à ton père ? » J'avais une peur bleue.

C'est alors que je fis appel aux services de mon ami Lucien.

Lucien était un bon copain. Je l'estimais veinard. Parce que son papa était prisonnier des Allemands, il bénéficiait de faveurs particulières. Pour Noël, il avait droit à un colis avec des oranges. Je reparlerai des oranges de Lucien un peu plus tard. Mais, surtout, il servait la grande messe, donnait la réplique au curé et avait accès à la sacristie.

Je lui expliquai mon embarras. Je lui demandai, puisqu'il savait où le curé rangeait son tampon encreur, s'il ne pourrait pas m'éviter des ennuis. Un petit coup de tampon sur mon livret de présence, ça m'arrangerait bien. Ce bon copain prit mon livret et, profitant de l'absence du curé, entra dans la sacristie et le tamponna au bon endroit.

Mais quand vint l'heure de justifier ma présence au curé, je vis une moue apparaître sur le visage du saint homme. L'air ennuyé, il me dit :

— C'est bizarre, Albert. Mais ce tampon, il est à l'envers.

Mon copain Lucien, dans sa hâte, avait omis de tourner le livret dans le bon sens. Et moi, je n'avais pas vérifié. Trop heureux qu'il fût tamponné !

Comme je restais muet et pantois, le curé insista :

— Peux-tu m'expliquer pourquoi le tampon est à l'envers ?

Devant mon mutisme, le curé me fourra le livret ouvert sous les yeux :

— Tiens, regarde !

Que pouvais-je répondre ? Je serrai les dents, ravalai ma salive et ne répondis pas.

— Ah ! Tu ne me réponds pas ? se fâchait le curé. Dis-moi au moins qui a mis ce tampon !

Je hasardai :

— Personne !

— Comment personne ?

— Vous, peut-être ?

— Moi ? Comment tu oses ? Mais tu te mets en état de péché.

— Monsieur le curé, ce n'est pas moi.

— Et alors qui donc ?

— Je ne sais pas.

— C'est un comble ! insistait le curé. Non seulement tu as péché, mais en plus tu mens, autre péché. Tout cela, il faudra me l'avouer en confession, plus tard.

— Je vous assure, monsieur le curé.

— Ne m'assure rien ! On verra bien qui sera le plus fort.

J'ai tenu bon. Je n'ai rien avoué. Mais surtout, je n'ai pas dénoncé Lucien.

L'heure de la messe approchait. Les fidèles prenaient place sur les bancs. Le curé ne pouvait pas me retenir longtemps. Il mit fin à mon supplice et m'abandonna.

Pendant la messe, alors qu'il se retournait vers l'assistance pour prononcer des orémus (à cette époque, les curés disaient encore la messe en latin, le dos tourné à l'assemblée des fidèles), je croyais voir ses yeux brillants et inquisiteurs dardés sur ma petite personne et je tremblais de peur.

Les oranges de Lucien

Lucien était avec nous, le jeudi et le dimanche quand nous avions mangé les cerises et les fraises du curé. Mais il avait un avantage. À Noël, il recevait un colis, parce que son papa était prisonnier de guerre, et, dans ce colis, il y avait trois ou quatre oranges.

Les oranges ? Je ne savais pas ce que c'était.

Un jour, à la veille de Noël, Lucien apporta une orange à l'église.

C'était la première que je voyais. Et mes copains aussi. Il nous l'a montrée. Il nous l'a faite sentir. Nous l'avons touchée et même tenue un moment dans la paume de la main. Le fruit était beau et bien tentant. Avec son accord, nous avons enfoncé nos ongles dans la pelure. Ensuite, nous pouvions humer nos doigts et respirer un parfum capiteux.

Le lendemain (cette scène est imprimée dans ma mémoire comme si elle était récente), pendant la messe de minuit, Lucien s'est absenté. Mais sa veste, dans une poche de laquelle se trouvait l'orange, était restée suspendue dans la sacristie. Avec un copain, nous avions une furieuse envie de revoir l'orange. Pas pour la manger ! C'eut été un trop grand péché, selon nous, mais pour la contempler, la toucher et y enfoncer nos ongles afin d'en garder le parfum sur nos doigts. Prétextant que nous devions satisfaire un besoin pressant, nous sommes entrés dans la sacristie. La veste de Lucien était devant nous. Personne ne nous regardait. Nous avons sorti ce beau fruit. Mon Dieu, qu'il était beau !

Nous l'avons tenue dans nos mains, serrée, humée, puis nous avons enfoncé nos ongles dans l'écorce grenue. À mesure que nos ongles en deuil pénétraient dans la chair dorée, nous découvrions une sensation exotique. Et nous étions heureux.

Un soupir plus tard, nous avons remis l'orange dans la veste de Lucien.

Nous avons résisté à la tentation de croquer la chair de l'orange parce qu'elle appartenait à Lucien à cause de son papa prisonnier. Et nous, notre papa était à la maison. Peut-être que si nous avions mangé l'orange, les Allemands, pour nous punir, nous auraient pris aussi nos papas ? Mais nous conservions ce parfum sur nos doigts.

La langue bretonne

Sur ce sujet, j'ai peu de chose à dire.

Quand j'étais jeune, la langue bretonne était bannie de l'école laïque. Ceux qui la « baragouinaient » étaient mal considérés : ils passaient pour des arriérés mentaux. Parfois, mes parents parlaient le breton entre eux, mais jamais avec nous. Je pense que, de leur point de vue, ils voulaient que nous parlions le français afin d'être modernes, évolués. Pour eux, c'était pratique : ils pouvaient évoquer des sujets que les enfants ne devaient pas connaître. Mais à force de glaner un mot ou un autre, au contact de mon grand-père et avec les copains, j'ai fini par la parler, cette foutue langue bretonne, mais assez mal. Ce que les parents veulent cacher aux enfants, ceux-ci finissent toujours par le découvrir. La curiosité et l'attrait de l'interdit sont plus forts que la contrainte.

Je ne pratique pas le breton, mais je le comprends et le parle un peu. En revanche, je sais bien compter et continue de compter en breton. Ce qui est rare.

Qui, parmi les anciens comme moi, parle encore la langue bretonne, cette langue si fantaisiste que d'un village à l'autre on peine parfois à se comprendre ? Très peu. Qui parmi les gens du peuple l'utilise ? Qui parmi les petites gens peut lire les articles en breton dans les journaux locaux ? Articles proposés sans traduction. Presque personne ! Les parents n'apprennent plus à leurs enfants le rude parler breton. Il ne présente pas d'intérêt économique et son apprentissage est fastidieux. Une langue oubliée par le peuple, et réservée à une élite, ressemble à une langue morte. Aussi est-elle condamnée. Hélas !

Le provençal a presque disparu, parce que le peuple ne le parle plus. Ainsi disparut d'Angleterre le parler français de la noblesse normande. Et beaucoup de patois, autrefois langues vivantes des provinces françaises, ont disparu aujourd'hui. Et c'est bien dommage !

Les mariages

Avant la Première Guerre mondiale, les mariages étaient arrangés. C'était la règle.

Les familles se rencontraient à la maison, autour d'un café. Les parents discutaient, présentaient leurs jeunes gens (garçon et fille), puis convenaient de les marier. La cérémonie suivait bientôt cette rencontre décisive : à l'église d'abord (ardente obligation), à la mairie ensuite (obligation légale). La guerre renforça cette coutume. On mariait systématiquement les jeunes hommes avant leur départ pour le front. Pourquoi ? Tout simplement parce que l'on considérait qu'un jeune marié avait plus de bonnes raisons de faire attention à « sa peau » qu'un célibataire. Il devenait chef d'une famille. Aussi devait-il prendre moins de risques.

Les mariages se célébraient de préférence les mardis, mercredis et jeudis, mais jamais les vendredis (jours de jeûne) ni les samedis (préparation du dimanche) ni les lundis (jours de reprise du travail). Quant aux dimanches, ils étaient consacrés au Seigneur.

De même, on évitait de se marier au printemps, en été et au début de l'automne, à cause des gros travaux. Il restait donc la fin de l'automne (une fois les récoltes engrangées) et l'hiver. Dans notre région, l'hiver est une saison douce, propice aux réjouissances.

Dans les familles aisées, les festivités pouvaient durer plusieurs jours.

On tuait un cochon ou un veau ou les deux à la fois et on faisait la fête jusqu'à l'épuisement complet de la viande. Un mariage, c'était beaucoup de plaisir, mais beaucoup de travail. Alors on mobilisait les indigents : ils transportaient l'eau, fendaient le bois et accomplissaient divers menus travaux. Les mendiants aussi appelés indigents étaient toujours bien informés. Ils proposaient leurs services sans qu'on les en priât. Ces dévoués participaient à tous les mariages, dans tous les villages.

Les décès

Devant la mort, nous étions solidaires.

Les voisins aidaient la famille endeuillée et d'autres se chargeaient de prévenir les parents et les amis éloignés. La tournée des familles prenait beaucoup de temps. Souvent les nombreux parents étaient dispersés dans plusieurs villages. Et le messager revenait parfois le jour de l'enterrement, c'est-à-dire quarante-huit heures plus tard. Deux jours, c'était le temps admis alors pour être sûr que le défunt était vraiment mort. Les histoires de personnes enterrées vivantes alors qu'on les croyait mortes étaient tenaces.

Dans chaque maison où il passait, le messager annonciateur de la « triste nouvelle » s'arrêtait pour sacrifier à la coutume. On lui offrait à boire et parfois à manger, selon l'heure. Le soir, il dormait là où il se trouvait et, le lendemain, il continuait de visiter d'autres parents et amis proches.

Les rites immuables s'imposaient : présence des membres de la famille auprès du corps du défunt, visites de courtoisie des voisins et des amis, condoléances et mines déconfites, aspersion d'eau bénite avec un buis, veillée du défunt, les soirs, prières et bénédiction du curé. Et cela répété jusqu'au jour de l'enterrement. Une fois les obsèques achevées, la famille du défunt offrait un repas, à midi, pour la famille et les amis.

La vie pendant la guerre

La guerre a marqué ma jeunesse.

En septembre 1939, quand la France a déclaré la guerre à l'Allemagne, tous nos gens se sont rassemblés dans la cour de la ferme, autour de mes parents. Tous semblaient très inquiets. Ma mère pleurait pendant que le tocsin ébranlait le clocher de l'église de Tréméven. Les cloches sonnèrent longtemps. J'ai cru qu'elles ne s'arrêteraient jamais.

L'école

De grands changements ont affecté mes études primaires.

En 1940, les Allemands occupèrent l'école du bourg. Toute l'école ! Jusqu'à la Libération, en septembre 1944. Ce bâtiment vaste et bien agencé devait leur convenir.

Ils ont mis à la porte les instituteurs et leurs élèves. Aussitôt, le règne de la débrouille et de l'à-peu-près a commencé. Les classes furent réparties dans plusieurs maisons de la commune. Et moi, je dus aller à l'école dans un grenier situé au-dessus de la boulangerie Morvan, au lieu-dit : la Lande-des-Châtaigniers.

La salle de classe était petite. Nous manquions de place et parfois nos pupitres se touchaient. Il fallait enjamber les bancs pour atteindre nos places. Les conditions n'étaient pas idéales pour étudier. Beaucoup d'enfants ont terminé leur cycle d'études sans décrocher leur certificat d'études primaires.

Les réfugiés

Les Allemands occupaient notre pays.

Sur la côte, l'organisation Todt construisait le Mur de l'Atlantique. Elle mobilisa des hordes d'ouvriers exploités, mal nourris et pas logés. Ces hommes trimaient dur pour ériger les fortifications côtières qui devaient empêcher un éventuel débarquement allié. Beaucoup ont connu la misère.

Les riverains du littoral furent expulsés de leurs maisons, et les hommes valides et les animaux domestiques réquisitionnés. Le travail obligatoire mobilisait les bras. Les Allemands, très méfiants, surveillaient les travaux et éloignaient les curieux. Ainsi, des Guidelois qui habitaient près de la côte s'enfuirent. Certains se réfugièrent à Tréméven.

Je me souviens de deux habitants du village de Kerhars, à proximité de Fort-Bloqué. Mon père leur avait acheté un cheval autrefois. Ces malheureuses gens nous ont demandé si nous pouvions héberger leurs trois enfants. Mon père a répondu que oui. Nous avons donc accueilli leurs petits cependant que les parents continuaient de vivre à Kerhars, mais ils venaient souvent nous voir. Pour eux, la guerre était une rude épreuve, mais elle n'avait pas que des inconvénients. Les Allemands avaient une monnaie forte, le Deutsche Mark, et leurs soldats bien payés passaient pour des clients fortunés mais naïfs.

Beaucoup de commerçants l'avaient compris. Ils profitaient de la bonne aubaine. Les plus malins prenaient leur revanche sur l'occupant et les Allemands les traitaient de filous.

Une autre famille de Guidel trouva refuge chez mon oncle Corentin qui était leur parent par son épouse Élisa. Comme cet oncle était prisonnier de guerre, mon grand-père Joseph et mon père aidaient ma tante Élisa à exploiter la propriété de Keranguen. Nos habitations donnaient sur la même cour et nous nous réunissions le soir, à la veillée. Nous parlions, nous dégustions des châtaignes grillées sur la braise, nous buvions du cidre et nous chantions.

Que chantions-nous ? Je vous le donne en mille : *Lili Marlène*. Mais nos réfugiés avaient changé le texte de la chanson. Les paroles détournées de leur sens initial étaient plutôt dérangeantes pour l'occupant. Elles étaient même répréhensibles. Notre interprétation déformée aurait pu passer pour une provocation et nous valoir des sanctions, si des Allemands les avaient entendues et comprises. Malheur à nous !

Et nous, les mômes ? Nous chantions aussi *Lili Marlène*, mais nous ne savions pas que les paroles que nous hurlions à tue-tête étaient profondément antinazies.

Les soldats allemands venaient acheter leur pain à la boulangerie Morvan dont le grenier nous servait de salle de classe. En sortant, nous les croisions. Comme nous savions que Hitler était leur copain, nous leur chantions *Lili Marlène*, mais version Keranguen.

Voici les paroles de la version allemande et les nôtres. Comparez et jugez !

(En allemand)
Vor der Kaserne
Vor den grossen Tor
Stand eine Lanterne
Und steht sie noch davor
So woll'n wir uns da wiederseh'n
Bei der Lanterne wollen wir steh'n
*Wie einst Lili Marleen (*bis*).*

(Traduction)
Devant la caserne
Devant la grande porte
Il y a une lanterne
Et elle y est encore
Ici on veut se revoir
Près de la lanterne on veut être
Comme autrefois Lili Marlène (*bis*).

(Notre version)
Devant la caserne
Un soldat allemand
Qui montait la garde
Le casque entre les dents
Je lui demande : Pourquoi pleures-tu ?
Il me répond : Nous sommes fichus,
Adolf a tout perdu
*Hitler sera pendu (*bis*).*

Les Allemands ne comprenaient pas nos paroles, pas plus que nous ne comprenions les leurs. Ils riaient quand nous chantions avec un bel entrain et ils nous encourageaient avec des « *Ja ! Ja !* » familiers pour nous, puisque « oui » en breton se dit « *ya* » comme en allemand. Et nous, très fiers, nous poussions la chansonnette que nous avaient apprise les réfugiés qui habitaient dans la ferme de mon oncle. Les Allemands semblaient étonnés, presque ravis. Ils devaient penser : « *Ach !* Ces petits Bretons, comme ils nous aiment bien ! » Et nous, fiers comme des coqs gaulois, nous prenions un pas martial.

Cette aventure n'eut pas de conséquences, à cause de l'incompréhension mutuelle. Mais nos parents, morts de peur et fous de rage, nous ont fait comprendre qu'on ne plaisante pas avec l'ennemi et, croyez-moi, ils avaient des arguments frappants.

Depuis ce jour-là, je n'ai plus jamais chanté *Lili Marlène*.

À Tréméven, les Allemands organisèrent un exercice.

Nous l'appelâmes la « petite guerre. »

Les soldats vert-de-gris devaient courir, se cacher, attaquer et se coucher pour surprendre et combattre un adversaire factice. Mais pour ne pas salir leurs beaux uniformes, ils étalaient des bottes de paille sur la terre humide. Et la paille, où la prenaient-ils ? Chez les paysans. Pauvres paysans !

Des soldats sont venus chercher de la paille à Keranguen. Ils se servaient sans demander l'autorisation à mon père. Nous avions une grande meule de paille. Elle abritait une cache pour les maquisards. Alors mon père, sans hésiter, est allé au-devant des occupants. Fort aimablement, il leur a offert ses plus belles bottes de paille de seigle. C'était la meilleure, celle avec laquelle on couvrait les toitures en chaume.

Les Allemands étaient très contents. Non seulement, les bottes étaient liées, faciles à transporter, mais encore, ils n'étaient pas obligés de piocher dans une meule pour confectionner des ballots. Ils ont beaucoup apprécié le geste de mon père, mais toujours ignoré la raison profonde qui le poussait à les servir.

Puis la *guéguerre* a commencé : tirs de fusils avec balles à blanc et jets de grenades d'exercice. Ce fut un beau vacarme à Keranguen. J'avais peur et je pleurais. Beaucoup d'enfants pleuraient aussi. C'est alors qu'un monsieur du hameau de Rospiriou eut une excellente idée. Il vint avec une carriole attelée à un cheval. L'homme s'appelait Selin, je crois, mais on le surnommait « Breugeud » parce qu'il avait des renvois d'estomac. Les mauvaises langues y ajoutaient un surnom offensant que je ne citerai pas ici.

Ce brave homme, critiqué à cause de problèmes digestifs dont il n'était pas responsable, nous a chargés dans sa carriole. Puis il nous a emmenés hors du village devenu trop bruyant pour nos frêles oreilles.

Mon oncle Jean Le Naour (le frère de Pierre dont je vais bientôt parler) habitait au village de Keriquel, à Tréméven. Il offrait du cidre aux maquisards de passage avec qui il était en confidences. Il avait toujours quelques bouteilles prêtes pour accueillir les partisans. Une nuit, les Allemands surgirent à l'improviste. Ils fouillèrent la ferme, interrogèrent mon oncle et lui demandèrent de vider ses poches. Sur lui, il n'avait ni armes ni munitions, juste le tire-bouchon avec un bouchon de liège emmanché au bout. Ce qui prouvait qu'il venait de déboucher une bouteille. Les Allemands, intrigués, lui demandèrent :

— Et pourquoi laissez-vous un bouchon sur le tire-bouchon ?

— Pourquoi ? Je m'en suis servi pendant le repas. Mais, rassurez-vous, je vais le remettre à sa place, dans la cave, près des bouteilles.

Je ne sais pas si cette réponse leur parut satisfaisante, mais, comme ils ne pouvaient pas tirer plus de renseignements de cet homme peu bavard, ils le laissèrent tranquille.

Il venait de servir du cidre aux maquisards, juste avant l'arrivée des Allemands.

Une bonne surprise : la naissance de ma petite sœur Marie-Thérèse

Vers le mois d'octobre 1943, je n'avais pas encore neuf ans. Le ventre de ma mère grossissait. Sa démarche devenait malaisée. Je craignais qu'elle ne fût malade. Puis, le neuvième jour de ce même mois, on m'envoya passer une journée chez ma tante Marie, l'épouse de Jean Le Naour, au village de Keriquel, proche du moulin du Fourden sur l'Ellé. Je revins le onze, je crois.

De retour à la maison, on m'annonça une grande et belle surprise. J'avais une petite sœur. Elle s'appelait Marie-Thérèse. Elle était toute mignonne, toute rose.

En ces temps-là, les enfants naissaient comme par enchantement. On ne nous expliquait rien. Nous admettions tout, sans discuter. Nous ne mettions jamais en doute la parole des adultes.

Une grande figure de la Résistance, Pierre Le Naour

Pierre Le Naour, le frère de ma mère Marie, habitait à Rosporden, 7, rue Hyppolite-Le Bas, où son épouse, Andrée Coroller, tenait une parfumerie.

C'était un homme de taille moyenne, gentil et souriant. Je l'aimais bien et il avait de l'affection pour moi. Ce militaire de carrière, adjudant à l'époque, devenu capitaine à titre posthume, après la guerre, se cachait pour échapper aux Allemands. Il venait parfois chez mes parents, mais toujours seul. Il restait quelques jours avec nous, puis retournait à Rosporden. Et chaque fois, au moment du départ, mon père me demandait gentiment :

— Albert, tu ne voudrais pas faire un petit bout de chemin, avec tonton Pierrot ? Jusqu'à l'Isole ?

La rivière Isole sépare les communes de Mellac et de Tréméven. Elle coule dans une vallée encaissée et sinueuse, puis elle rejoint l'Ellé à Quimperlé pour former la Laïta qui se jette dans l'Océan au Pouldu, un hameau de la commune de Clohars-Carnoët.

Trop heureux de me rendre utile, je faisais un « petit bout de chemin » avec mon tonton Pierrot. Ensemble, nous bavardions comme deux grandes personnes. Il m'interrogeait sur mes progrès scolaires. Mes résultats n'étaient pas excellents. J'avais une bonne excuse. La guerre nous privait de l'essentiel : la tranquillité d'esprit nécessaire à la concentration. De plus, les Allemands occupaient l'école communale. Je les tenais pour responsables de mes faibles résultats scolaires. C'était une mauvaise raison.

Je guidais mon oncle par des chemins détournés vers les endroits où l'Isole sinueuse, enfoncée dans les terres au pied des collines, se laissait traverser : à Pontégan ou à Moulin-Blanc, deux ponts. Il y avait un troisième pont, mais plus éloigné. Mon oncle me remerciait et prenait congé de moi. Je ne traversais jamais la rivière avec lui.

Ensuite, il prenait contact avec une autre personne.

Je revenais à la maison. Mission accomplie ! J'étais satisfait et fier. J'avais fait mon devoir. J'avais accompagné mon oncle. Je me croyais indispensable. Naïf, je ne me posais pas de questions. Et pourtant ! Longtemps après, on m'expliqua le pourquoi de cette affaire. Alors je me dis : « Bon sang ! Mais c'est bien vrai ! J'aurais dû m'en douter ! »

J'étais jeune. Je gobais toutes les histoires que me racontaient mes parents.

Par exemple, je devais taire la présence de mon oncle à mes copains et surtout n'en parler à personne, pas même à mes cousines. « Si, par malheur, tu racontes à qui que ce soit que ton oncle vient chez nous en cachette, et qu'il l'apprenne, il sera profondément vexé et il ne viendra plus », affirmait mon père avec un air convaincu. Je l'aimais bien, mon tonton Pierrot. Pour rien au monde je n'aurais voulu le peiner et encore moins le perdre. Alors je gardais mon petit secret.

Et aussi cette coïncidence bizarre qui aurait dû me mettre la puce à l'oreille. Mon oncle arrivait toujours chez nous à la nuit tombée.

— C'est pour qu'on ne le voie pas ! me répondait mon père, sur un ton confidentiel.

Fort des certitudes émises par les adultes, je gobais leurs mensonges.

Mais encore, chaque fois qu'il repartait, le jour, et que je devais faire « un petit bout de chemin » avec lui jusqu'au pont sur l'Isole, cette raison spécieuse : « C'est pour lui faire plaisir ! Tu veux bien faire plaisir à ton oncle Pierre ? » insistait mon père.

Je voulais bien ! Cela allait de soi.

À cette époque, j'étais naïf et ingénu. Je ne me posais pas de questions.

La raison des voyages de mon oncle, avec un enfant, la voici. Pierre Le Naour était un maquisard, et un fameux. À Rosporden, il avait créé le groupe Vengeance dont il était le chef. Cet homme jouait un rôle important dans le dispositif résistant de toute la région. La nuit, il ne dormait presque jamais à Rosporden. C'était trop risqué. Il pouvait être dénoncé. Il dormait tantôt chez l'un, tantôt chez l'autre, il changeait souvent de résidence et il venait de temps en temps chez mes parents. Pour venir à Keranguen, il se déplaçait la nuit sans jamais se perdre, il connaissait bien les sentiers. Mais, pour repartir, il préférait voyager le jour. C'est alors que ma présence faisait diversion. À supposer que des Allemands le voient ; un homme qui marche tranquillement dans la campagne avec un enfant est moins suspect qu'un homme seul. On se méfie moins du couple homme-enfant. Et une fois l'Isole traversée ? Nouveau contact. Un autre enfant l'accompagnait peut-être jusqu'à la prochaine étape ? Je l'imagine. Et ainsi de suite, jusqu'à l'arrivée.

Bien plus tard, je compris pourquoi, lorsque nous devions traverser un champ (toujours bordé par un talus de terre surmonté d'une haie d'arbres noueux et touffus), nous évitions les entrées ouvertes. Nous passions par les chemins creux et nous franchissions les talus et les haies. À cette époque, les champs cultivés étaient entourés pour délimiter les parcelles. Maintenant, les temps ont bien changé, les remembrements ont bouleversé la belle ordonnance de nos campagnes. Pour permettre l'agriculture intensive, on a supprimé les talus et les haies.

À partir de ces observatoires, mon oncle pouvait repérer un éventuel ennemi. J'ignorais ses raisons et je trouvais très amusant de franchir les talus, plutôt que passer par les entrées habituelles des champs.

Sur l'Isole, mon tonton Pierrot me remerciait, il m'embrassait, il me faisait quelques recommandations, puis il s'en allait vers Mellac, Bannalec, Kernével puis Rosporden.

Pour moi, c'était loin, presque le bout du monde.

Encore un souvenir ! Un jour (je devais avoir six ou sept ans), mon oncle Pierre nous avait invités à la fête patronale de Rosporden. Il m'avait offert un tour de manège. Le manège s'appelait la « couleuvre » et parfois la « chenille ». On y tournait, montés sur des véhicules et, au bout de quelques rotations, une toile recouvrait le manège ; elle plongeait dans l'obscurité les machines et les gens. Dans le noir, j'ai pris peur. Le bruit des roues faisait un vacarme épouvantable. Alors, j'ai crié si fort que mon tonton Pierrot est venu me délivrer. Il m'a pris dans ses bras pour me consoler. Je garde encore le souvenir de ce manège et de ma peur, mais aussi celui de l'intervention de mon oncle.

Dans notre région, il y avait des maquisards. Certains furent pris par les Allemands, torturés et fusillés ; une stèle érigée à Tréméven, au lieu-dit les Quatre-Vents en témoigne Des membres de ma famille qui servaient dans le maquis ont été torturés.

Le déraillement du train de Bannalec

Le 2 avril 1944, Andrée, l'épouse de mon tonton, mit au monde une petite fille, ma cousine Renée. Le baptême fut fixé au 16 avril. Notre famille fut invitée. Le voyage à Rosporden par le train, c'était une expédition et une partie de plaisir. La veille, nous avions achevé nos préparatifs : vêtements, cadeaux et provisions de bouche. On n'affronte pas un tel voyage sans subsistances. Pensez donc ! Nous devions aller à Quimperlé en carriole, puis prendre le train pour Rosporden *via* Bannalec, au moins trente kilomètres. C'était une aventure.

Je n'avais jamais pris le train. Je m'en réjouissais d'avance.

Mais, au cours de la nuit précédant le baptême, un inconnu vint frapper à notre fenêtre. Il réveilla mes parents et même les enfants à cause des chiens qui aboyaient. Il demanda à mon père s'il était bien « monsieur Jean-Louis Naour de Keranguen ».

— En personne ! répondit mon père, vaguement inquiet. Et que me voulez-vous ?

— J'ai un message pour vous.

— Ah bon ! s'étonna mon père. Et que dit-il, ce message ?

— Il dit, répondit l'inconnu… Il dit que vous ne devez pas prendre le train de dix heures demain matin. Il vaut mieux que vous preniez celui de onze heures trente. C'est plus sûr.

— Et pourquoi donc ? hasarda ma mère.

L'inconnu ne répondit pas, mais il fit répéter le message.

— Bon ! dit mon père. Voulez-vous prendre quelque chose ?

— Non ! répondit le messager. Je n'ai pas le temps.

Et il s'éclipsa.

— Et maintenant, allons dormir ! ordonna mon père.

S'il a dormi cette nuit-là, je ne le sais pas, mais pour moi, le sommeil fut long à revenir.

Le dimanche matin, nous prîmes le train de onze heures trente, comme nous l'avait recommandé le messager nocturne. Mais à la sortie de Bannalec, à environ trois kilomètres de la gare, en un lieu où la voie ferrée longe le ravin de Toul-Man-Gaër (le trou de la belle-mère), après le passage sur un pont au-dessus de la départementale 765, notre train s'immobilisa. Et pour quelle raison ? À un kilomètre de là, le train de dix heures était tombé dans un ravin : locomotive et wagons. La voie ferrée avait été sabotée par la Résistance. Le train avait déraillé. Déjà, les Allemands réquisitionnaient les places dans notre wagon pour installer leurs blessés. Et ils n'étaient pas tendres avec nous. Je ne crois pas qu'ils eussent apprécié que je leur chante *Lili Marlène*. Comme j'entravais leurs mouvements dans le couloir, un Allemand blessé à la tête m'a décoché un magistral coup de pied botté dans le postérieur. Rude contact avec l'ennemi ! Je m'en souviens encore.

Le train de dix heures transportait des militaires allemands et des munitions.

Les maquisards de Scaër, je l'appris plus tard, avaient conduit l'attaque du train. Mon tonton Pierrot, averti par eux, nous avait fait prévenir au milieu de la nuit.

La mort de mon « tonton Pierrot »

Le 6 juin 1944, les Alliés débarquèrent en Normandie.

La Bretagne fut le théâtre de violents combats.

Des engagements aériens acharnés durèrent parfois toute une journée. Les avions tournoyaient dans le ciel de Tréméven. C'était impressionnant.

Au sol, les résistants aidaient les troupes alliées à libérer le territoire. Ils harcelaient les Allemands en déroute. À Scaër, il y eut beaucoup de morts. Les combats continuèrent jusqu'au milieu du mois d'août.

C'est au cours d'une embuscade contre un convoi allemand que mon oncle Pierre Le Naour trouva la mort, fauché par les balles d'une mitrailleuse allemande, sur le territoire de la commune de Kernével, au lieu-dit la Croix-Lanveur.

À cet endroit, la route de Kernével à Rosporden est droite sur environ un kilomètre cinq cents, dans un décor de fossés et de haies. Ce lieu est propice pour tendre une embuscade. C'est là que mon oncle Pierre, à la tête de son groupe de résistants, décida de surprendre un convoi de véhicules militaires allemands.

La surprise fut complète et les Allemands, supérieurs en nombre, essuyèrent de lourdes pertes. Mais, dans un camion bâché, une mitrailleuse lourde se mit en position de tir. Elle arrosa les résistants. Pierre Le Naour mourut pendant l'assaut, en même temps que son ami Auguste Robic. Un maquisard a aussitôt tué le servant de la mitrailleuse.

Mon oncle avait 32 ans. Il laissait une veuve et un bébé de cinq mois.

Plus tard, une stèle fut érigée à la mémoire de ces combattants, morts pour la patrie. On peut toujours la voir au lieu-dit la Croix-Lanveur, sur la commune de Kernével, à l'endroit même où sont tombés Pierre Le Naour et Auguste Robic. Chaque année, en novembre, le maire de la commune, les pompiers de Kernével et la gendarmerie de Rosporden assistent aux cérémonies commémoratives.

Autres souvenirs de la guerre

La guerre m'a laissé quelques souvenirs, et parfois de bien tristes.

Ma tante Andrée, l'épouse de Pierre Le Naour, tenait une parfumerie à Rosporden.

Elle avait deux employées. L'une mourut peu de temps avant la libération du village. Alors qu'elle ouvrait la porte qui donnait sur la rue, elle fut tuée par une grenade défensive lancée dans le couloir. Qui avait lancé la grenade ? Longtemps, la version officielle accusa un Allemand en fuite.

Mais, presque cinquante ans plus tard, ma tante Marie m'apprit que la grenade avait été lancée par un maquisard. Quand l'employée de ma tante avait ouvert la porte qui donnait sur la rue, ce dernier avait cru que des Allemands étaient cachés dans le couloir.

Avec mon oncle Pierre, cela faisait deux morts, dans la même maison.

Je me souviens aussi de bribes de conversations entendues. On parlait de fermes pillées et de fermiers agressés, battus et blessés par les brigands. Souvent, les adultes qui évoquaient « ces horreurs » changeaient de conversation à l'approche des enfants.

La guerre était une période sombre. Nous devions nous méfier de tous.

Un soir, en 1943 ou 1944, je ne me souviens plus de la date exacte, nous étions à table.

Pendant la guerre, nous vivions chichement, mais nous ne manquions pas de nourriture. Nous prenions notre repas du soir que nous appelions souper. Nous avions presque fini de manger des pommes de terre cuites à l'eau, mélangées avec du lait ribot (le liquide qui reste après l'écrémage du lait) quand on frappa à notre porte. Toujours sur le qui-vive, mes parents firent disparaître les denrées qui auraient pu attirer des soupçons ou l'envie : lard, sucre, alcool. Mon père se leva, entrouvrit la porte et hasarda un œil.

Dehors, un inconnu lui demanda :

— Savez-vous où se trouve un village avec un calvaire ?

Chez nous, on appelle « village » ou *ker* en breton, un ensemble de maisons. Même deux maisons isolées peuvent former un village. L'homme devait livrer des pointes à clouer dans une ferme de ce village. Mais comme il ne connaissait pas les lieux, il s'était perdu. L'endroit était assez éloigné.

Mon père prit pitié du voyageur. Il l'invita à partager nos pommes de terre au lait. Nous n'avions rien d'autre à lui offrir. Pour corser ce maigre repas, nous mangions un peu de lard, mais après les pommes de terre. Nous lui offrîmes du lard. L'étranger ignorait nos coutumes ; il coupa son lard en tranches, puis il le mélangea avec les pommes de terre au lait, ce qui fit bien rire mes parents et nos employés. Au moins, celui-la n'était « pas d'ici ». C'était visible.

Je compris moi aussi qu'il n'était « pas d'ici », parce que l'homme, une fois restauré et reposé, n'avait plus envie de rejoindre le village au calvaire. Il était fatigué ; très fatigué et affamé. Peut-être travaillait-il aux blockhaus, sur la côte ? Beaucoup de travailleurs qui avaient faim amélioraient leur ordinaire grâce à des petits trafics. Ils chipaient du matériel ou des outils sur les chantiers allemands et ils les troquaient contre des aliments ou un repas dans une ferme.

Pour remercier mon père et le dédommager, l'inconnu offrit de lui laisser les pointes. Mais, à ce moment, ma mère se souvint qu'il convenait d'être prudent. L'étranger était peut-être un espion à la solde des Allemands ou même un Allemand déguisé en civil et qui parlait bien le français. Et les pointes ? Si mon père les acceptait et que, demain, les Allemands ou la Gestapo viennent fouiller la maison et qu'ils les trouvent ? Comment pourrait-il leur expliquer qu'un inconnu nous les avait données ?

Mon père refusa le cadeau. Mais, avant de partir, cet homme qui devait avoir très faim, osa demander à mes parents ce qu'ils feraient du reste des pommes de terre. Ma mère les enveloppa dans un papier journal et les mit dans sa musette. L'homme remercia mes parents, puis il partit avec ses pointes et nos pommes de terre. On ne le revit plus. On n'entendit même plus parler de lui.

Un autre souvenir de cette sombre époque me revient en mémoire.

Un jour, un employé de mon père, un certain Éon Bievent, était allé satisfaire un besoin naturel derrière un talus dans le village. Comme il se relevait bruyamment surgit un détachement de soldats allemands. Alertés par ce bruit suspect, ils se déployèrent en tirailleurs, arme au poing, prêts à tirer. Ils interceptèrent notre employé. Sans sommations ! À la guerre, l'effet de surprise donnait l'avantage à l'assaillant.

Par chance, Éon avait fait la guerre de 1914-1918. Il avait même été prisonnier en Allemagne et il parlait assez bien leur langue. Il leur répondit en allemand et il s'expliqua très bien, à la grande surprise de ses assaillants. Bien lui en prit. Ils le relâchèrent. Parler l'allemand, à cette époque, était un avantage.

Le boulanger de Lorient

Il s'appelait Caillosse. Il était boulanger à Lorient. La guerre et l'occupation l'avaient contraint à fuir sa ville et sa boulangerie. Provisoirement il s'installa à Tréméven, dans un petit village appelé Le Rest. Mais, comment vivre ou survivre ? À Tréméven, il y avait déjà une boulangerie.

Cet homme astucieux et habile trouva la solution. Il devint boulanger ambulant.

Autrefois, dans chaque ferme, les habitants moulaient leur blé, pétrissaient leur pâte à pain et cuisaient leurs pains dans leurs fours. Il était révolu, le temps des fours banaux, propriété des seigneurs dont quelques vestiges bien conservés attirent encore les regards dans certaines communes et où les paysans (noblesse oblige) étaient contraints de venir cuire leur pain, contre une redevance appelée dîme banale. Notez bien ! Dans une boulangerie de village, il faut aussi payer le pain, ce qui revient un peu au même. La seule différence avec le four seigneurial, c'est que chacun est libre de l'acheter où il lui plaît et même de le cuire dans son propre four si cela lui chante.

M. Caillosse avait imaginé d'utiliser les anciens fours particuliers et même ceux des cuisinières à bois. Chaque fermier lui allouait une mesure de farine et notre homme venait faire le pain, tantôt chez l'un, tantôt chez l'autre. À chacun, il délivrait un poids correspondant à la mesure de farine apportée. La règle était simple. Pas de farine, pas de pain ! Et le pain était bon. En ces temps de restrictions et de bons d'alimentation, les paysans appréciaient ce boulanger ambulant.

À Keranguen, nous ne manquions pas de farine. Nous la fabriquions à partir du blé de nos champs. Puis avec du beurre et des œufs nous confectionnons des gâteaux bretons. Ma mère et ma sœur roulaient la pâte sur la toile cirée ; une bouteille leur servait de rouleau à pâtisserie. Elles découpaient des ronds avec un verre retourné. Ensuite elles étalaient du jaune d'œuf avec un pinceau, pour les dorer, avant de les mettre à cuire dans le four du fourneau. C'était savoureux, mais bourratif.

À consommer par petites quantités !

La fin de la guerre

À Tréméven, la Libération aurait pu passer inaperçue. Les Alliés ne sont pas venus nous délivrer. Nous n'avons pas accueilli nos libérateurs avec des drapeaux aux fenêtres et les vivats de la foule. Il n'y a pas eu de baroud d'honneur, cet ultime combat pour la gloire. Les Allemands ont quitté le village sans se faire remarquer ni prier.

Nous étions en septembre 1944.

Le jour de la libération de Tréméven ne fut pas mémorable. Je n'en garde aucun souvenir particulier. Ce fut un jour presque ordinaire.

Mais je me souviens du jour de la capitulation de l'Allemagne nazie : le 8 mai 1945. Toutes les cloches ont sonné au clocher de l'église. Longtemps avant, déjà, des voisins et des amis arrivaient à Keranguen, porteurs de bonnes bouteilles « pour fêter ça ». Oui ! Nous l'avons fêtée, cette victoire. Et comment ! Notre émotion et notre joie étaient grandes. Les adultes buvaient, chantaient et dansaient dans la cour de la ferme. La guerre était finie. Nous étions libres. Une autre vie commençait, calme et affranchie de toutes craintes.

En 1945, mon oncle Corentin, qui était mon parrain de baptême, revint de captivité.

Je revois encore cet homme arriver à pied vers la maison de mon grand-père Joseph. Il était très fatigué et mal vêtu. Il portait une musette en bandoulière. Elle était presque vide, et c'était son seul bagage. Nous ne le connaissions pas. Mais, comme c'était un brave homme, nous lui avons apporté notre amour d'enfants.

Après la guerre

Concarneau et la mer

En mai 1945, pour nous récompenser d'avoir hébergé leurs enfants pendant les hostilités, M. et Mme Le Goff invitèrent ma sœur Odette, mon frère Rémi et moi, dans leur ferme de Kerhars, près de Fort-Bloqué, à Guidel. Mais au moment de partir, je n'avais pas encore terminé mes devoirs. Aussi je restai avec mes parents à Keranguen.

Quelques jours plus tard, des cousins, les Gerbe, m'emmenèrent à Concarneau.

Et je découvris l'Océan. J'avais dix ans. Ma surprise fut totale. Je n'imaginais pas que l'Océan fût aussi grand et sans limites visibles. Je croyais naïvement, moi, riverain de l'Ellé et de l'Isole, les deux principales rivières qui entourent Tréméven, puis se rejoignent à Quimperlé pour former la Laïta, que derrière l'Océan on pouvait voir la terre. Je m'attendais à voir une masse d'eau importante, certes, mais entourée de terres. Et bien je fus non pas déçu, mais stupéfait. Il n'y avait rien que de l'eau, de l'eau à perte de vue.

Mon premier contact avec l'Océan fut la source d'un grand étonnement.

Je découvrais un monde nouveau.

Guidel

Revenu de Concarneau, je rejoignis mon frère et ma sœur à Guidel, au hameau de Kerhars. Cette frange côtière avait été occupée par les Allemands. Les baraquements où ils avaient vécu étaient intacts, mais les enfants du voisinage éprouvaient de la haine ; ils brisaient tout à l'intérieur. Les uns disaient : « Comme ça, si les Allemands reviennent, ils ne retrouveront plus rien ! » Dans ces baraquements situés au lieu-dit Coat-Huel, sur la Saudraye, entre Guidel et Fort-Bloqué, il y avait des armoires en bois qui pouvaient mesurer environ deux mètres de hauteur sur cinquante centimètres de largeur. Elles contenaient une quantité impressionnante de betteraves fourragères bien rangées, serrées et tassées. Elles constituaient la nourriture principale des soldats allemands. Les fiers envahisseurs mangeaient des betteraves tous les jours, alors que nous, sans être des privilégiés, nous avions une nourriture plus variée. En effet, vers la fin de la guerre, les occupants avaient tout réquisitionné, tout consommé ; il ne leur restait presque rien à manger et ils n'étaient plus ravitaillés. Ils avaient faim. Alors, je compris pourquoi les soldats, poussés par l'envie de corser leur menu, achetaient au prix fort les denrées dont ils manquaient le plus, puis traitaient les Français de « gros filous. »

Pendant l'Occupation, M. Le Goff habitait dans sa ferme, à Kerhars, et courait de grands risques. En effet ! Un obus est tombé sur la remise où il préparait les repas des cochons et l'étable a été incendiée. Je pense qu'il a perçu des indemnités pour « dommages de guerre ».

Chasse et braconnage

Parfois, le dimanche après-midi, avec mes copains, nous chassions les écureuils.

Ce n'était pas vraiment une chasse, mais une distraction, un jeu cruel d'enfants. Il fallait être nombreux, au moins quatre. Pourquoi ? D'abord pour fatiguer le petit animal et le cerner afin qu'il ne nous échappât point. Nous l'épuisions, nous lui lancions des cailloux avec nos frondes, mais sans jamais l'atteindre. Nos sacs étaient remplis de cailloux choisis : nos provisions de guerre. Nous pouvions tenir longtemps.

L'écureuil se cachait dans les talus. Nous le poursuivions et nous le harcelions. À la fin, il se réfugiait dans un arbre. Il grimpait le plus haut possible, jusqu'à la cime.

Enfin, il était à notre merci.

Mon frère Rémi intervenait ; il avait fabriqué un arc et des flèches. Son arc était en bois d'acacia et la corde qui le tendait, un câble de frein ou de dérailleur de bicyclette. Quant aux flèches ! Des baleines de parapluie faisaient l'affaire. Il les avait affûtées à la meule à une extrémité. Une merveille de précision !

Rémi était un excellent grimpeur et le meilleur archer de notre équipe, mais aussi un excellent bricoleur. Il grimpait dans l'arbre tout en souplesse et lenteur pour ne pas effrayer l'écureuil. Et l'écureuil le regardait monter. Cet animal est curieux : un rien l'intrigue. Quand mon frère se rapprochait trop, l'écureuil grimpait plus haut, mais, arrivé à la cime de l'arbre, il ne pouvait plus s'élever. Alors Rémi, à la bonne distance, prenait son temps et mesurait ses gestes, ce qui intriguait l'écureuil. Puis il sortait une flèche de son carquois, bandait son arc avec d'infinies précautions et soudain… il tirait.

Il manquait rarement sa cible. L'écureuil descendait en vol plané. Parfois il pouvait atterrir loin, dans les fougères et les ajoncs. Heureusement, nous avions un petit chien bâtard de qualité. Cet excellent chasseur retrouvait toujours l'écureuil. Au cours d'un après-midi, nous pouvions tuer plusieurs écureuils. Nous les dépecions nous-mêmes et nous les cuisions sur un fourneau de campagne. En ragoût, ils constituaient un excellent repas.

Parfois, l'écureuil se cachait dans un ancien nid de picvert, un trou creusé dans le tronc d'un arbre. C'est ainsi que mon ami Maurice, un garçon assez naïf, s'est fait surprendre.

Un jour, un copain lui a proposé, pour rire :

— Vise le trou, Maurice ! Un écureuil est caché dedans. Enfile ta main et chope-le !

Sans hésiter, mon ami a introduit sa main dans le trou. Croyez-moi, il l'a vite retirée. L'écureuil l'avait mordu jusqu'au sang. Nous avons même dû le faire soigner à la ferme.

J'aimais braconner. C'était un vrai bonheur pour moi.

Mon père Jean-Louis était un maître dans l'art du braconnage ; il m'a tout enseigné.

Il capturait les lièvres mâles. Pas les femelles ! Cet écolo avant l'heure pratiquait un braconnage sélectif et même durable : il préservait l'espèce. C'était facile. En effet, seuls les lièvres mâles grattent la terre fraîchement remuée. Il prélevait ce qui était nécessaire à nos besoins et jamais il ne faisait commerce de ses prises.

Voici comment il opérait.

D'abord, il repérait un endroit fréquenté par les lièvres (visible avec les crottes), puis il leur tendait un piège dit « en taupinière ». Il l'installait sur le dernier sillon d'un champ labouré ou sur la « crinière » (vous vous souvenez, cette partie qui n'était pas labourée, où l'on retournait la charrue et où on laissait pousser l'herbe pour les vaches). Il creusait un trou assez profond et large pour y placer son piège en position ouverte. Une fois armé, prêt à fonctionner, mon père le recouvrait de terre. Cela faisait un petit monticule, semblable à une grosse taupinière, ce qui explique le nom précédemment cité. Par précaution, le piège était relié à un grappin par un petit câble d'acier.

Cela peut vous paraître étrange ? C'était le fruit de la rouerie de mon père. Quand le lièvre actionnait le mécanisme avec ses pattes avant, une mâchoire d'acier se refermait. Les deux pattes étaient prises au piège. Mais si une patte restait libre, il pouvait encore se déplacer et il courait se réfugier dans un talus, à l'abri des regards, protégé par les fougères et les arbustes. En revanche, s'il était resté au milieu du champ, attaché à un piquet, n'importe quel paysan passant par là l'aurait découvert.

Le lièvre, empêché de fuir à cause du piquet et du crochet, ne pouvait aller loin. Mon père le retrouvait facilement, terré dans un buisson ou blotti dans un talus. Pour éviter d'attirer l'attention des rôdeurs, mon père posait ses pièges le soir, récupérait parfois un lièvre, tôt le matin, retirait son matériel et étalait la motte de terre. Il se levait de bonne heure, emportait un grand sac et parcourait les champs où il avait placé des pièges. Quand une « taupinière » était dévastée, il recherchait le lièvre dans les fourrés voisins. Et hop ! Dans le sac, l'animal ! Personne ne pouvait lui demander d'ouvrir son sac, puisqu'il était sur ses propriétés, maître chez lui.

On peut se poser la question de la nécessité de recouvrir le piège avec de la terre.

Pour mieux comprendre, il faut connaître le comportement du lièvre mâle. Cet animal joueur et curieux est intrigué par tout ce qui est nouveau. Quand il aperçoit une taupinière (petit tertre de terre fraîchement remuée), il plonge ses deux pattes avant dans la terre et la rejette loin derrière lui. Peut-être par jeu ? Toujours la nuit ! Les lièvres sont de grands voyageurs nocturnes. Ils peuvent parcourir sept à huit kilomètres à la recherche des coins de terre remués. C'est pourquoi, au petit matin, on trouve souvent des taupinières dévastées dans les champs et, quand il y a des crottes alentour, on sait qu'un lièvre est passé par là.

Mais, fait remarquable, les femelles n'ont pas cette frénésie de grattage. Elles ne s'attaquent jamais aux taupinières. Peut-être n'y éprouvent-elles point de plaisir ? Voilà pourquoi mon père capturait toujours des lièvres mâles et épargnait les femelles. S'il avait posé des collets, comme certains braconniers moins soucieux que lui de la sauvegarde de l'espèce, il aurait pris aussi des femelles et risqué de faire disparaître tous les lièvres.

Dans notre village, d'autres personnes pratiquaient le braconnage, mais avec moins de discernement. Ainsi, M. Guigouresse posait des collets. Au village, on le disait malin, mais il l'était moins que nous, les enfants. Parfois nous nous levions de très bonne heure et nous allions relever ses collets avant lui. Mon père désapprouvait nos manières, mais appréciait notre audace.

C'était une bonne école pour de futurs fermiers.

Un garde fédéral compréhensif

Dans un village, tout finit par se savoir. Mon père fut dénoncé.

Un jour, un garde fédéral que nous ne connaissions pas vint à Keranguen, sans décliner sa fonction. Mon père lui offrit l'hospitalité ordinaire : un verre de cidre et un petit casse-croûte. Une conversation anodine s'engagea. Mais chacun se tenait sur ses gardes. Mon père se demandait qui était cet « étranger » et quelles étaient ses intentions. Le garde fédéral devait chercher comment obtenir des aveux de cet homme avisé, prudent et aimable. Ils parlèrent de tout et de rien, de la pluie et du beau temps, puis ils commencèrent à évoquer la guerre et la Résistance. Alors mon père parla de son beau-frère, mon tonton Pierrot Le Naour, l'homme qui avait monté le groupe de résistance appelé « Vengeance » à Rosporden et qui était mort dans l'attaque du convoi allemand à Kernével, au lieu-dit la Croix-Lanveur.

Par chance, le garde fédéral était un ancien maquisard de Rosporden. Il avait bien connu mon oncle Pierre. Aussitôt la tension retomba. Le temps des confidences était venu. Le garde se présenta. Il dit à mon père qu'il était venu enquêter à la suite d'une dénonciation.

Mon père parut étonné, mais il se doutait bien que son hôte venait chez lui pour glaner des renseignements. Mais lesquels ?

— Je sais que vous braconnez, reprit le garde, mais puisque vous êtes parent avec M. Pierre Le Naour que j'ai eu l'honneur de servir, je ne ferai rien qui puisse vous nuire. En contrepartie, au moins, assurez-moi que vous attendrez un peu avant de recommencer !

Mon père le lui promit bien volontiers. Il lui expliqua qu'il braconnait pour manger, et encore, seuls les lièvres mâles, mais jamais les femelles. Puis il lui parla du piège à « la taupinière ». Son invité ignorait cette méthode. Comme il paraissait intéressé, mon père le mit au défi de trouver un piège qu'il avait caché la veille.

— Défi relevé ! répondit le garde.

Arrivé sur le champ, le garde chercha longtemps le piège, mais ne le trouva pas. Mon père avait posé une grosse branche de pommier cassée par le vent sur le monticule de terre sous lequel était enterré le piège. Chaque soir, il retirait la branche pour activer le piège et, chaque matin, il la remettait. Comme le garde ne le trouvait toujours pas, mon père lui demanda de s'éloigner un instant, puis il retira le piège. Il ne voulait pas aggraver son cas par un flagrant délit. Enfin, il lui révéla son stratagème. Le garde fédéral a beaucoup apprécié.

Un braconnier discret

Vers ma douzième année, à mon tour, je devins braconnier.

Mais un jour, alors que je tendais un piège à côté d'un vieux pommier, sur un terrain de la ferme de Keranguen, dans un champ attenant à la maison de mon grand-père, un chasseur que nous connaissions bien vint à passer, le fusil dans une main, chargé, armé, prêt à tirer. Je voulus l'éloigner de peur que l'un de ses chiens ne se prenne dans un piège. Je lui fis donc remarquer qu'il était interdit de chasser aussi près des maisons et je lui demandai de bien vouloir quitter ces lieux. L'homme n'a pas apprécié mes remarques. Nous avons eu des mots. Le ton a monté. Nous nous sommes énervés. Enfin, il a rappelé ses chiens, puis il est parti.

Longtemps plus tard, il a rencontré mon cousin Pierrot, le fils de Corentin. Il lui a raconté l'histoire et manifesté son ressenti. Il m'en voulait.

— Comment ? lui répondit Pierrot. Tu n'as pas vu que tes chiens tournaient autour de ses pièges et qu'ils risquaient d'être pris eux-mêmes ?

Comme l'autre s'étonnait :

— Et pourquoi il ne me l'a pas dit lui-même ?

— Eh malin ! lui rétorqua Pierrot. Tu en connais beaucoup, toi, des braconniers qui te diront à quel endroit ils posent leurs pièges ?

En 1962, enfin, j'ai eu une explication avec ce monsieur. Nous sommes redevenus amis. Il voulait même m'acheter un lièvre. Mais j'ai refusé. Dans ma famille, quand nous capturions un lièvre, nous le mangions, et, si nous en avions deux, nous donnions le second, mais jamais nous ne le vendions. Jamais nous n'en faisions commerce.

Et la pêche ? C'était aussi du braconnage

Le territoire de la commune de Tréméven est délimité par deux cours d'eau : l'Isole à l'ouest et l'Ellé à l'est. Ces rivières reçoivent de nombreux ruisseaux affluents. À cette époque, tous ces petits cours d'eau regorgeaient de truites et d'anguilles. Les truites frayaient sur place, mais les anguilles étaient en transit.

Laissez-moi vous parler des anguilles !

Ces poissons longs et filiformes ressemblent à des serpents. Ils pondent et se reproduisent dans la mer des Sargasses, au large des Antilles. Les jeunes anguilles, appelées civelles, traversent l'océan Atlantique et viennent vivre et grossir dans nos cours d'eau. Elles arrivent vers la fin de l'hiver. Devenues adultes, à la fin de l'été, en septembre ou octobre, elles redescendent vers l'Océan, puis repartent vers la mer des Sargasses. Elles voyagent la nuit, jamais le jour. Et même la nuit, quand la lune se lève, on ne les voit plus. Elles se cachent.

Cela se passait en automne, au moment de l'arrachage des pommes de terre.

Nous braconnions dans un petit ruisseau entre Tréméven et Querrien, toujours par une nuit sans lune. Nous attendions que minuit fût passé. Alors, le meunier arrêtait son moulin et il fermait la vanne amont afin de remplir son étang pour le lendemain. Ainsi le niveau de l'eau diminuait énormément dans notre ruisseau. Nous installions un barrage de gazon et de pierres en amont et nous asséchions l'aval sur une centaine de mètres. Ensuite, nous ramassions les truites et les anguilles à la main. Nous en avions deux seaux pleins. C'était du braconnage.

La pêche à l'anguille était autorisée sous certaines conditions.

Des pêcheurs agréés la pratiquaient. Ils écoulaient leurs poissons sur les marchés locaux. Parfois, on pouvait voir une dizaine de pêcheurs, le long de la rivière Ellé, en aval du moulin du Fourden. Toujours quand la nuit était sombre. Ils s'éclairaient avec des lampes tempête. Et nous, curieux et intéressés, nous allions les voir pêcher.

Le long de la rivière, ils installaient plusieurs châssis en bois, posaient leurs filets sur ces châssis, puis ils attendaient que les anguilles descendissent le cours de l'eau. Alors, elles se prenaient dans les filets en forme de nasses coniques. Une fois prisonnières, elles s'immobilisaient. À intervalles réguliers, les pêcheurs relevaient leurs filets, capturaient les anguilles à la main et les empilaient à la verticale dans des barriques. Ils en consommaient une partie sur place : c'était la fête. Mais le gros de la récolte, qui était presque toujours bonne, était vendu le lendemain dans les villages voisins.

Les anguilles pullulaient dans nos cours d'eau. Les habitants de la région en étaient friands. Maintenant, les pesticides et les engrais ont empoisonné les eaux. Les belles pêches de ce temps-là ne sont plus possibles.

Le saumon aussi abondait dans l'Isole et l'Ellé.

Mais à un point ! Par exemple, les pensionnaires de la prison de Quimperlé (alors située rue Brémont-d'Ars) en avaient tous les jours à midi dans leur assiette. À la fin, ils étaient si écœurés du saumon qu'ils ont refusé d'en manger.

Mes courtes études

À l'école communale de Tréméven

Les Allemands partis, je suis retourné à l'école communale de Tréméven.

L'école publique du bourg nous préparait au certificat d'études primaires. Après la guerre, elle comprenait quatre classes : deux au rez-de-chaussée et deux au premier étage. Les élèves, garçons et filles, étaient nombreux. Ils venaient de Tréméven, mais aussi de Locunolé et de Quérisol. Le directeur et la directrice étaient des maîtres exigeants et violents. Ils ne nous laissaient aucun répit. En classe, on les craignait. On pouvait recevoir des coups et des taloches sans les avoir mérités.

Tous les enfants prétendent cela, croyez-vous ? C'était pourtant vrai ! Ce directeur frappait fort. Il hurlait encore plus fort. Je me souviens qu'un jour mon père, homme pondéré et calme, fut excédé de l'entendre crier depuis Keranguen. Il alla le trouver et lui demanda de fermer les fenêtres de sa classe.

Le directeur, qui frappait les enfants, était influent. Aussi, le maire et ses conseillers l'écoutaient volontiers et suivaient ses avis. Dans la commune, cet homme passait pour un notable ; il était donc intouchable.

Pour être franc, je détestais cette école, même si les autres instituteurs étaient gentils et compétents. Moi le premier, j'appréhendais les coups.

Conscients de cette triste situation, mes parents me retirèrent de l'école communale de Tréméven et ils m'envoyèrent poursuivre des études à l'école Sainte-Croix de Quimperlé.

À l'école Sainte-Croix de Quimperlé

J'avais treize ans, la guerre était finie depuis deux années et je n'avais pas obtenu mon certificat d'études, quand on me mit en pension à l'école Sainte-Croix de Quimperlé. J'étais presque heureux d'être pensionnaire, parce que mon cousin Arsène, le fils de ma tante Marie, m'avait plusieurs fois vanté les « délices » de la pension. Je le crus sur paroles, je lui fis confiance, mais je dus déchanter vite.

Pensionnaire ! Ce n'était pas la vie rêvée.

Je le restai un an. Pas plus ! C'était déjà beaucoup.

Au réfectoire, la nourriture était sommaire : soupe légère et pain de maïs. Heureusement, le vendredi, mes parents qui allaient au marché de Quimperlé m'apportaient des galettes appelées crêpes. Je les rangeais dans mon casier personnel. Un jour, une religieuse, femme de petite taille qui servait au réfectoire, nettoyait les casseroles et passait le balai, vit mes crêpes. Elle me demanda, bien aimablement, si je voulais lui en céder une. Je le fis avec un grand plaisir, parce que cette sœur était accommodante. La semaine suivante, à ma grande surprise, j'eus le plaisir de voir la sœur me servir une louche de soupe et une part de frites supplémentaires au repas de midi. Je les partageai avec mes voisins de tablée et je me fis de nouveaux copains. Ils me dirent en riant :

— On dirait que tu as tapé dans l'œil de la petite sœur.

J'étais encore trop jeune pour m'intéresser aux dames.

Je leur expliquai le coup de la galette. Alors l'un me suggéra :

— Vendredi prochain, propose-lui donc deux crêpes. Tu auras peut-être deux louches de soupe et deux parts de frites en plus !

Je tentai l'expérience, mais la bonne sœur refusa tout net. Nous en restâmes là.

Peut-être craignait-elle de céder au péché de gourmandise ?

La pension était une prison pour moi.

Je regrettais la vie au grand air : les prés, les champs, les chasses à l'écureuil et les parties de braconnage avec mon papa. J'avais perdu tous mes repères. Je dépérissais et je tombai malade. Le jour, je restais alité dans l'immense dortoir. Mon lit était à côté de la cabine du pion qui nous surveillait la nuit. Parfois, il montait me voir et je sentais qu'il souffrait parce que j'étais malade. Je fus tellement atteint que je finis par ne plus manger.

Le principal de l'établissement, le curé Cougnard, fit venir notre médecin de famille, le docteur Martin. Il m'ausculta en présence de mes parents.

Le brave toubib procéda à un examen approfondi, puis il demanda aux personnes présentes de le laisser seul avec moi. Nous parlâmes longtemps, mais je ne me souviens plus de cette conversation. Enfin, il prescrivit un remède. Il concernait aussi le curé et mes parents. Le traitement était simple, mais efficace : mes parents devaient me retirer de l'internat, m'acheter un vélo et me laisser faire la route de Tréméven à Quimperlé, tous les jours, matin et soir. Autrement dit, je devais quitter le pensionnat. C'était sa prescription.

Aussitôt, je me sentis mieux. Peu de temps après, j'étais guéri.

Je passai mes week-ends chez ma tante Marie.

II – Et maintenant, au travail !

Nous étions en 1949. J'entrais dans ma quinzième année.

En accord avec mon grand-père Joseph, mon père et mon oncle Corentin voulurent agrandir leurs domaines respectifs. Mon oncle Corentin jeta son dévolu sur un vaste domaine situé dans le village de Kerlesquarn, au nord de Kérisol, sur le territoire de la commune de Tréméven. Dès lors, mon père prit en charge la totalité de la propriété de Keranguen qui appartenait à M. Fichou. Elle contenait trente-trois hectares.

Au début, les affaires étaient bonnes. Mais l'inflation, la concurrence et l'évolution des lois sociales obligèrent mon père à réduire le personnel, même pour un domaine aussi étendu. La main-d'œuvre devenait onéreuse. Mon frère Rémi apprenait le métier de charron-charpentier chez M. Gerbe, à Tréméven. Il n'était plus disponible pour travailler à Keranguen. De plus, l'arrivée des machines ouvrait de nouvelles possibilités. Alors, mon père qui hésitait à embaucher un employé décida de mettre fin à mes études. Il avait besoin de moi pour faire tourner l'exploitation.

Je quittai l'école Sainte-Croix à Quimperlé où j'étais externe et je travaillai à la ferme.

À Keranguen, j'étais nourri, logé, vêtu, blanchi et, à la fin du mois, mon père m'allouait un peu d'argent de poche. Mon pécule était maigre. Ma condition n'était pas exceptionnelle. Un fils devait aider ses parents. Ils m'avaient mis au monde et élevé. J'avais une dette envers eux. Aujourd'hui, on dirait que j'étais exploité. J'étais très mal payé, mais pas malheureux. La vie libre au grand air me convenait. J'ai travaillé au service de mon père pendant six années, jusqu'à mon départ pour le service militaire, en novembre 1955.

En quoi consistait mon travail ?

Au début, mon père m'apprit à conduire la charrue et à labourer la terre.

Et je devins laboureur.

Imaginez un champ, à cette époque, juste après la guerre ! Le remembrement n'avait pas encore dénaturé nos bocages ni enlaidi la nature et les chevaux représentaient la force motrice principale. Un champ, entouré de talus arborés, sur la Lande-des-Châtaigniers à Keranguen, c'était cent quatre-vingts mètres de sillons parallèles, si j'excepte la « crinière ».

Mes deux chevaux tiraient une charrue brabant double. Et moi, je les guidais par la voix et les rênes. C'était une impression. En réalité, ces braves animaux connaissaient leur travail peut-être mieux que moi. Je les faisais filer droit.

Dire que le métier de laboureur était dur ? Même pas ! Une fois passée la période d'apprentissage et apprises les astuces techniques pour se tirer d'un mauvais pas, tout devenait facile. La charrue avançait, tirée par les chevaux, réglée en profondeur une fois pour toutes et portée par ses roues avant. Les mains posées sur les mancherons, je suivais. C'était une promenade champêtre.

J'étais libre, je rêvais et j'écoutais les chants d'oiseaux. Je vivais des instants inoubliables. Que m'importait le monde ! J'étais maître après Dieu, seul au milieu de la nature, ivre d'espace et de liberté, sans murs, ni maîtres, ni devoirs, heureux comme un paysan.

Un rite immuable ordonnait mes journées.

Je me levais tôt le matin, je donnais le picotin aux chevaux, je les attelais, je partais vers le champ et je labourais. Le labour était pour moi un vrai plaisir, une détente, un vagabondage, une occasion de rêver, surtout quand le temps était beau. Et s'il pleuvait ? Alors, pas de labour !

Vers midi, les chevaux donnaient des signes de fatigue. Je les ramenais à la ferme, les laissais se reposer et leur donnais à boire et à manger. L'après-midi, vers deux heures, je reprenais mes labours, sans soucis ni contraintes, libre et heureux. Le soir, je revenais avec mes chevaux. Sans hâte.

Les chevaux, sont des animaux vaillants et travailleurs, mais ils se fatiguent vite. On le comprend lorsqu'ils ralentissent l'allure. Un cheval fatigué ne fait plus du bon travail et, si l'on insiste, il refuse d'avancer ; il fait sa tête de mule. De retour à la ferme, j'attendais une heure avant de leur donner à boire, à cause de la transpiration. Le cheval est un animal fragile. Si on lui donne à boire quand il a chaud, il peut attraper la fièvre.

Ma jeunesse fut heureuse. J'aimais le travail en plein air. J'appréciais la liberté et la nature.

Mon père me payait à peine. Il m'allouait une bricole pour mes distractions du dimanche, le genre : « Tiens, petit, prends ça et va t'acheter des bonbons ! » mais je n'en souffrais pas. Je n'avais pas besoin d'argent. J'ignorais la valeur de l'argent. Même si j'en avais gagné plus, je n'aurais pas su le dépenser. J'étais heureux, satisfait de mon sort, bien dans ma peau. Tout simplement.

J'ai pratiqué tous les métiers de la terre, labouré, hersé, semé, récolté, fauché les foins, moissonné, battu la paille, engrangé les bottes, cueilli les fruits et distillé la gnôle. Je n'étais pas un maître faucheur, mais je me débrouillais bien. Comme je n'ai jamais su battre correctement une faux, notre commis Raymond battait la mienne. Ce vrai professionnel lui donnait un fil impeccable et tranchant.

Je bricolais un peu. Nous devions tout réparer nous-mêmes : machines et outils. À la ferme, nous avions une forge. Mon frère Rémi travaillait à l'extérieur, mais vivait à la ferme ; il nous aidait les soirs et les dimanches. Ce jeune homme, doué pour la mécanique et les métiers du bois, pouvait tout faire avec ses mains. C'était un vrai petit génie.

Le dimanche, jour du Seigneur, était le jour du repos. Mais les nombreux animaux domestiques de la ferme ne faisaient pas de différence avec les autres jours. Ils réclamaient leur nourriture et leurs soins, même le dimanche.

Alors, nous nous organisions.

Les hommes s'occupaient des animaux chacun à leur tour, soit un dimanche sur quatre. Nous étions quatre : mon père, mon frère Rémi qui travaillait chez M. Gerbe, mais était libre le dimanche, notre commis Raymond et moi.

Les dames, ma mère et ma sœur Odette, en étaient dispensées.

Le service du dimanche était lourd. Nous devions soigner les animaux (chevaux, vaches, cochons, poules et lapins), traire les vaches, changer leur litière et remplir leurs mangeoires ; pour cela, il fallait les sortir, les emmener à la pâture, puis les rentrer.

Les cochons recevaient leur nourriture deux fois par jour.

L'homme de service le dimanche devait se lever tôt, organiser sa journée et travailler du matin jusqu'au soir, sans perdre une minute.

En été, quand le temps était beau, le reste de la famille allait pique-niquer dans un verger de pommiers sur les bords de l'Isole, au lieu-dit le Moulin-Blanc. Dans un verger, au bord de la rivière, plusieurs familles de Tréméven et de Mellac se retrouvaient sous les arbres, dans une ambiance bon enfant : discussions, jeux divers et baignades dans l'eau claire.

Ce sont de vieux souvenirs, mais combien émouvants.

Nous élevions environ vingt-cinq vaches. Elles nous donnaient leur lait et leurs veaux.

Chaque matin elles recevaient leur ration de « potage », un mélange d'eau claire et de farine. Jamais le jus chaud des betteraves ! C'était nocif.

Nous « faisions » du cochon, selon l'expression connue. Nous les engraissions par vagues de trente-cinq. Certaines années, nous en élevions cinq vagues : porcs, truies et porcelets. En six à sept mois, les petits atteignaient le quintal. Lorsqu'ils étaient devenus cochons gras, nous les vendions aux abattoirs de Quimperlé. Pour notre consommation ordinaire, de temps en temps, nous sacrifiions un cochon. Sa viande était conservée dans un récipient de terre cuite appelé : *charnell*, le charnier. Mais pour les engraisser, que de soins ! Tout y passait : les pommes de terre cuites, les betteraves broyées, la farine, le lait écrémé, et même l'eau de la vaisselle. Ne vous étonnez pas ! Cette eau était comestible et nourrissante pour les animaux domestiques ; elle ne contenait ni détergents ni produits agressifs.

La vie était dure à Keranguen. Nous gagnions notre pain à la sueur de notre front.

Outre les soins aux animaux et le travail des champs, nous devions aussi enlever le fumier des étables et des porcheries. D'habitude, nous réservions cette corvée pour le samedi. Pourquoi ? À cette question, les anciens répondaient invariablement :

— Voyons ! C'est le samedi qu'on change de vêtements.

Forcément ! Il fallait y penser. Curieux anciens !

Après la corvée de fumier, nos vêtements étaient sales et nous sentions mauvais. Nous prenions notre douche hebdomadaire en tenue d'Adam. L'eau tiède coulait d'un réservoir de camion placé à la bonne hauteur. C'étaient des moments d'intense plaisir. Et le soir, tout frais, tout beaux et bien vêtus, nous allions au bal faire danser nos cavalières.

Du fumier suintait un liquide brun-noir appelé purin. Il n'était pas nauséabond, parce que les animaux étaient encore nourris avec des fourrages naturels. Nous pratiquions une agriculture biologique. Un caniveau ménagé au milieu de l'étable et de la porcherie le dirigeait vers une fosse creusée dans le sol. Avec une pompe à main, nous le transvasions dans une tonne et nous partions amender les pâtures. Parfois, la fosse débordait et le purin se répandait sur le sol.

Nous buvions l'eau potable tirée d'un puits creusé dans la roche. Profondeur :dix-huit mètres environ. Un tas de fumier imposant, orgueil de la famille et symbole de richesse et de prospérité, jouxtait ce puits. Je n'ai jamais entendu dire qu'aucun des gens qui ont vécu à Keranguen ait été incommodé ou soit tombé malade à cause du purin qui, lessivant le sol, finissait sans doute par contaminer l'eau du puits, selon la théorie de mon instituteur. Autrefois, dans les fermes, le puits et le fumier étaient presque toujours voisins.

Parfois, en été, la sécheresse tarissait notre puits. Alors, nous prenions une tonne en bois et nous allions la remplir à la fontaine de Saint-Meven. Cette fontaine est située à cinq cent mètres en contrebas de notre ferme. Construite dans l'année qui vit l'achèvement de l'église de Tréméven, elle est dallée de pierres plates toutes simples. La date de sa construction est gravée sur une pierre, au fond. Maintenant, on ne la voit plus. La terre, les immondices, les buissons et les ronces l'ont recouverte. J'aimerais que l'on nettoyât cette fontaine pour restaurer son ancien lustre.

Mon père gagnait honnêtement sa vie sur le domaine de Keranguen, mais, une fois l'an, il devait acquitter le fermage du domaine à son propriétaire : M. Fichou, d'Arzano. Alors, en char à bancs, il faisait le voyage de Keranguen (commune de Tréméven) jusqu'à Stang-ar-Haro (commune d'Arzano) qui était à environ vingt kilomètres.

M. Fichou était un homme aisé, un gros propriétaire foncier. Il possédait plusieurs domaines confiés à des métayers. Chaque année, vers la Saint-Michel, il les réunissait tous et recevait leurs paiements. À cette époque, les récoltes devaient être vendues et l'argent frais encaissé. La réception était solennelle et digne. M. Fichou organisait une petite cérémonie, offrait à boire et à manger à ses métayers, puis il leur réclamait son dû.

Chacun acquittait sa redevance en présence de tous les autres. Celui qui pouvait payer se tirait de cette épreuve avec honneur, mais celui qui manquait d'argent devait expliquer pourquoi il était à court et s'engager sur un délai. Et c'était bien gênant.

Mon père était un homme fier. Jamais il n'aurait accepté de ne pas payer ce qu'il devait. Quand parfois il manquait d'argent, il l'empruntait. Ainsi pouvait-il affronter dignement M. Fichou et les autres métayers réunis.

Comme son père Joseph, mon père Jean-Louis se méfiait des banques. Il gardait son argent à la ferme. Ce fut une erreur. L'inflation galopante qui sévit après la guerre rongea son pécule. Plus tard, avec la mécanisation et le recours aux emprunts bonifiés du Crédit agricole, les mœurs ont évolué, mais il fallut longtemps pour changer les habitudes.

En 1956, nous avons acheté un tracteur, un dix-huit chevaux vapeur de marque Deutz. C'était un jouet comparé aux mastodontes actuels de plus de deux cent cinquante chevaux. Dès lors, un seul cheval de trait nous suffit pour les petits travaux délicats.

Très tôt, j'ai conduit le tracteur et je n'étais pas peu fier, au moins autant que le Touareg, roi du désert, juché sur sa monture.

Les gendarmes de Quimperlé

Je pouvais avoir dans les dix-sept ans. Je travaillais à la ferme avec mon père Jean-Louis et ma mère Marie. Tous les quinze jours, avec mon copain Maurice, nous allions au cinéma à Quimperlé. C'était le soir. Nous roulions à bicyclette. Les deux feux, avant et arrière, de celle de Maurice fonctionnaient bien, mais le feu avant de la mienne était en panne. Aussi nous allions, lui devant et moi derrière, de manière à être bien visibles.

Sur la route de Quimperlé, les gendarmes nous arrêtèrent. Ces gens-là, vont toujours par paire, l'un suivant l'autre, prêt à secourir son collègue au cas où…

Une conversation s'engagea. En voici à peu près la teneur :

— Jeune homme, votre feu avant est en panne.

— Je le sais bien. C'est pourquoi je roule derrière mon copain. Son feu avant fonctionne. Ainsi, on peut nous voir, devant et derrière.

— Ça, nous le voyons bien. Nous ne sommes pas aveugles. Pour qui nous prenez-vous ? Mais nous ne voulons pas le savoir. Et d'ailleurs, si vous rouliez tout seul, jeune homme, vous mettriez votre vie en danger.

— Bien sûr, mais puisque nous sommes deux. On ne se quitte pas.

— Et d'abord, où allez-vous ?
— Au cinéma, à Quimperlé. La séance commence à neuf heures.
— Et après, il n'empêche que vous enfreignez la loi.
— Mais, monsieur le gendarme !
— Ah ! Pas de mais ! Ou vous retournez d'où vous venez, et à pied, à côté de votre vélo, ou je vous verbalise. C'est compris ?

Mon copain et moi, nous étions bien embêtés. Le cinoche, c'était une fois tous les quinze jours et on ne voulait pas rater la séance. Que faire ?

Mon copain leur demanda quel était le montant de l'amende. Simple curiosité.

Elle nous parut assez élevée et était payable immédiatement. Elle représentait beaucoup d'argent pour nos maigres budgets. Je travaillais chez mon père et il me versait un tout petit pécule, juste de quoi m'amuser un peu. D'une part, ça m'ennuyait de débourser « trois sous », comme ça, alors que j'estimais que je ne courais aucun risque puisque mon copain m'éclairait avec son phare ; d'autre part, j'avais une forte envie de voir le film. Après réflexion, j'ai répondu au gendarme :

— C'est bon ! Je paie l'amende. Voilà ! Mais laissez-nous aller au cinéma.

Le gendarme semblait perplexe. C'était peut-être la première fois qu'un quidam acceptait de payer une amende sans rechigner. Le cœur gros, je leur ai donné mon argent et ils m'ont laissé aller au cinéma, mais avec une recommandation expresse : je devais revenir à pied, à côté de ma bicyclette.

Non seulement les gendarmes sévissaient à Quimperlé, mais aussi à la campagne.

Parfois, ils passaient par Tréméven. Et quand ils venaient à Keranguen, il s'arrêtaient pour boire « un petit coup » avec mon paternel. C'était la coutume. Mon père recevait toujours bien les hôtes de passage, même les gendarmes. Ils lui ont expliqué comment j'avais accepté de leur payer une amende pour défaut d'éclairage avant sur mon vélo. Le soir, mon père m'a demandé de lui confirmer leurs dires. Et moi, furieux, j'ai prétendu qu'ils avaient menti. Je lui ai raconté qu'ils ne m'avaient pas laissé le choix : ils m'avaient verbalisé sans autre forme de procès.

C'était peut-être la première fois que je mentais à mon père.

À partir de ce jour, messieurs les gendarmes, finis les petits rinçages de gosier aux frais de mon paternel ! Jean-Louis Naour les ignora. Il ne leur offrit plus à boire. Il les saluait encore, mais il gardait ses distances (on est poli, même si on est mécontent), puis il se détournait.

Longtemps plus tard, j'ai fait amende honorable. J'ai tout avoué à mon père. J'avais honte de lui avoir menti. Mais lui, furieux aussi de s'être laissé berner, honteux peut-être de devoir expliquer aux gendarmes les raisons de sa froideur à leur égard, ne les a plus jamais reçus à Keranguen.

Un élevage de perdrix

Je pouvais avoir dix-huit ou dix-neuf ans. Je capturais des perdrix.

Cela se passait en automne, quelques semaines avant l'ouverture de la chasse. Sur un champ, dans un sillon long et profond, j'épandais du blé noir. Je posais des collets confectionnés avec des fils à pêcher en Nylon transparent, retenus par des piquets en châtaignier plantés en terre. Les perdrix picoraient le blé noir. Elles se prenaient le cou dans les collets. À la différence du lièvre qui, une fois pris, se débat comme un beau diable, puis meurt étranglé, la perdrix s'immobilise. Elle ne bouge plus. Alors, avec d'infinies précautions, je ramassais les perdrix avec les collets et les piquets de châtaignier, je les mettais dans un grand sac où elles se tenaient immobiles et je les libérais dans un endroit obscur. L'obscurité calme les perdrix. Elles ne bougent plus.

Enfin, je les installais dans une grande cage. Je les nourrissais pendant cinq semaines, environ, avec des grains et de la salade, puis je les relâchais sur les terres où je les avais capturées.

Les chasseurs appréciaient mon initiative et parfois ils m'apportaient des perdrix à nourrir. Ils étaient contents et moi, je prenais beaucoup de plaisir à élever des oiseaux. D'année en année, j'augmentais le nombre de mes captures.

Jean Rouzic, le garde communal, venait à la ferme avec le garde fédéral.

Devant mon père, il s'étonnait que je ne mange pas mes perdrix.

— Eh ! lui répondait mon père. Albert n'aime pas la volaille, seulement les tranches de lard cuites dans le civet. Ça, il en raffole. Alors ce n'est pas aujourd'hui qu'il mangera de la perdrix. Il les élève pour son plaisir.

Pour mon plaisir ! C'était la vérité.

Mes admirateurs ont plusieurs fois essayé de me faire les honneurs du journal local.

J'ai toujours refusé de poser pour leurs photos. Mais le président de la société de chasse et le garde communal ne rataient jamais une occasion : ils avaient toujours les honneurs de la presse locale au moment du lâcher des perdrix.

III – Mes drôles de classes !

(15 octobre 1955 – 1er avril 1956)

En 1954, je passai le conseil de révision.
Formalités et festivités.

Mes conscrits et moi, nous dûmes parader nus, et à la queue leu leu, devant le médecin militaire, l'adjudant, le sergent et ses tristes acolytes. Nous fûmes pesés, passés sous la toise, jaugés, jugés, examinés comme le bétail un jour de foire. On nous fit tousser, lever la tête, toucher nos pieds avec le bout de nos doigts et sans plier les jambes, dire « trente-trois » plusieurs fois et faire toutes sortes de contorsions. Nous exposâmes nos nudités et nos parties intimes au public. Des *vicelards* nous regardaient et des malveillants nous lançaient des quolibets.

Et tout cela pour nous entendre dire, au terme d'un examen superficiel et déplaisant :

— Bon pour le service ! Au suivant !

Maintenant, te voilà devenu un homme, mon fils !

À cette époque, plus qu'un laissez-passer vers le service militaire obligatoire, c'était une consécration et un honneur, le couronnement d'une cérémonie initiatique, pâle évocation de celles plus originales que pratiquent les tribus engoncées dans les fin fonds de la forêt vierge, une vague résurgence de coutumes ancestrales.

Enfin, nous étions acceptés, admis dans le clan des mâles.

« Bon pour le service, bon pour les femmes ! » prétendaient autour de nous les anciens à la trogne fleurie qui riaient sous cape. Et pour les réformés, la honte !

Les recruteurs n'étaient pas exigeants. Il fallait être bien faible, bien diminué et presque handicapé pour être réformé. La guerre sévissait en Algérie. L'ogresse avait besoin de chair fraîche. Et nous qui venions d'être désignés pour la « boucherie », comme des imbéciles, nous étions heureux et fiers d'être choisis.

Après le conseil de révision, nous fîmes la fête.

Le bal des conscrits, quelle nouba !

Il eut un grand succès. Il nous rapporta beaucoup d'argent. Notre caisse était pleine. On n'arrivait même pas à la vider. Pourtant, nous étions de sacrés lurons, et délurés. Vraiment, on peut dire qu'on a pris du bon temps.

Comme un grand seigneur

(du 13 au 17 avril 1955)

Quelques mois après le conseil de révision, deux gendarmes de Quimperlé sont venus à Keranguen, (service messieurs !) pour me remettre ma feuille de route. J'étais convoqué à la caserne de Guingamp, l'antichambre de l'incorporation.

Il ne suffisait pas d'avoir été reconnu « bon pour le service », encore fallait-il le vérifier.

Pour être définitivement admis dans le groupe des « appelés », chaque conscrit devait se soumettre à des batteries de tests et passer des examens pendant trois jours.

On appelait ça « faire ses trois jours ». C'était une autre cérémonie initiatique.

Je partis donc accomplir mes « trois jours ». J'étais heureux de changer d'air.

Pour aller de Keranguen à la gare de Quimperlé, je pris ma bicyclette. Je la laissai dans la cour de la gare, sans antivol. À cette époque, on ne craignait pas les voleurs de bicyclettes.

Heureux et détendu, je pris le train pour Rosporden, puis Guingamp. Un train ? Si l'on peut l'appeler ainsi. C'était un tortillard, tiré par une vieille locomotive à vapeur. Il me transporta, bon gré, mal gré, de Rosporden jusqu'à Carhaix puis Guingamp.

Nous l'appelions le « train-patates », parce qu'il servait au transport des pommes de terre en automne. Le tacot était lent et poussif comme un cheval de labour à midi. Le paysage défilait au ralenti. Il n'avait rien de particulier. Tous les jours, je voyais le même à Keranguen en poussant ma charrue. Mais il était reposant et agréable.

Dans les côtes, la « loco » ralentissait. Le train s'arrêtait presque. Un individu normal pouvait le suivre en marchant d'un bon pas. La plupart des passages à niveau n'étaient pas gardés. Heureusement, la vitesse était faible et les imprudents qui franchissaient les voies avaient le temps de voir venir le monstre d'acier. Le chauffeur du train pouvait apprécier le risque et arrêter sa locomotive : elle roulait presque au pas.

J'arrivai à Guingamp.

Insouciant, je rejoignis la caserne à pied pour y « faire mes trois jours ».

Des militaires me prirent en charge : « Par ici, jeune homme ! » Ils notèrent mon nom et mon prénom sur un registre, puis ils s'occupèrent de mon hébergement. Je couchai dans un dortoir. Le dortoir ? La pension ? Tristes souvenirs ! Ça me rappelait le collège de Quimperlé. Mais, comme je dormais aux frais du contribuable, je ne me plaignis pas. Des nuits, aux frais du contribuable, j'en ai passé beaucoup d'autres par la suite, mais le contribuable ne fut jamais généreux avec moi. Souvent, je couchais à la belle étoile, sur la terre nue, sans couverture ni vêtements chauds.

Mais cela est une autre histoire. J'en parlerai plus tard.

Mon impression sur la vie à la caserne : mauvaise ! Exécrable ! On y vit enfermé et à l'étroit comme les sardines en boîte et ça pue la sueur des chaussettes et le moisi. Ces gens-là manquent de courage : ils n'ouvrent pas les fenêtres.

Le deuxième jour, j'avais terminé tous les tests.

J'étais bon pour le service armé et fier de l'être, mais loin d'imaginer l'avenir sinistre que me réservait l'armée française, toujours aux frais du contribuable. Un gradé, bien sous tous rapports (oui, cela existe), m'a demandé avec un bon sourire si je souhaitais passer ma dernière nuit à la caserne. Je lui ai répondu que non. Pour être franc, ces deux jours passés à croupir dans ces locaux sinistres me paraissaient déjà beaucoup. C'était un vague aperçu du cauchemar qui m'attendait. J'ai gardé pour moi mes impressions et je suis sorti. Enfin j'étais libre.

À Guingamp, j'ai loué une chambre à l'hôtel. Je l'ai payée d'avance. J'avais vingt ans. J'étais un jeune homme libre. C'était bien. J'étais heureux.

Le lendemain matin, me voilà de nouveau dans le tortillard, le fameux « train-patates », mais en direction de Rosporden.

Pendant ce voyage exceptionnel, je considère que j'ai été traité comme un seigneur.

Le train. Combien de wagons ? Deux ou trois, peut-être ? Mes souvenirs sont flous.

Ils étaient tous vides. J'étais le seul voyageur. Avec moi, un contrôleur obligeant et aimable. Il a examiné mon titre de transport. Je voyageais gratis. Grâce au contribuable. J'étais en règle. Il m'a remercié. Il a remis son composteur dans sa sacoche à bretelle et refermé la languette en cuir, puis il a déposé sa sacoche sur une banquette.

Comme j'étais seul et qu'il devait s'ennuyer, il s'est assis en face de moi et nous avons entamé la conversation.

Au mois d'avril, il faisait encore froid.

Le wagon avait passé la nuit à la belle étoile. L'intérieur était frisquet.

Au milieu du wagon trônait un poêle à bois, de section carrée et d'allure rustique, posé sur une tôle aux bords relevés pour éviter que les brandons ne viennent brûler le plancher. Nous avons fait un feu de bois pour nous réchauffer et occuper nos loisirs.

Alors nous nous partageâmes les tâches : corvée de bois, préparation des journaux pour l'allumage initial, et craquage de l'allumette. Le tirage n'était pas merveilleux. Au départ, la fumée nous faisait suffoquer. La SNCF avait encore de sérieux progrès à faire pour être au « top niveau » en matière de chauffage. Mais enfin, un poêle, c'était plus pratique et plus efficace qu'une cheminée bretonne. Imaginez une cheminée dans un wagon !

En discutant avec le contrôleur, je mesurais ma chance.

On m'offrait (toujours aux frais du contribuable) un voyage de rêve dans un décor de contes de fées et de korrigans en plein cœur de la Bretagne profonde. Je me disais que cette balade dans un train dont j'étais l'unique passager devait coûter cher, enfin. Mentalement, j'additionnais les salaires du contrôleur, du mécanicien et du chauffeur de la locomotive, plus une quote-part de celui des gardes-barrières (il y en avait parfois), plus les frais d'entretien du train (locomotive et wagons), plus le charbon et l'eau qu'il fallait « faire » de temps en temps. Oui ! Comme dans les westerns, le train s'arrêtait dans certaines gares. Il remplissait deux fois le coffre de sa chaudière entre Guingamp et Rosporden. La locomotive était une belle soiffarde. Encore heureux qu'elle fût au régime aqueux ! Pour peaufiner mes calculs, je devais compter aussi l'entretien de la voie et les frais généraux. Mais étais-je sûr de ne rien oublier ? Qu'importe ! Je voyageais comme un grand seigneur. Le « train-patates » était mon carrosse privé et le contrôleur était à mon service. Le sentiment de la valeur de ce voyage particulier me comblait de joie et d'émerveillement. Merci l'armée… et le contribuable !

Au terme de mes savants calculs (les paysans cherchent toujours à estimer combien coûtent leurs actions) me revenait en mémoire cette pensée profonde émise sous forme d'aphorisme par mon grand-père, un homme qui savait compter :

— Bénéfice net : quarante sous de perte !

Tel fut mon premier contact avec la vie militaire.

Saumur

L'automne vint. Fini les réjouissances !

Les gendarmes de Quimperlé sont passés à la maison, à Keranguen.

Ils apportaient ma feuille de route.

Mauvaise nouvelle ! Comme tous les jeunes appelés, tôt ou tard, je devrais partir pour l'Algérie. Là-bas, on tournait, en décors naturels, un film noir et rouge sang à grand spectacle avec beaucoup de jeunes acteurs et dont le titre aurait pu être : *Massacre dans les djebels*.

Acteurs, costumes, décors, tout était vrai, grandeur nature, sans chichis ni manières.

Mais trêve de discussions ! Je devais accomplir mon devoir militaire. La Patrie avait besoin de moi. Elle m'appelait « sous les drapeaux ». À cette époque, c'était encore un honneur de servir sous les drapeaux, même si je devais partir loin, quitter ma ferme et ma Bretagne, tout laisser : mes parents, mes amis, mes habitudes, mon espace de liberté.

Pour commencer, je fus affecté à Saumur. Ce nom-là m'était parfaitement inconnu.

Mon père a offert à boire aux gendarmes pour les remercier de s'être dérangés :

— Un petit coup de cidre ?

Ils étaient en service commandé, mais ils ne refusaient pas de se désaltérer. Pédaler de Quimperlé à Keranguen, soit trois kilomètres, sur des bicyclettes sans dérailleur et par les routes de campagne, ça vous desséchait un gosier, surtout celui d'un gendarme.

— Va pour un petit verre, mais pas plus ! qu'ils ont répondu en chœur.

Les deux gaillards ont vidé leur verre, puis encore deux autres, puis la bouteille et même une seconde, si mes souvenirs sont exacts. Peut-être avaient-ils vraiment soif ?

Trois kilomètres à bicyclette… plus le retour ! Dame, il faut y penser, au retour !

Dès lors, ma vie a basculé.

J'ai troqué le sarrau du paysan contre le treillis du soldat. Et me voilà embrigadé, bombardé soldat de deuxième classe. Mon père devra se débrouiller sans moi. Qu'il ne compte plus sur Albert pour tirer la charrue !

Je suis parti avec un petit pincement au cœur, surtout quand ma maman m'a embrassé et fait ses dernières recommandations : « Fais bien attention ! »

Attention ? Mais à quoi ?

J'ai pris le train de Quimperlé jusqu'à Lorient et puis encore plus loin ; presque le bout du monde. Par où je suis passé ? Je l'ignore. Avec mes copains de voyage, nous avions d'autres sujets d'intérêt que d'apprendre par cœur le nom des gares.

Première affectation : Saumur.

Simple passage, trois jours au plus, juste le temps de nous mettre dans l'ambiance :

— Fissa ! Fissa ! Magnez-vous le cul, les bleus ! Si vous ne voulez pas moisir sur place !

On nous « bourre dans les pattes » notre paquetage, avec le sac réglementaire. Nous signons une décharge.

— Le paquetage, prenez-en soin ! Vous en êtes responsables. Sinon !…

On nous affuble d'une tenue fripée et on nous refile des « grolles » :

— Quelle pointure ?

— Quarante et un.

— Du quarante et un, y en a plus. Tiens prends donc du quarante-deux ! Avec ça, tu pourras mettre deux paires de chaussettes. En hiver tu apprécieras. Et si tu flottes dedans, au moins tu ne couleras pas.

— Mais ?

— Pas de mais ! Circulez ! Au suivant !

Et me voilà troufion ! Emballé dans un treillis fripé, bouffant et bouffon. Roulez paquet ! Déçu, mes pieds flottent dans mes « grolles » trop longues.

Vite, je dois apprendre le « système D ».

Le système D, dans l'armée, si tu ne l'as pas assimilé, tu es foutu.

Quand on est jeune, quand, de surcroît, on sort de la cambrousse, on est prêt à tout gober, comme un nigaud. Mais, une fois endossé l'habit militaire, on se sent un autre homme. Allez ! L'illusion ne durera pas longtemps. Attendez un peu d'avoir subi les sarcasmes et les brimades des cabots-chefs, ces vrais chiens de quartier ! Et vous m'en reparlerez, de la vie du troufion !

Mes classes à Poitiers

Trois jours plus tard, on m'envoie à Poitiers.

Charles Martel y arrêta les Sarrasins en l'an 732. Ça, c'est pour l'histoire ancienne. Un épisode prémonitoire. Moi, je devrai traverser la Méditerranée pour n'arrêter personne.

Ici, mon gars, à la caserne, tu vas faire tes classes. Enfin tu vas devenir un vrai soldat, tu apprendras à marcher droit. Facile ! Il suffit d'écouter et d'obéir.

« La discipline faisant la force principale des armées… » On connaît la rengaine, mais pour l'assimiler, c'est un peu plus dur. Enfin, on se fait à tout : les aboiements des « cabots » et les brimades des « serpattes[1]. » Ils aboient, tu obéis. C'est le contraire avec les chiens. Ils te font crapahuter, tu exécutes.

Et pas de rouspétance !

1. Serpatte : sergent, dans l'argot militaire.

Pour la bouffe, le rata ! Pour le couchage, un lit de camp ! Pour l'entraînement, en colonne par trois : « Et serrez les rangs ! Je ne veux voir qu'une seule tête ! Qu'est-ce qui m'a fichu des empotés pareils ? » On apprend vite à marcher au pas et à courir avec le barda sur le dos quand le gradé ouvre sa « grande gueule ».

— Magnez-vous, les petits gars ! Ça vous endurcira.

C'est ainsi que l'on devient un homme. Le métier de troufion entre à coups de pied dans le derrière et à coups de gueule dans les tympans. Une autre méthode, vous connaissez ?

▲ *Mes classes à Poitiers.*

La première nuit, on espère dormir, récupérer. C'est un besoin fondamental.

Mais à minuit ou plus tard, quand on est en plein sommeil, quand les rêves vous emmènent aux paradis colorés, c'est le réveil en sursaut et en fanfare. Quelle ambiance ! Les « cabots », caporaux et caporaux-chefs, revenaient de faire la fête. Ils voulaient nous faire savoir qu'ils étaient là.

— Tout le monde debout ! Et en tenue de combat ! Au pied du lit ! Et pas de rouspétance ! Les ordres sont les ordres ! Celui qui n'est pas content, qu'il le dise !

Personne n'a répondu. Étonnés, abrutis de sommeil, nous nous sommes tous levés, habillés en vitesse et mis au garde-à-vous au pied de nos paddocks. Comme un seul homme, nous avons obéi aux ordres. Un troupeau de moutons obéissants.

Inspection des recrues :

— C'est bien, les gars ! a repris un caporal-chef qui paraissait moins éméché que les autres. Et maintenant, vous pouvez vous recoucher ! Aux pieux là-dedans !

Dans ma section, une trentaine de recrues trimaient à qui mieux mieux. Un caporal-chef nous commandait. C'était un chef qualifié, un véritable meneur d'hommes, un pro du commandement. En plus, il m'avait à la bonne. Parfois il me disait amicalement :

— Soldat Naour, il faudra me perdre votre brioche !

J'avais un petit embonpoint. J'ai toujours eu une propension naturelle à me faire du gras. Et j'en étais fier. C'était une affaire de famille, un héritage transmis d'homme à homme. Un cousin, en veine de confidences, m'avait assuré :

— Tu sais, Albert, si on n'a pas de ventre, on n'est pas un Naour.

À mon caporal-chef, je répondais :

— N'y touchez pas, chef ! C'est mon capital-retraite.

Maintenant, je côtoie pas mal de retraités. Eh bien, je dois avouer que certains ont su, mieux que moi, faire fructifier leur capital-retraite.

Notre caporal-chef était un bon instructeur. Mais dans la section voisine, les pauvres gars étaient tombés sur une « peau de vache ». Leur chef était un vrai malade mental. Il prenait un malin plaisir à faire suer le burnous au troufion. Et il abusait de son pouvoir, l'ordure.

Pendant mes classes, je me suis retrouvé avec un gars du Faouët. C'était presque un voisin. Ce jeune-là était coureur cycliste. Il m'a appris l'art de courir en souplesse et comment trouver mon second souffle. Je me débrouillais bien, malgré mon capital-retraite. Je pouvais même tenir tête au caporal-chef.

Mes classes ont duré cinq semaines.

Bilan ? Néant ! Je crois que je n'ai rien appris de valable, sinon à me remuer le derrière pour suivre le mouvement et obéir sans broncher pour éviter les sanctions. Dans l'armée, ou tu la fermes et tu exécutes les ordres, même si tu n'en comprends pas la raison, ou tu finis en cabane avec une ribambelle d'ennuis. Comme je ne recherchais pas les ennuis, je me suis tenu peinard. J'ai obéi aux ordres, même les plus ineptes. L'instinct grégaire est le seul vrai sésame pour franchir sans trop de maux le chemin de croix du service militaire. Nous étions en sursis et la « quille » était loin.

À force de manœuvrer dans la cour de la caserne, nous pouvions presque défiler en rang par trois, comme des anciens. À coups d'engueulades et de pompes : « Vous, vous m'en ferez cent ! Exécution ! », on finissait par défiler passablement. Nous paradions tous les jours, mais avec l'horizon des hauts murs tristes de la cour de la caserne, et sans tambours ni trompettes. On n'avait pas le droit aux ovations de la foule tassée sur les boulevards, comme au 14 Juillet.

Cinq semaines, ça passe vite quand on est occupé du matin au soir, même si c'est pour apprendre à marcher au pas, éplucher les patates ou vider les tinettes.

Ah ! Encore une chose !

Pendant nos classes, on nous apprenait à conduire un GMC, ce fameux camion américain de la guerre de 1939-1945. Mais moi, je me suis arrangé pour rater l'examen du permis de conduire. Un copain m'avait mis en garde. Il m'avait dit qu'en Algérie les conducteurs de GMC étaient les plus exposés. Les pistes étaient en très mauvais état. Le soleil tapait comme un malade et les moteurs chauffaient. Ils chauffaient jusqu'à la panne sèche, même avec un jerrican d'eau de secours. Et quand le FLN attaquait un convoi, il visait toujours et d'abord les chauffeurs des camions pour les immobiliser.

Aussi, je m'efforçais d'être crasse. Je répondais à côté de la question. Par exemple, quand le caporal me demandait :

— Soldat Naour, comment on nettoie une batterie ?

À ce type de question que je jugeais idiote, parce que, à Keranguen, on ne nettoyait jamais la batterie de notre tracteur, je répondais comme un imbécile :

— Avec du savon. Et quand elle est propre, on arrête.

Vouneuil-sous-Biard
La gabegie

Ensuite, je fus affecté au parc de chars d'instruction de Vouneuil-sous-Biard.

Pourquoi ? Comment ? Je l'ignore. Ce sont les hasards de la vie militaire. Ou alors : secret Défense ? Parce que moi, je n'y connaissais rien, aux chars. Je n'en avais jamais vu avant mon incorporation. Même pendant la guerre. Vous me direz : il faut un commencement. Voilà ! C'est fait.

Je me retrouvai donc au milieu des chars Patton et Sherman, modèles anciens et dépassés, mais gros consommateurs de carburant. Je dirais même gaspilleurs.

Dans cet entrepôt et champ de manœuvre dirigé par un lieutenant d'active, il y avait une fameuse soute à essence. Capacité : vingt-trois milles litres au moins. Et moi, le jeunot, qui n'avais rien appris d'utile en cinq semaines de « classes », on ne m'a pas demandé mon avis ni mes références. On m'a bombardé gardien de la soute. Sacrée responsabilité ! Fichue responsabilité ! Je devais garder la soute, délivrer l'essence (par jerricans) et tenir le registre comptable des entrées et des sorties.

Mais le lieutenant qui m'a nommé à ce poste savait ce qu'il faisait. Il m'avait choisi en raison de mon ignorance et de ma docilité. Parce que, dans ce foutoir, on gaspillait l'essence. La gabegie était énorme.

Tenez ! Prenons un exemple !

Un colonel d'active était censé contrôler l'utilisation du carburant. Un jour que la cuve était pleine à ras bord, le voilà qui rapplique avec son air inspiré.

Il questionne le soldat de seconde classe Naour :

— Et votre cuve, soldat ? Est-elle pleine ou vide ?

Sans hésiter, je réponds :

— Vide, mon colonel.

— Bien ! répond le colonel, satisfait.

Et il s'en va sans vérifier.

Moi, leurs histoires ne me concernaient pas. J'obéissais aux ordres de mon supérieur. Le lieutenant m'avait ordonné de toujours répondre que la cuve était vide. Systématiquement. Si le colonel m'avait fait une remarque déplaisante, je lui aurais répondu que j'appliquais les ordres de mon supérieur hiérarchique. On ne pouvait pas me le reprocher. « La discipline faisant la force principale des armées… » j'étais un bon soldat. J'obéissais.

Pourquoi mentir ? Pourquoi répondre que la cuve était vide alors qu'elle était pleine à ras bord ? Bonne question ! répondait mon lieutenant. C'est à cause des problèmes sur le canal de Suez. Il se peut que l'on vienne à manquer de carburant. Alors il faut toujours dire qu'on n'en a plus pour ne pas en être privé. Privé d'essence ? Quelle blague ! On en avait beaucoup trop et on la gaspillait. Vous allez voir !

Pour remplir les réservoirs des chars d'assaut, quatre biffins portaient à bout de bras des jerricans de vingt litres. Ils venaient à la soute et remplissaient leurs jerricans à l'aide d'une pompe à main. Le soldat Naour surveillait la manœuvre, mais ne travaillait pas. Les consignes stipulaient qu'il devait surveiller, juste surveiller et noter les sorties dans un registre. Cette occupation était encore moins dure que la conduite de la charrue.

Nous portions tous des bottes. En permanence. Vous allez comprendre.

La pompe à main qui servait à remplir les jerricans était défectueuse. Un joint était usé. Si bien que l'essence coulait en filet sur le sol. Les biffins pataugeaient dans la boue, un mélange de terre et d'essence hautement inflammable. Mais aussi, interdiction de fumer et même de porter sur soi une allumette ou un briquet.

Je suis resté quatre mois à ce poste enviable, avant de partir pour l'Algérie.

Pendant ces quatre mois, le joint de la pompe n'a jamais été réparé. Pourquoi ? Mystère ! Ou toujours secret Défense ? La consommation d'essence était sans commune mesure avec l'usage que nous en faisions.

Sur le site régnait une belle pagaille.

Je rappelle que nous étions en 1955, et cet hiver, il fit très froid. L'abbé Pierre avait lancé son fameux appel du six février de l'année précédente qui avait aussi été un hiver froid.

Une nuit au début du mois de février, la bise est venue d'un coup.

Le lendemain matin, tout a gelé.

Les tankistes, comme à l'accoutumée, après avoir manœuvré toute la journée avec les chars Sherman, les rangèrent parallèlement les uns aux autres. Voici comment. Ils bloquaient une chenille et faisaient patiner l'autre, si bien que le char pivotait sur lui-même. Cet exercice rigolo les amusait beaucoup. On pouvait comparer cette manœuvre à un dérapage contrôlé au ski. Quand on est jeune, un rien nous amuse. Mais, ce jour-là, les chenilles poinçonnèrent le sol et la boue gelée se colla entre les maillons des chenilles.

La nuit suivante, il gela si fort que le lendemain matin tous les chars Sherman étaient cloués au sol, leurs chenilles prises dans un énorme bloc de boue glacée. Ces chars anciens servaient à l'instruction des tankistes. Ils n'étaient pas équipés pour le combat ; ils n'avaient pas de mitrailleuses et leurs canons étaient désarmés.

Les mécaniciens pensaient qu'il suffirait de lancer les moteurs à plein régime pour débloquer les chenilles. Le lendemain matin, les servants tournèrent quarante-huit fois les manivelles à la main, soit deux tours de vilebrequin. Alors, seulement, les moteurs commencèrent à toussoter. Mais une fois les moteurs lancés et en prise, les chenilles restaient bloquées ; les tentatives pour sortir les chars Sherman étaient vaines. Même à plein régime, les moteurs ne parvenaient pas à les extraire de leur gangue de glace. Pourtant, c'étaient des moteurs d'avion à huit cylindres en étoile.

La glace résistait.

Malgré les efforts des gradés et des hommes du contingent, les chars Sherman ne purent pas sortir. Le froid était trop vif : moins quinze ou moins vingt degrés. La Sibérie, quoi !

Ils restèrent cloués au sol pendant trois semaines, jusqu'au dégel.

Enfin les températures devinrent raisonnables. Tous les biffins furent mobilisés avec des marteaux et des burins pour détacher les blocs de glace qui bloquaient les chenilles.

Et moi, peinard, je continuais de garder ma soute à carburant.

Nous assurions la permanence de garde. Mais il faisait très froid.

Avec un ancien, je dormais dans une cabane en bois, située à environ trois cents mètres de la soute. Nous nous mettions au lit, tout habillés, avec un double couchage. La nuit, quand le feu s'éteignait, l'eau gelait dans la poêle posée sur le fourneau. Le matin, nous devions rallumer le feu et faire fondre la glace pour avoir de l'eau. Certains soirs, nous allions dormir avec le corps de garde qui entretenait un feu toute la nuit.

Avec le dégel survint la boue.

Quand les chars avaient longtemps manœuvré dans la boue, les moteurs étaient sales.

Le lieutenant mobilisait ses hommes. Il leur commandait de les nettoyer avec de l'essence. Et moi, rivé à mon poste, je délivrais le carburant. Les ordres étaient simples. Je devais fournir ce qu'on me demandait. Peut-être mon supérieur hiérarchique avait-il admis, une fois pour toutes, que ses biffins étaient des gens raisonnables et sensés. Ainsi donc, chacun venait trouver le soldat Naour, avec un jerrican, et il pompait selon ses besoins.

Et moi, sérieux et appliqué, je notais les litres extraits de la citerne. Ils ne correspondaient jamais aux volumes des jerricans. À cause de la fuite du joint de la pompe à main, beaucoup d'essence coulait sur le sol.

Un seconde classe que je ne nommerai pas était particulièrement teigneux.

Il avait toujours une fronde dans une poche. Quand nous tournions le dos, il nous envoyait un projectile, châtaigne ou gland, et ça faisait mal. Aussi avions-nous pris l'habitude de le quitter à reculons. Eh bien, ce hargneux a consommé plusieurs jerricans d'essence pour laver le moteur de son char.

Voici comment il opérait. Soyez juges !

Il ouvrait le capot du moteur. Il montait sur le char et il déversait l'essence sur le moteur. Et ainsi de suite, jerrican après jerrican, jusqu'à ce que le moteur fût propre.

Plusieurs jerricans pour nettoyer le moteur d'un char, c'était énorme. À la fin, une grande flaque d'essence s'étalait sur le sol. Elle était si large que même les chenilles des autres chars baignaient dedans. Et l'essence mêlée à la terre était lente à s'évaporer.

À cause du risque d'incendie, les chars restèrent bloqués au sol.

C'est le lieutenant qui a été content !

D'abord il m'a pris à partie. Pourquoi avais-je délivré autant d'essence à ce grand flandrin ? Pourquoi ? Mais, j'avais obéi aux ordres. Le lieutenant n'avait pas fixé de limite à la quantité d'essence que je devais délivrer à chaque soldat. Et moi, je n'allais pas vérifier comment ils nettoyaient leurs chars. Je surveillais cette foutue pompe qui me donnait bien des soucis, à cause de ce joint fuyard, et je notais les quantités prélevées. C'est tout.

Le lieutenant, furieux, est allé trouver le frondeur.

Mais quelle sanction lui infliger ? Et pour quel motif ? Lui aussi avait exécuté les ordres. Il n'était pas responsable. On ne lui avait jamais expliqué comment nettoyer un moteur en économisant l'essence. Pour le punir, le lieutenant est allé chercher un grand morceau de chiffon et il l'a tendu au soldat :

— Tenez ! lui dit-il. Maintenant, nettoyez-moi ce moteur ! Et proprement !

Mais l'autre, comme un grand seigneur, sans s'émouvoir, a déchiré le chiffon en deux. Il en a rendu une moitié au lieutenant, et lui a dit :

— Voyons, mon lieutenant ! Vous plaisantez. La moitié suffira.

Puis il a fait semblant de *torchonner* son moteur, mais sans conviction.

Ironie cinglante. Le jeune homme se moquait de son supérieur. Normalement, il aurait dû faire le voyage de l'autre côté de la Méditerranée. La guerre faisait rage en Algérie. Mais cet effronté ne partit jamais. Il était libérable. Il avait terminé ses deux années de service obligatoire. Tranquillement, il attendait « la quille ». Cette raison explique peut-être son comportement désinvolte et déroutant.

Le gaspillage d'essence continuait.

Un jour, des EOR[1] vinrent s'entraîner au camp de Biard.

Il fallait dix-huit jerricans pour chaque char. Le lieutenant m'a demandé d'inscrire systématiquement vingt, pour dix-huit délivrés. Mais l'un des EOR a protesté parce qu'il n'avait pas eu son compte. Il est venu trouver le lieutenant pour s'expliquer.

— Si vous n'en avez que dix-huit, lui a répondu le lieutenant, sans rougir, c'est parce que vous en avez égaré deux.

— Mais, répondit l'EOR. Je ne les ai pas eus.

— Alors, vous prétendez que vous ne les avez pas eus ? Pourtant, ils sont inscrits sur le registre. Et où sont-ils donc passés ? Dites-le-moi ! Je vous le demande.

— Je l'ignore, mon lieutenant.

— Ah ! Vous l'ignorez ? Mais vous devriez le savoir !

La discussion continua un moment sur un ton animé, jusqu'à ce que le jeune EOR, vaincu, cède devant l'insistance du lieutenant. Et il conclut :

— Excusez-moi, mon lieutenant ! J'ai peut-être mal compté.

— J'aime mieux ça ! répondit le lieutenant. Allez ! C'est bon pour cette fois ! Mais ne recommencez plus !

À son tour, notre EOR aura tout le loisir d'exercer son pouvoir discrétionnaire quand il aura pris du galon. Je l'ai retrouvé en Afrique du Nord, quelques mois plus tard.

La gabegie d'essence a continué ainsi jusqu'à mon départ pour l'Algérie. Un joint qui fuit sur une pompe, c'est une bonne excuse pour justifier les pertes et couvrir les petits trafics.

---

1. Élèves officiers de réserve.

Du bon temps

Parfois, avec un copain, nous allions dans deux fermes proches de Poitiers. Et là, nous rendions de menus services aux fermiers. Nous coupions des scions et greffions des pommiers. On nous acceptait, et même très bien. À la Chandeleur, la fermière nous invita à manger les crêpes. Parfois elle fourrait dans les mains de mon copain un paquet assez épais, enveloppé dans un linge propre. Le copain acceptait le cadeau et remerciait la fermière selon la formule coutumière et hypocrite :

— Mais, madame, ce n'était pas nécessaire ! Vous n'auriez pas dû !

La première fois, j'étais curieux de connaître le contenu du paquet, mais mon copain ne me le disait pas. Arrivé au camp, il l'ouvrit devant moi. Miracle, il y avait au moins une dizaine de crêpes. De quoi nous consoler de l'éternel rata du biffin !

À environ trois cents mètres du camp, deux restaurants faisaient salle de danse les week-ends. Le bal avait lieu alternativement dans chaque établissement, une fois tous les quinze jours, selon un accord amiable entre les deux propriétaires. Nous y allions danser. Les mères accompagnaient leurs demoiselles. Avant d'inviter une demoiselle, nous devions demander la permission à la « maman ». Les refus étaient rares. Celles que, par dérision, nous appelions les « voitures au parking » nous donnaient presque toujours l'autorisation de faire danser leurs filles.

Parfois nous allions danser sans solliciter de permission de sortie.

Sadisme

Je l'ai déjà dit, la section voisine de la mienne était commandée par un caporal-chef de la pire espèce. Cet homme prenait du plaisir à tourmenter les biffins. C'était un vrai sadique.

Premier exemple

À Poitiers, pendant que je faisais mes classes, il y avait un séminariste, un jeune homme remarquable, un frère blanc novice, spécialisé dans l'éducation des sourds, muets et aveugles. Ce jeune homme déployait des trésors de patience et de bonne volonté. Eh bien ce cabot-chef l'a pris en grippe. Un jour, pour une raison futile, il lui a infligé le supplice de la sinusoïde. Ce jeu stupide consiste à faire passer la victime alternativement sous un lit, puis sur le voisin, et encore sous le suivant et ainsi de suite, jusqu'au bout de la chambrée. Ensuite, on recommence, mais en sens inverse.

Le séminariste était d'un tempérament obstiné. Il ne rechignait pas à exécuter les conneries qu'on lui commandait de faire. Alors son cabot-chef, vexé, l'a contraint de continuer. Et le soldat a obéi jusqu'à l'épuisement. Soudain il est resté au sol. Quand on l'a porté sur un lit, il était presque inconscient.

Deuxième exemple

Nous jouions aux petits soldats : utilisation du terrain, camouflage, tirs à blanc, etc.

Pour nous camoufler, il fallait enduire la peau de notre visage avec divers ingrédients : craie, couleurs, terre. Savez-vous ce que le caporal-chef du diable à commandé aux gars de sa section ? Il a ordonné à une recrue de faire pipi sur la terre. Puis il a obligé tous les gars de sa section à tremper leurs mains dans la boue du pipi et à en couvrir leur visage.

Argument : « Un jour, vous crapahuterez dans le bled. Et dans le bled, vous n'aurez pas d'eau. Alors, vous serez bien obligés de vous camoufler avec les moyens du bord. À la guerre comme à la guerre ! » Contraints et forcés, tous ont exécuté les ordres.

Dans l'armée, on ne discutait pas un ordre. Chercher à comprendre, c'était déjà désobéir.

Mais, revers de la médaille, des gars qui n'avaient pas la frousse ont fait comprendre à ce cabot de malheur qu'il n'avait pas intérêt à venir en Algérie avec eux, dans le bled. Je crois qu'il a compris leur message. Les gars qu'il avait tourmentés pensaient vraiment ce qu'ils disaient.

La chaîne du commandement, c'est un jeu facile pour un supérieur. J'ai vite compris le système. Un gradé peut exiger n'importe quoi de la part de son subordonné, en vertu du principe immuable et contraignant que : « La discipline faisant la force principale des armées… » À l'armée, la soumission aux ordres des gradés justifie et cautionne bien des abus. Elle magnifie les chefs de valeur, mais elle donne trop de pouvoir aux petits chefs incapables de conduire les hommes. Un soldat de seconde classe, le dernier échelon d'une hiérarchie qui compte une vingtaine de grades, doit toujours se taire et obéir, attendre le moment propice et saisir les occasions. Il doit faire preuve d'intelligence, de doigté et de rouerie.

Le cross de Saumur

En 1955, je fus choisi pour participer à une course à pied à Saumur.

Cette compétition était organisée dans le cadre du championnat de France militaire de course à pied. Les quinze premiers de la course étaient ensuite sélectionnés pour le grand championnat. J'étais jeune, j'avais du souffle et je courais bien. Nous devions courir six kilomètres et, au départ, nous étions trois cent quatre-vingts.

Vers la fin du premier kilomètre, j'étais septième. À l'arrivée, je fus classé dix-septième. C'était honorable, mais insuffisant pour être sélectionné.

J'aurais pu mieux faire. Hélas ! la bêtise du règlement m'en avait empêché. On m'avait obligé à courir avec des souliers à pointes, des « godasses » que je n'avais jamais portées. Un juteux les avait sorties d'une réserve à chaussures, le jour de la compétition et il me les avait jetées dans les bras : « Tiens, débrouille-toi avec ça ! » D'habitude, je courais avec des baskets, celles que je portais dans les compétitions. Si j'avais pu choisir mes souliers à pointes et m'y habituer, je crois que j'aurais pu terminer à une meilleure place.

▲ *Albert, numéro 195.*

Comment vider les poches des gradés

Au camp de Biard, les gradés vivaient dans une baraque en bois, située à environ trois cents mètres de la soute à carburant. Ils venaient s'y reposer et s'affalaient dans des fauteuils cossus, autour du fourneau. Les lascars, fatigués de faire « suer le burnous » au biffin, prenaient du bon temps et sirotaient des bières. Ils se racontaient leurs dernières blagues. Souvent, ils se moquaient de leurs recrues. Ces hommes qui nous commandaient, ces chefs qui devaient montrer l'exemple, se conduisaient devant moi comme des rustres sans éducation ni courtoisie. Ils se vautraient sur leurs coussins, ils plaisantaient grassement, ils faisaient comme si je n'existais pas. Pour eux, j'étais invisible et transparent, inexistant.

J'en étais gêné et même outré.

Il faisait froid. Les chars étaient immobilisés par la glace. Je ne délivrais plus d'essence. Je n'avais rien à faire à longueur de journée. L'inaction et l'ennui me pesaient Avec un copain, un jour que nous étions seuls dans le local des gradés, nous décidâmes de faire du ménage. La « piaule » était vraiment dégueulasse et les fauteuils recouverts de poussière. Les militaires allaient et venaient par tous les temps. Ces grossiers personnages ne respectaient pas le mobilier.

En soulevant les coussins des fauteuils pour les secouer, nous avons eu une bonne surprise. Dessous et sur les côtés, il y avait plein de pièces de monnaie. Les poches des pantalons des gradés se vidaient quand ils se vautraient sur les coussins. Ce jour-là, nous avons récupéré une petite cagnotte constituée là au fil du temps. Nos efforts étaient récompensés. Mais, ensuite, il n'y avait plus rien.

C'est alors que mon copain eut une idée lumineuse.

Nous avons confectionné deux chevalets en bois. Nous les avons posés devant le fourneau du local des gradés. Au début, nos supérieurs ont protesté. Mais vite ils ont posé leurs pieds dessus, face au fourneau. C'était bien confortable. Comme des nababs, ils exposaient leurs pieds à la chaleur. Le feu ronflait. La turne était surchauffée. Nos « seigneurs », sans gêne et très à l'aise, nous ont même remerciés.

C'est alors que le génie de mon copain est apparu.

Le malin avait placé les chevalets, juste devant le fourneau, si bien que les gradés ont pris l'habitude d'approcher leurs fauteuils du fourneau et de poser leurs pieds sur les chevalets. Pour eux, c'était plus agréable. Pour nous, c'était une bonne aubaine. Avec leurs pieds surélevés, les poches de leurs pantalons, dont l'ouverture se trouvait plus basse que leurs jambes, pouvaient mieux rendre la monnaie. Des pièces glissaient des poches et tombaient entre les coussins.

Et qui les ramassait ? Albert et son copain.

Après mon départ, je ne sais pas si mon copain a révélé notre petit secret à d'autres. Une chose est sûre : nous ne l'avons pas fait breveter. Les gradés nous faisaient faire des pompes ? Et gratuitement ? Fort bien ! Avec mon copain, nous leur avons fait lever les jambes. Mais ça payait ! Merci, messieurs les gradés !

Comment chasser la perdrix avec un char d'assaut

Comment chasser la perdrix, quand on est soldat (bien obligé) et qu'on s'ennuie (à mourir) dans un camp d'entraînement ? Réponse : avec un char d'assaut !

Notre sergent, soucieux de varier le menu des gradés, mais aussi de s'amuser un peu, organisait des parties de chasse à la perdrix, avec un char d'assaut. Il désignait un pilote de char et deux « bidasses » ravis d'être choisis.

Chasser la perdrix rouge avec un char d'assaut, c'était une distraction grandiose.

Dans un chemin creux bordé de haies, une perdrix en vadrouille se promène. Quatre hommes la suivent avec un char Patton. Le sergent dirige la manœuvre depuis la tourelle. Le pilote conduit le char. Deux bidasses sont assis sur le capot du moteur et surveillent la perdrix. C'est sans danger : le char roule lentement. Les soldats ne risquent pas de tomber.

Pourquoi chasser la perdrix rouge et pas la grise ?

D'abord, dans cette région, il n'y avait que des perdrix rouges, en ces temps-là. Ensuite, ces oiseaux ne volent pas, comme les perdrix grises. Elles courent sur le sol. Mais elles s'essoufflent vite, car elles ne tiennent pas longtemps le rythme. Quand elles ont parcouru plusieurs centaines de mètres, elles se fatiguent, elles éprouvent le besoin de se reposer. Cela permet de mieux comprendre pourquoi on peut les chasser avec un char d'assaut. Le char poursuit la perdrix dans un chemin creux. Il l'oblige à courir. L'oiseau se fatigue vite, s'épuise devant cet engin monstrueux et bruyant qui ne ralentit pas. À la fin, le malheureux volatile se réfugie sous les fougères. Alors le sergent fait arrêter le char. Les soldats sautent à terre et attrapent à la main une perdrix épuisée, apeurée, et qui ne bouge plus.

J'ai participé à une de ces chasses mémorables. En un après-midi, nous avons capturé dix perdrix. Joli tableau de chasse ! On nous a remerciés, mais pas invités au festin. Les perdrix étaient réservées aux gradés. Qu'importe ! Nous avions pris du bon temps.

La fin des réjouissances

Les belles histoires ont une fin, hélas !

Au mois d'avril 1956, une partie de notre section fut expédiée en Algérie. Des jeunes recrues furent désignées pour l'AFN (l'Afrique du Nord), terme édulcoré pour désigner un pays où sévissait une guerre sans merci. Un conflit atroce cachait ses horreurs. Par euphémisme, on nous parlait de pacification et de maintien de l'ordre.

Je n'étais pas de la fournée. J'étais presque soulagé. Mais je savais que mon tour viendrait plus tard. Les soldats désignés pour le grand départ bénéficiaient d'une permission d'une quinzaine de jours. Ils pouvaient aller saluer leur famille. Ensuite, une fois dans le « bled », ils ne la reverraient pas avant longtemps. Certains même ne reviendraient plus jamais.

Hélas ! Parfois le sort se joue de nous.

Au retour de cette permission, un soldat nommé Cachard, désigné pour le grand voyage, exhiba une pièce d'état civil : il était devenu papa. Bombardé pompeusement chef de famille, il était exempté d'Algérie. Ce veinard ne ferait pas le grand voyage. On désigna un autre « volontaire ». Devinez sur qui le sort tomba !

Sur le soldat de deuxième classe Albert Naour.

En réalité, mon lieutenant souhaitait que je m'en aille. Je connaissais trop bien la gestion de cette foutue soute à essence. Un autre appelé novice et ignare me remplacerait. Il apprendrait, c'est sûr. Mais il ne resterait pas longtemps à ce poste. La règle était simple : dans cette fonction délicate, on changeait souvent le responsable. Ainsi le lieutenant pouvait continuer ses petits trafics.

Je fus affecté au 4e dragons, en AFN ou, pour faire plus simple, l'Algérie.

Dommage ! Je commençais à m'habituer à mon peloton. Les distractions ne manquaient pas. J'avais presque fait mon trou, comme on dit en langage courant. Notre chef de section était un homme bien, droit, juste et humain. Oui ! Il y en avait dans l'armée. J'en ai connu d'autres. Cet instructeur au « top niveau » était « réglo » et bienveillant. Je me disais que si tous les instructeurs avaient été comme lui, l'armée française eût peut-être fait des merveilles. Mais la section voisine était conduite par un véritable « âne bâté ». Ce gradé, une vraie catastrophe, harcelait ses hommes ; il les injuriait, il les humiliait. Certains soldats s'étaient juré de « se le payer » s'ils se trouvaient seuls dans le bled avec lui. Par chance pour lui, il resta à Poitiers.

À mon tour, je revins à Tréméven.

On nous allouait royalement quinze jours de permission. Mais avec le temps du voyage aller et retour jusqu'à Poitiers, puis Marseille, le port d'embarquement pour l'Algérie, il me restait à peine dix jours pour revoir ma famille. Le temps passe vite quand on doit partir.

Ma permission achevée, je pris la route de Quimperlé. À la gare, personne ne m'accompagnait : ni mon père, ni ma mère, ni ma sœur. Personne ! J'étais seul. J'avais le cœur serré. C'était le grand saut dans l'inconnu. Pourquoi ? Partir, aller faire son devoir de soldat, était une obligation citoyenne. En ces temps-là, on parlait « d'ardente obligation ». Personne ne pouvait s'en exonérer.

J'ai dit « au revoir » à mes parents, mais je pensais : « Peut-être adieu ? »

Ils n'ont manifesté aucune émotion. Ils ne m'ont même pas serré dans leurs bras. Ils n'ont même pas pleuré.

Rien ! Aucune effusion ! Aucun sentiment !

Longtemps, je me suis demandé la raison de cette absence de sentiments apparents. Ce manque d'émotion visible. Ce n'était pas de l'indifférence ni de l'inconscience. Ils savaient bien que je partais pour l'Algérie. Dans ce pays, des soldats mouraient et d'autres revenaient blessés ou malades. Peut-être voulaient-ils cacher leur peine afin que je fusse brave et fort ? Les braves doivent dominer leurs craintes et taire leurs sentiments.

IV – Les Aurès – Corneille.

(début avril 1956 – 8 juin 1956)

Ma permission achevée, j'ai quitté Keranguen, bien triste.

Je ne suis pas retourné à Vouneuil-sous-Biard. Je n'ai pas retrouvé mes copains. Le commandement militaire m'a envoyé dans un camp de regroupement à Poitiers. Formalités de départ, vaccinations et remise du paquetage. Trois jours plus tard, je traînais mon treillis fripé et mes rangers trop larges dans le camp Sainte-Marthe, à Marseille. Ici, les appelés attendaient le bateau pour l'Algérie.

L'aventure commençait.

Le camp Sainte-Marthe grouillait de soldats désœuvrés. Nous étions des centaines, ou des milliers peut-être, qui attendions de faire le grand saut dans l'inconnu. Ceux qui partaient pour l'Algérie côtoyaient les veinards libérables dans une pagaille que je peinerais à décrire. Le chaos était maître des lieux. Démesuré, inhumain, plein comme un œuf, le camp ressemblait à un caravansérail pour soldats abandonnés. Tous se mélangeaient, inquiets, abattus, désœuvrés, combinards, ou magouilleurs.

On magouillait dur. Prenons la « bouffe » ! Pour manger, nous devions présenter un ticket à l'entrée du réfectoire. Et pour gagner notre ticket de repas, il fallait accomplir une corvée. N'importe laquelle ! Pas de corvée, pas de ticket ! Pas de ticket, pas de repas ! C'était la règle. Mais des corvées, il y en avait à revendre, dans un tel capharnaüm. Quand on pouvait les éviter, on ne s'en privait pas. Pas par fainéantise, mais pour le principe. Juste pour le principe, pour sauver notre honneur de troufions. Avec quelques copains, nous avons vite trouvé une combine pour échapper à la corvée. Il suffisait d'attendre que le flux des affamés fût écoulé. Vers la fin, les contrôles (exercés par des appelés, comme nous) se relâchaient et nous pouvions passer, en insistant un peu, mais sans ticket. Frauder était pour nous un jeu et un honneur.

Nous faisions de la résistance contre certains chefs qui nous prenaient pour des imbéciles. Ils nous traitaient de « quantités négligeables » et ils abusaient de l'autorité que leur conféraient leurs grades. Ils se croyaient supérieurs, et nous devions exécuter leurs ordres stupides, le genre : « Toi, qui m'as l'air intelligent, va donc me chercher un kilo de patates ! » Mais attention ! Depuis l'Antiquité, les Bretons, peuple indépendant et démocratique, n'acceptaient de servir que s'ils étaient convaincus de la justesse de la cause. Alors, vous comprenez, les brimades des petits chefs ne nous impressionnaient pas.

Nous sommes restés trois jours au camp Sainte-Marthe.

Nous y avons croupi comme des vieux croûtons dans une marmite sur un feu doux, à ne rien faire et à nous tourner les pouces. Pour tuer l'ennui, nous jouions au ballon, nous disputions des parties de cartes et nous écoutions la radio.

Puis un soir, rassemblement ! On nous annonce :

— Demain, départ pour l'Algérie. À l'aube. De bonne heure.

Ce fut presque un soulagement, mais aussi une impression de perte d'équilibre, comme si le monde basculait. C'était la fin d'une époque, le plongeon vers l'inconnu. Un terrible sentiment d'incertitude nous étreignait. Nous allions quitter la France et partir loin, de l'autre côté de la mer. Nous vivions intensément chaque moment présent.

Je pensais à cette phrase étonnante prononcée par mon grand-père mobilisé en 1914 :

— Adieu la France ! Je pars pour Vannes.

Des hommes politiques avaient proclamé, la main sur le cœur : « L'Algérie, c'est la France. » Mais nous, les Bretons, nous savions que ce n'était pas vrai. La « colonie » était une terre d'occupation et d'exploitation des indigènes. Et rien d'autre. Nous n'y étions pas les bienvenus. Les populations autochtones ne nous réserveraient pas un accueil enthousiaste. Qui parmi nous connaissait l'Algérie ? Nous, les appelés du contingent, bientôt chargés du « maintien de l'ordre » (quel ordre ?), jetés contre notre gré sur cette terre hostile, pour les besoins de la « pacification », nous y allions, le cœur gros, résignés et contraints. On nous avait recommandé : « Surtout, soyez prudents ! » Toutes les mamans disent cela à leurs enfants, quand ils s'en vont.

En Algérie. Qu'allions-nous découvrir ? Une terre inconnue ? Des gens hostiles ? Dans un pays en guerre ? Quels paysages ? Quel climat ? Allions-nous utiliser nos armes pour de bon ? Blesser des hommes ? Tuer, peut-être ? Être blessés nous-mêmes ? Ou tués ?

Nous étions nombreux et jeunes, ignorants et angoissés, sanglés dans nos treillis tout neufs et nos rangers aux pieds. Nous partions vers l'inconnu, mais pas la gloire.

À vingt ans, quelle bêtise !

Notre paquebot s'appelait *Ville d'Alger*. C'était un grand et beau navire. Il transportait, de Marseille vers Alger, plusieurs milliers de jeunes gens. Beaucoup ne reverraient jamais leur pays, leur famille, leurs amis. C'était notre première croisière. Dans le bateau, nous étions protégés. Ce sentiment de sécurité et de paix était peut-être le dernier que nous goûterions avant longtemps. Nous devions en profiter : *carpe diem !*

Le port de Marseille s'éloignait sous le soleil. Je ne l'ai pas vu. J'étais prisonnier au fond d'une cale, affalé sur un fauteuil transatlantique et malade à vomir, avec des jeunes comme moi, pour une traversée de dix-huit à vingt heures, secoué par le tangage, ballotté par le roulis, incapable de dormir à cause du bruit des lames qui heurtaient l'étrave. Beaucoup de copains étaient malades, même les jeunes marins-pêcheurs aguerris des ports de Cornouaille. Ils avaient trop bu. On nous servait du vin à volonté. Alors, certains n'ont pas résisté. Depuis la guerre de 1914-1918, les « bonnes habitudes » se sont transmises dans l'armée française. Dans les tranchées, on servait double ration de vin aux *pioupious* pour leur donner le courage de monter au casse-pipe. Et à nous aussi. Pour nous aider à supporter l'ennui du voyage et à mieux affronter l'inconnu.

Avec des copains, j'ai voulu monter sur le pont pour « voir la mer ». Impossible.

Les vagues balayaient la dunette. Nous fûmes trempés en moins de temps qu'il n'en faut pour le raconter. Nous avons donc voyagé dans une cale, serrés comme des harengs dans un fumoir, incapables de dormir. Pour une croisière, ce fut une jolie croisière.

L'arrivée en Algérie fut une délivrance.

Vue des ponts d'un paquebot, « Alger la blanche » est une merveille.

Front de mer. Bâtiments coloniaux aux façades immaculées. Navires à l'ancre dans la superbe baie. Boulevards. Avenues arborées. Palmiers.

Foule colorée et bizarre sur les quais : djellabas des locaux et costumes européens mêlés. Embrassades et retrouvailles ! Des individus nous regardaient débarquer, ils recherchaient les visages connus.

Moi, personne ne m'attendait.

Je découvrais la ville blanche sous le soleil couchant, le genre carte postale ou image d'Épinal. Je ne pouvais pas imaginer que la guerre sévissait derrière un aussi joli décor.

Pour la première fois, je posais le pied sur la terre d'Algérie. Je ne connaissais pas ce pays. J'ignorais tout de lui et même l'ampleur des événements tragiques qui l'endeuillaient. Maintenant et avec du recul, je dois le reconnaître : je ne savais rien, mais rien ! À l'école, je n'avais pas appris l'histoire ni la géographie de l'Algérie. Jamais !

Aucun d'entre nous, simples soldats de deuxième classe qui descendions du navire, pleins d'appréhension et d'étonnement, n'avait jamais entendu parler des massacres de Sétif, en mai 1945. La Marine avait tiré au canon sur les mechtas côtières. La troupe avait traqué les villageois de Sétif à Guelma. Dans les montagnes, des populations furent exterminées à la mitrailleuse. Leurs cadavres jetés dans les puits avaient été recouverts de chaux vive et certains fours à chaux avaient servi de crématoires. Parfois des vivants, aspergés d'essence, ont été brûlés vifs. Combien de morts ? Plusieurs dizaines de milliers. La honte des officiels et le mutisme des médias ont longtemps occulté ces horreurs.

Pourquoi cette répression sanglante menée de pair par nos forces armées et certains pieds-noirs, énervés, devenus leurs complices fanatiques ? Parce que le 8 mai 1945, alors que tous fêtaient la victoire sur le nazisme, des Algériens, dont beaucoup avaient servi avec honneur dans l'armée française, voulurent manifester leur attachement à leur pays. Un homme appelé Bouzid Saal avait brandi un drapeau algérien, en dépit des recommandations des nationalistes qui prêchaient la prudence. Un policier zélé et imbécile l'abattit d'une balle de pistolet. Cet assassinat déclencha une insurrection. Elle embrasa toute la Kabylie. Cent sept « Européens » furent tués, dit-on. Mais la répression fut terrible. Sans commune mesure avec l'émeute. On avance des chiffres de l'ordre de vingt mille morts. Ou plus ! La vérité ne sera peut-être jamais connue.

Après les massacres de Sétif, la revendication indépendantiste ne sera plus jamais pacifique ; elle deviendra militaire et sanglante. Les historiens considèrent que ces massacres furent la cause principale de la guerre d'Indépendance. Elle débuta dans les Aurès, presque dix ans plus tard : le 1er septembre 1954. La porte était ouverte à de nouvelles horreurs. Le cauchemar durera huit années. Entre un million trois cent mille et deux millions de jeunes Français, appelés du contingent, furent envoyés en Algérie, contre leur gré. Hélas, je fus de ceux-là. Tous souffriront.

Je crois que personne n'est revenu indemne de cette guerre. Beaucoup sont morts : environ vingt-sept mille. Plus encore furent blessés. Mais tous les autres, sans distinction, furent marqués dans leur esprit. Et ces marques-là ne s'effaceront jamais.

Jamais ! Jusqu'à la mort.

Nous avons vu trop d'horreurs. Nous avons été mêlés à trop de crimes. Et parfois nous avons commis l'irréparable. Souvent, je me demande comment, après une telle expérience, l'homme peut encore se regarder dans un miroir. J'ai vécu vingt mois en Algérie, vingt mois de « pacification ». Ce mot cache une bien triste réalité. J'avais pris l'habitude de me servir chez l'habitant, et à main armée, pour survivre en milieu hostile. Parfois, j'ai dû utiliser mon pistolet mitrailleur, par obligation, contre mon gré et mes convictions.

À mon retour en France, j'étais mûr pour devenir gangster. Si l'on m'avait donné une arme et si l'on m'avait proposé d'attaquer une banque, je crois que je n'aurais pas hésité.

La guerre dissimulait son vrai visage sous les apparences de la pacification et de la défense de l'ordre, rabâchées par les bulletins de la presse et de la radio. Elle a tué notre jeunesse.

Quand j'étais à Vouneuil-sous-Biard, j'avais une vague idée sur le drame algérien.

Pendant les premiers mois de notre service militaire, personne ne nous a jamais informés officiellement. Aucune causerie ! Aucune réunion ! Aucune information ! Aucune préparation psychologique ! Rien ! On nous a envoyés là-bas, comme des moutons à l'abattoir. Mais nous savions obéir aux ordres, marcher au pas cadencé et utiliser une arme. Tout ce que nous savions, nous l'avions appris par bribes, au hasard des rumeurs. C'est pour cela que j'avais décidé de rater mon permis de conduire les poids lourds. Nous savions aussi que les conditions de vie étaient éprouvantes à cause du climat. Mais tant que nous n'avions pas vécu dans le bled, nous n'avions aucune idée de ce qui nous attendait.

Aucune parole ne peut remplacer l'expérience.

Que savions-nous de la vie des habitants du bled, pauvres parmi les pauvres ?

Rien, vraiment ! Les Algériens n'étaient pas égaux en droit avec les « Blancs ». Presque tous les postes importants et la plupart des bonnes terres étaient aux mains de quelques milliers de colons. Ces nantis vivaient à l'aise, alors que plus de huit millions d'Algériens s'entassaient dans les médinas des villes ou dans les mechtas des villages perdus, vivant du minimum, et encore, je suis généreux. Parmi les pieds-noirs, les hommes blancs d'Algérie, il y avait aussi des gagne-petit, mais leur sort était enviable, comparé à celui de la masse des indigènes. Beaucoup se croyaient supérieurs à eux et affectaient de le montrer. Cette situation injuste ne pouvait pas durer longtemps. Beaucoup d'Algériens avaient vécu en France. Ils avaient combattu pour libérer notre pays. De retour en Algérie, ils aspiraient à plus d'égalité et de considération.

Dans les djebels, j'ai découvert le malheur de tout un peuple asservi, son dénuement et sa misère. Et pire encore : le mépris et la haine dont il était l'objet. Et c'était réciproque.

Alors, j'ai compris la futilité de notre action.

Appelés du contingent, nous étions formés, guidés, encadrés et commandés par des militaires de carrière : sous-officiers et officiers. Nous devions leur obéir « au doigt et à l'œil ». C'était un devoir et une obligation. Certains étaient de bons chefs, d'autres ne l'étaient pas. Ces gradés n'avaient pas d'états d'âme. Ils étaient militaires et fiers de l'être. Avec eux, on ne discutait pas. Un ordre était un ordre. Nous étions venus dans ce pays pour mater une rébellion et ramener la paix, presque une force de police militaire.

Un soldat ne se pose pas de questions. Il obéit. Il va où on lui demande d'aller et il fait ce qu'on lui commande de faire : opérations de nettoyage et de maintien de l'ordre, ratissage du terrain, transfert de populations, fouille des maisons, atteinte d'objectifs, élimination et réduction d'obstacles et de rebelles, etc. C'était notre boulot !

Quand on lit les comptes-rendus des opérations ou les bulletins de marche des escadrons, on est sidéré par la sécheresse et la concision du langage militaire, technique et opérationnel. Mais derrière les mots spécifiques du métier, il y a des hommes. On ne parle jamais de leurs souffrances, de leurs peines et de leurs joies éventuelles. Intervenir, monter une opération, ratisser le bled, fouiller un massif, remonter un oued, neutraliser une bande de terrain, nettoyer un secteur, pacifier une zone, rompre un encerclement, réduire un groupe de rebelles, entamer un débordement par l'est ou par l'ouest, empêcher le repli de l'ennemi, neutraliser ou détruire des éléments actifs cachés dans une grotte, une crête, un thalweg, un repli de terrain, etc. Que veulent dire ces expressions usuelles du métier des armes, ces phrases dénuées de sens pour le mortel commun ? Que cache ce verbiage militaire ? Ne nous voilons pas la face ! Chaque mot recouvre une terrible vérité : on blesse des hommes, on mutile des hommes et on tue des hommes. Le but de la guerre, c'est de tuer des « ennemis ». Tuer pour ne pas être tué soi-même. Éliminer l'adversaire pour rester maître du terrain. Parce que, en définitive, l'objectif suprême, c'est encore de conquérir et de conserver des territoires « pacifiés ».

Le combattant algérien (réputé rebelle ou fellagha) était l'enjeu de nos interventions, la cible de nos armes, l'objectif à abattre. Nous devions imaginer que nos adversaires aussi avaient, comme nous, les mêmes pensées, les mêmes objectifs, mais retournés contre nous. L'alternative était simple : nous devions soit tuer, soit être tués. Eh bien, ces choses-là, personne ne nous les a enseignées, personne ne nous les a expliquées avant de partir. Nous avons tout appris, sur le tas, par l'expérience et dans le bled, sous la pression des circonstances.

Corneille

Revenons à Alger ! Nous venons de débarquer. Pour nous, les appelés du contingent, le traitement de faveur continue. Après la cale du navire, la traversée de la ville en GMC, jusqu'à la gare, puis l'embarquement dans des wagons à bestiaux ou à marchandises. Pas de siège, même pas de paille. Aucun confort. Nous étions assis sur un plancher de bois, serrés comme des sardines en boîte et nous roulions sous le soleil, toutes portes ouvertes, décoiffés par le vent chaud. Vent de mer ou vent de terre ? Ce n'était pas le vent marin, humide et doux, qui effleurait la Bretagne, mais celui de l'Algérie : chaud, sec, rude brûlant et âpre. Il portait notre destin. Qu'importe ! Nous étions jeunes et valides. Le resterions-nous longtemps ?

Où allions-nous ? Quelle était notre destination, dans ce pays inconnu et hostile ?

Nous ne le savions pas. C'était la guerre. La preuve ? Notre train de jeunes recrues était précédé par un half-track sur rails, une automitrailleuse chargée de nous défendre. Le pilote de la machine communiquait par radio avec le chauffeur de la locomotive. Et dans le train, des hommes armés veillaient sur nous. Pierre Le Bloa, un ami de Tréméven, conduisait le half-track. Nous avons fait ce premier voyage ensemble, mais nous ne le savions pas.

Un train à vapeur, cahotant et poussif, nous conduisait d'Alger à Constantine, puis de Constantine à Sétif. Environ trois cent kilomètres. Presque une journée de voyage. Nous avons traversé des paysages fantastiques, magnifiques et étonnants : montagnes, ravins, gorges profondes. Dans le défilé vertigineux de Palestro, l'oued Isser force le massif du Djurdjura. Des paysages à couper le souffle défilaient devant nos yeux. Des jeunes recrues assises au bord du wagon, les jambes dans le vide, étaient malades à cause du vertige. Au-dessous, il y avait parfois deux cents mètres d'à-pic. L'appel du vide aspirait les plus sensibles. Nous devions les retenir par les bras pour les empêcher de tomber. L'expérience était saisissante et le dépaysement total.

Pour moi, la Bretagne aux reliefs doucement vallonnés était loin, très loin. Je l'avais presque oubliée. Ici, les monts d'Arrée étaient multipliés par dix en hauteur. J'étais hypnotisé par ces paysages et ces décors d'un autre monde, sauvages et durs, aux tons jaunes, rouges et verts. J'avais changé de planète.

Propulsé vers un avenir que je ne pouvais pas imaginer, je vivais une aventure unique. Je me sentais devenir un autre homme. Je vivais un rêve angoissant et sublime. Où allions-nous ? Le beau rêve dura le temps d'un voyage grandiose et étonnant. Ces paysages magnifiques resteront gravés dans ma mémoire, mais la réalité brutale s'imposera.

À la vie, à la mort ! La splendeur du pays ! Le pays de la mort !

Nous arrivons à Sétif, ville plantée au milieu de la Kabylie. La journée s'achève, flamboyante et admirable. Il fait beau. Il fait presque toujours beau dans les montagnes kabyles. Le soleil se repose en Algérie. Il aime paresser dans ce pays magnifique.

Cette nuit-là, nous couchâmes dans une grande et belle caserne. Nuit calme. Sommeil profond. Le lendemain, nous partîmes en camions. Des voyages en camion, j'en ai fait, plus que mon saoul. Souvent, ma carcasse a été ballottée au rythme des ornières sur les pistes défoncées. Mes os ont été secoués et tassés. Mon squelette a souffert des cahots.

Ce jour-là, nous partîmes pour Corneille, ville voisine de Batna, dans les monts de Kabylie. La route était goudronnée, presque belle, et les paysages étonnants pour un Breton. Dans la plaine, nous cuisions sous le soleil. Nos torses nus bronzaient. Mais au-dessus de nous, les monts de Belezma nous dominaient. Ces hautes montagnes étaient encore couronnées de neige. Le pays était beau, varié, plaisant, admirable et coloré.

Quel dommage qu'il fût en guerre ! Et contre nous, en plus !

Corneille, fin du voyage.

L'indépendance décrétée, le village de Corneille a changé de nom. Maintenant, il s'appelle Merouana. Il est rattaché à la willaya de Batna, ville qui dépend de Constantine. À l'époque de la guerre d'Algérie, les soldats du 4e escadron du 4e dragons, régiment auquel j'étais affecté, logeaient à la caserne de Corneille. C'était un grand village avec ses cafés maures, ses restaurants et ses maisons closes. Mais pour nous, les « biffins », interdiction de sortir ! Le premier soir, un gradé nous a mis en garde :

— Surtout, n'allez pas en ville, les gars ! C'est dangereux. Je vous préviens. Mais si vous y allez, malgré mes recommandations, faites très attention ! Vous êtes sûrs d'y aller, mais pas de revenir. Voilà ! À vous de jouer !

Quand on débarque dans le bled, après un tel discours, on n'ose pas sortir.

Première opération

Très vite, une opération de grande envergure se déclencha.

Comme la routine de la caserne m'ennuyait, je me portai volontaire pour remplacer un appelé qui, de toute évidence, n'avait pas envie d'y participer. J'allai trouver le gradé de service. Je lui dis mon intention. Il pensait que, tout compte fait, il valait mieux que j'y aille, moi, le volontaire, plutôt qu'un autre « qui n'avait pas envie ». Le gars me refila son fusil et ses munitions et me voilà de la partie. La partie ? Si je peux dire.

Nous embarquâmes à bord de vieux GMC. Debout, brinquebalés sur des pistes de fortune, à travers le bled. Serrés, mais confiants dans la force du nombre. Nous étions entre mille et deux mille appelés du contingent, encadrés par des hommes de métier. Quelle expédition ! Très vite, nous roulâmes entre deux montagnes hautes et resserrées. La vallée encaissée, large de deux cent cinquante à cinq cents mètres, était si longue que j'ai cru qu'elle ne finirait pas : trente à trente-cinq kilomètres au moins.

Du blé dur poussait à perte de vue sur un sol sec. Ce devait être la propriété d'un très riche colon. Des Arabes cultivaient le sol. Ces gens payés avec de la roupie de sansonnet nous regardaient passer. Que devaient-ils penser ?

Soudain le convoi s'arrêta dans une zone plus aride.

Nous sautâmes des camions. Nous occupâmes le terrain : « Formez les rangs ! »

Le ratissage commençait. Nous avancions, côte à côte, au coude à coude, dans un désert de pierres, véritable chaos, chauffé à blanc par le soleil. Nous marchions, le fusil à la main, chargé, armé, prêt à tirer. Chaque mètre carré de terrain devait être contrôlé. Les ordres étaient impératifs : tirer à vue, sans sommation. Celui qui hésitait risquait de perdre la vie. Nos ennemis, paraît-il, ne faisaient pas de quartier. Dans une opération de « pacification », on faisait peu de prisonniers. L'ennemi devait être « neutralisé ».

Un adjudant nous serinait :

— Vous, les bidasses, vous n'allez pas vous laisser tirer comme des lapins. Soyez chasseurs ! Les rebelles sont invisibles. Méfiez-vous ! Soyez prêts à tirer !

Dans le dédale des rochers, un « rebelle » déterminé, avec un fusil et assez de munitions, pouvait arrêter une cinquantaine de soldats. Ici, permettez une petite parenthèse. Il était de bon ton, chez les gradés, de désigner l'adversaire par le nom de « fellagha », ce qui veut dire terroriste, dans la langue du pays. Eh bien moi, j'ai banni ce mot de mon vocabulaire. Je ne l'ai jamais employé. J'ai toujours considéré que nos adversaires combattaient pour gagner leur liberté et défendre leur pays. Nous étions des envahisseurs, des occupants étrangers. Nos adversaires habitaient ce pays avant nous. Cela ne m'a pas empêché d'obéir aux ordres et de faire mon devoir de soldat, selon ma conscience. La Patrie m'appelait sous les drapeaux. Je devais faire ce qu'on me commandait, obéir à mes supérieurs. Mais je savais d'instinct que cette « guerre » était sale, déshonorante, injuste et que peut-être nous allions la perdre. On ne peut pas opprimer longtemps un peuple qui aspire à recouvrer sa liberté et son identité. On m'avait appris cela, à l'école de la République. Nous aussi, nous avions connu la guerre en Bretagne, subi l'occupation et résisté. On a beau n'avoir pas fait de longues études, on sait d'instinct ce qui est juste et injuste. En mon âme et conscience, je comprenais le combat de nos adversaires. Je ne les blâmais pas. Mais je les combattais, parce que j'y étais obligé. Je servais mon pays. J'ai vu beaucoup d'horreurs et j'y ai participé contre mon gré, mais je ne les ai jamais cautionnées.

Devant moi, à perte de vue, s'étendait une terre rude et sèche avec des montagnes de pierres. Je n'avais jamais rien vu de semblable en Bretagne. Ici, c'était l'Égypte aux confins des pyramides, entrevue sur les cartes postales. Nous avancions pas à pas. Nous sondions chaque rocher. Nous étions attentifs. L'ennemi pouvait surgir n'importe où : devant nous, à droite, à gauche ou derrière. Nous pouvions même passer à côté de lui et ne pas le voir. Il pouvait nous surprendre et nous tirer dans le dos. Mon sergent pensait que les « rebelles » avaient intérêt à se planquer, rester immobiles et attendre que nous fussions passés pour décamper. Contre notre dispositif, ils n'avaient aucune chance, ou alors ils étaient suicidaires.

Parfois, les chaos rocheux étaient si nombreux, si complexes, si rapprochés, si imbriqués les uns dans les autres, qu'il était impossible d'avancer. Comment déloger un homme caché dans ce dédale ? Une seule solution : l'aviation et des bombes que, dans leur jargon, les militaires de carrière appelaient « bidons ». J'ignore leur contenu.

Des jets de « bidons » lancés par les avions, j'en ai vu plusieurs fois. Le spectacle était beau comme un feu d'artifice. Une énorme boule de feu se développait, courait sur le sol, fulgurante, embrasait l'horizon et illuminait le champ de tir. Mais en dessous, l'ennemi était voué aux enfers. Il mourait carbonisé ou asphyxié.

Quand nous eûmes parcouru plusieurs kilomètres, un sergent m'a désigné pour ratisser une montagne qui bordait la vallée. Et voici Albert qui crapahute, avec les copains, sur un terrain caillouteux au-dessus d'un paysage d'une grande beauté. Je dominais le dispositif déployé dans la vallée. C'était impressionnant et grandiose. Mon attention était captivée par le magnifique déploiement de nos troupes en manœuvre. Parfois j'oubliais ma condition et je rêvais. J'étais presque fier de servir dans l'armée française.

Nous avions en tête les consignes de prudence et les recommandations de nos supérieurs hiérarchiques. Ici, dans la « zone interdite », le *no man's land*, personne ne devait pénétrer, sauf les vaillants petits soldats français. Toute présence humaine étrangère à notre dispositif militaire était réputée suspecte. Elle constituait une cible à abattre. Tout individu qui n'était pas des nôtres devait être tué.

Nous avancions de front, parallèlement aux hommes dans la vallée. Nous ratissions la ligne de crête, exposés au soleil, quand soudain nous rencontrâmes un troupeau de vaches : environ six ou sept bêtes plutôt maigres et efflanquées. Les pauvres ruminants crevaient de faim, parce que l'herbe était rare dans ce bled brûlé par le soleil.

Un gradé nous mit en garde. Les gardiens des vaches ne devaient pas être loin.

Et à quoi servaient les vaches ?

— À nourrir les fells, les combattants algériens !

Aussitôt il me chargea de conduire les sept vaches jusqu'aux camions !

Les vaches, c'était ma partie. À Tréméven, je savais leur parler et elles m'obéissaient. Ici, en Algérie, je ne les ai pas trouvées différentes des nôtres. Elles étaient dociles. Pour un paysan du bled ou pour un paysan breton, une vache est toujours une vache. J'ai poussé mon troupeau devant moi tout un après-midi. Ça me rappelait de vieux et bons souvenirs. J'étais heureux.

Arrivé aux camions, avec mes vaches, j'ai fait une grosse impression et donné beaucoup de plaisir. On m'a complimenté. Je ne parle pas des boutades à propos de mes « prisonnières ». Succès garanti ! Des soldats empoignèrent chaque bête par les pattes, le corps et la tête et hop, dans les caissons des GMC. Direction le camp.

Nous avons voyagé assis, nos jambes allongées sur le flanc des vaches pour les empêcher de se relever. Elles permirent d'améliorer l'ordinaire de la cantine.

Quand nous sommes revenus au camp, il faisait nuit.

J'ai rendu son fusil et ses cartouches au gars que j'avais remplacé. Pour me remercier, il m'a payé une bière. J'ai apprécié le geste. Je lui en ai payé une autre. Nous étions quittes. Bilan d'une journée d'opération : j'avais longtemps crapahuté, pris l'air et le soleil, vu et admiré des paysages magnifiques et conduit un troupeau de vaches, ce qui n'était pas pour me déplaire. Mais surtout, je n'avais pas utilisé mon arme. Pour cette raison, j'étais heureux. Je crois que j'aurais beaucoup souffert si j'avais blessé ou abattu un homme. C'était mieux ainsi. Je pensais que si la guerre continuait sans que j'eusse à tirer sur un homme, ce serait bien. Hélas, plus tard je devrais déchanter.

Une incursion à Sétif

Nous sommes restés une semaine à Sétif, grande ville, située à une centaine de kilomètres de Corneille. Nous dormions sous la tente. Et nous pouvions décompresser. Parfois, avec des copains, nous faisions une virée en ville. Nous mangions des brochettes de mouton. Elles étaient excellentes, mais couvertes de mouches. Nous dépensions une partie de notre solde qui était de douze mille francs, primes comprises : risque, dépaysement et déplacement. Sur les trottoirs, des Algériens habiles et madrés nous appâtaient avec des jeux de hasard et de ficelles. La mise était à dix francs. Le maître de jeu mettait aussi dix francs au pot commun. Le principe du jeu était le suivant : l'Arabe déposait une ficelle emmêlée sur le sol et nous pointions notre index en un point au milieu de la ficelle. Puis l'Arabe tirait sur les deux bouts. Si la ficelle s'enroulait autour de notre doigt, nous avions gagné. Alors, nous pouvions empocher la mise ou continuer de jouer pour l'augmenter. Si la ficelle nous échappait, le maître de jeu empochait tout.

Avec des copains, nous avons joué et gagné plusieurs fois, si bien que la mise devenait intéressante. Et plus nous jouions, plus nous gagnions, mais sans jamais toucher au pot dont la mise grossissait. C'était un artifice imaginé par le maître de jeu pour nous inciter à engager plus d'argent. L'habile coquin nous appâtait. Quand il le déciderait, il nous ferait tout perdre et il empocherait la cagnotte. La partie devenait passionnante, mais inquiétante : plusieurs Arabes étaient venus. Ils participaient au jeu et misaient contre nous. Ils devaient penser que nous, jeunes recrues inexpérimentées, ferions de bons petits pigeons. Avec mes copains, nous avions dissimulé des armes sous nos chemises, contre notre peau. C'était interdit, mais personne ne respectait les interdits. La peur était grande d'être agressés ou tués. Ainsi parés, nous étions prêts à nous défendre.

La mise atteignait la somme faramineuse de deux cent mille francs (environ trois cent cinquante euros). Le maître de jeu nous laissa encore gagner. Soudain, nous comprîmes que c'était notre dernière chance. À la prochaine partie, l'homme allait tout rafler. Alors, un copain a ramassé le contenu du pot. Il nous a dit : « Les gars, on arrête. » Et nous sommes partis. Nous avons couru jusqu'au camp. Les Arabes étaient sidérés par notre audace. Jamais ils n'avaient été abusés ainsi par ces « roumis » qu'ils avaient l'habitude de plumer. On nous a dit qu'ils nous ont recherché le lendemain. Mais, le matin, nous avions déjà rejoint notre camp de base.

Retour à Corneille

Je suis resté deux mois à Corneille, un bourg ainsi nommé en l'honneur du poète classique. La ville possédait une école française, et la plupart des habitants parlaient le français. Nous vivions sous la tente, aux abords du village, dans un campement de fortune, sans distractions ni sorties. Nous dormions, enroulés dans des couvertures de laine, car les nuits étaient froides, aussi froides que les jours étaient brûlants et parfois il gelait. Nous menions la rude vie du militaire en campagne.

Souvent, la nuit, j'étais de garde.

Une route passait à travers notre camp. Les habitants des environs l'empruntaient pour aller au marché et pour se déplacer. Et nous, qui avions établi notre bivouac provisoire dans une plaine traversée par la route, nous devions contrôler toutes les entrées et les sorties. Tout voyageur devait être fouillé : homme ou femme. Pour les hommes, c'était relativement facile, mais pour les femmes, c'était plus délicat, surtout pour un Européen. Nous avons résolu ce problème en demandant aux harkis (des supplétifs territoriaux) de fouiller les dames.

Au camp régnaient l'ennui et le désœuvrement. Et que fait un soldat qui s'ennuie ? Il écrit. Pour les jeunes du contingent, le courrier avait une grande importance. Moi aussi, dès mon arrivée en Algérie, j'ai reçu quelques lettres d'une amie. Mais, un jour, le SP 86-692 n'a plus reçu de courrier pour moi. Ma veine était épuisée. Voilà ce qui arrive quand on est loin. Un proverbe le dit : « Loin des yeux, loin du cœur. »

J'ai même essayé un système utilisé par les jeunes appelés en mal d'âme sœur. C'était simple et ça marchait presque à tous les coups. Voilà !

Tu envoies une lettre bien tournée à une jeune fille que tu ne connais pas et dans une ville prise au hasard sur le calendrier des Postes. Sur l'enveloppe, tu écris : « À monsieur le facteur. Prière de bien vouloir remettre cette lettre à une jeune demoiselle de votre choix. » Et, en général, ça marche. Presque toujours, une jeune fille répond et la correspondance s'engage.

Moi aussi, j'ai écrit et j'ai reçu une réponse. Mais je n'ai pas voulu prolonger cette tentative à cause des risques que je courais. Je pouvais être tué ou gravement blessé. Je n'osais pas faire de peine à une inconnue… Mais aussi, me disais-je, quand on n'a pas de problèmes de cœur, on se sent plus libre. On risque moins d'être surpris pendant une opération dans le bled. Libre, on peut mieux concentrer son attention.

L'opération « Espérance »

(mai - juin 1956)

Vers la fin du mois de mai 1956, nous voilà propulsés dans la vallée de la Soummam, au sud-ouest du port de Bougie, en Petite Kabylie. La Soummam est un oued d'apparence calme qui serpente au milieu des lauriers roses et blancs, parmi les oliveraies. Mais ses crues peuvent être catastrophiques. L'inondation de 1957 restera gravée dans les mémoires. Le pont du chemin de fer fut arraché et tordu et le marché couvert emporté par la force des eaux.

Aussitôt arrivés, on nous désigne pour participer à une opération. Elle s'appelle « Espérance ». Beau nom ! Joli nom ! Mais quelle galère ! Je l'appellerais plus volontiers : désespérance. De quoi s'agissait-il ? Reconquérir la région du Guergour où les « rebelles » s'étaient installés depuis le départ des troupes françaises.

L'opération commença le 31 mai à 5 h 30 du matin. Elle se termina le 4 juin à 19 heures.

Plusieurs milliers de soldats furent mobilisés pour ratisser et fouiller la vallée et les montagnes entre Guezed et Beni-Hafed, débusquer les « rebelles » et les éliminer. Nous avons marché pendant cinq jours sous une chaleur torride. Parfois, nous manquions de nourriture. Nos rations étaient insuffisantes. Nous devions les porter sur notre dos avec nos armes et nos munitions. Nous n'avions pas assez d'eau pour étancher notre soif : un litre et quart pour toute une journée. Les sources et les puits étaient rares pour remplir nos gourdes. Et nous ne les connaissions pas. Seuls les harkis, ces Kabyles combattants supplétifs, savaient parfois où les trouver. La nuit, nous couchions à la belle étoile, à même le sol, sans tentes, mais avec une couverture. Le matin, la rosée nous trempait.

Pour le commandement, l'expédition devait être punitive et radicale. Le but était de débarrasser cette zone des éléments « rebelles ». Pas de quartier !

J'avais un ami parisien. Il fut tué au cours de cette opération. Une balle de Colt de calibre 43 l'avait atteint en pleine tête. Comme cette arme n'équipait pas l'armée française, on en conclut qu'il n'avait pas été tué par une balle perdue tirée par l'un des nôtres. Quelques jours plus tôt, à Corneille, peut-être pressentant sa mort prochaine, il m'avait demandé

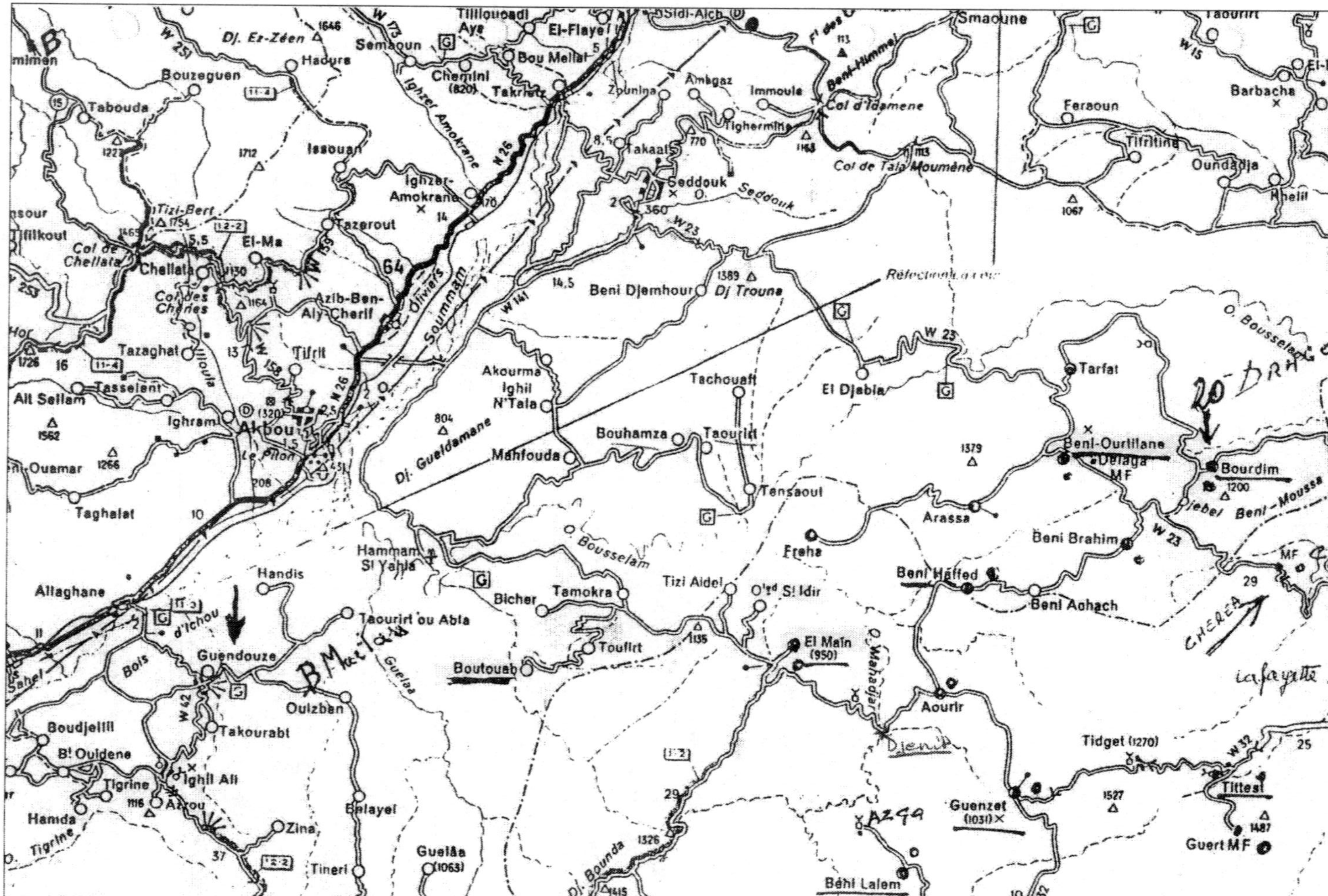
Dj. Ez-Zéen
Semaoun
Tililouadi
Aye
El-Flayel
Bou Mellal
Chemini
Takrietz
Ighzer Amokrane
Hadura
Bouzeguen
Tabouda
Issouan
Ighzer-Amokrane
Tazerout
Tizi-Bert
Col de Chellata
Chellata
El-Ma
Col des Chênes
Azib-Ben-Aly-Cherif
Oliviers
Soummam
Tazaghat
Tasselent
Ait Sellam
Ighram
Akbou
Le Piton
Tifrit
Taghalat
Allaghane
Sidi-Aich
Zounina
Ambgaz
Immoule
Tighermine
Takaats
Seddouk
Col d'Idamene
Col de Tala Moumène
Smaoune
Beni Djemhour
Dj Troune
Akourma
Ighil N'Tala
Dj. Gueldamane
Mahfouda
Bouhamza
Taourirt
Tachouaft
Tensaout
El Djabia
Feraoun
Tifritine
Oundadja
Barbacha
Tarfat
Beni-Ourtilane
Delaga
Bourdim
Djebel Beni-Mousse
O. Bousselam
Arassa
Beni Brahim
Beni Haffed
Beni Achach
Freha
Hammam Si Yahia
Handis
Taourirt ou Abla
Guendouze
Bois
Oulzban
Boutouab
Bicher
Tamokra
Toufirt
Tizi Aidel
O'ld Si Idir
El Main
O. Mahadjar
Aourir
Guelaa
Guelâa
Tinerl
Balayel
Zina
Takourabt
Boudjelill
Ighil Ali
Azrou
Tigrine
Hamda
Dj. Bounda
Beni Lalem
Guenzet
Tidget
Titest
Guert MF
20 DRA
CHEREA
lafayette
Azga
Djenal
B Mellal

d'aller voir sa maman, au cas où il lui arriverait « quelque chose ». Je suis resté en Algérie jusqu'à la fin de mon temps réglementaire. Quand je suis revenu en France, j'étais si remué, si écœuré par tout ce que j'avais vécu et si mal dans ma peau, que je n'ai pas eu le courage d'aller voir sa maman. Cet ami était son unique enfant.

Au cours de l'opération Espérance, avec mes copains, je fus le témoin d'exécutions expéditives de prisonniers prétendus rebelles. Je ne les relaterai pas ici. Ils contrevenaient aux règles normales de la guerre. Ils me faisaient douter de la nature humaine. Et pourtant, ceux qui les perpétraient nous inspiraient du respect, parce qu'ils étaient humains et corrects avec nous. C'était la guerre, une drôle de guerre. Peut-être avons-nous sauvé nos vies à cause de ces massacres ? Sur le moment, nous n'avions pas le temps de juger. Nous devions avancer, combattre et survivre. Mais, avec le recul du temps, certains événements prennent une coloration différente et le doute s'installe. Un sentiment terrible de malaise vous envahit.

Bilan de l'opération Espérance ? Le journal de marche de notre régiment annonçait : « 55 rebelles ont été mis hors de combat ». Il faut traduire : exécutés sans procès ni jugement. Certains appelés du contingent ont été tués aussi. Combien ? Nous ne le savions pas. Nous n'avions pas le temps de nous apitoyer. Nous menions une guerre de pacification en réponse à la guérilla des rebelles qui luttaient le plus souvent avec des fusils de chasse contre une armée relativement bien équipée. Cette guerre était horrible. Personne ne faisait de cadeau à personne. Le temps ne comptait plus.

L'opération Espérance terminée, notre escadron ne regagna pas Sétif. Nous allâmes à pied au village de Freha, au cœur de la Petite Kabylie. Nous couchions à la belle étoile, mais nous prenions du repos.

De Freha, nous rejoignîmes le village de Beni-Ourtilane.

Le logement n'était guère plus confortable. Nous logions dans une ancienne caserne de gendarmes désaffectée, sans meubles ni fenêtres. Elle avait été dévastée et pillée.

La nourriture, n'en parlons pas ! Le menu du soldat en zone hostile est frugal : pain, haricots, sardines en boîtes et eau à volonté ! De l'eau ? Si l'on veut ! Transportée par un camion citerne venu d'on ne savait où, elle n'était pas potable. Aucune eau n'était potable, dans le bled. Nous la traitions avec des pastilles de désinfectant, si bien qu'elle puait l'eau de Javel et le chlore. Mais quand la soif vous serre la gorge, on n'est pas exigeant.

Pendant toute ma campagne d'Algérie, je boirai (et mes camarades comme moi) une eau infecte au goût chloré. Pour la nourriture qu'on appelait « l'ordinaire », notre capitaine, que tous appelaient « Jojo », même ses supérieurs, se débrouillait fort bien. Cet homme aurait déplacé des montagnes pour améliorer l'ordinaire de l'escadron. Nous étions à la peine, et il considérait que cela méritait bien une petite compensation.

Le bled était aride, grandiose et montagneux, grillé par le soleil le jour et gelé la nuit. Pauvres terres ! Rocailles ! Montagnes pelées nommées djebels ! Cactus ! Figuiers ! Et surtout oliviers ! Les paysans kabyles, pauvres et démunis, vivaient chichement. Ils cultivaient des oliviers et quelques graminées et ils élevaient des poules, des moutons et des chèvres. Pour nous, les soldats du contingent, lâchés sur cette terre ingrate par des hommes politiques inconséquents, nos conditions de vie étaient éprouvantes. Le bled nous observait, avec ses paysages sauvages et grandioses et ses populations hostiles, otages de la guérilla et victimes de nos combats. Les habitants du pays se méfiaient de nous.

Nous devions nous battre contre un ennemi invisible, rusé, habile. Il se mélangeait avec les villageois, des pauvres gens, ses semblables. Il connaissait le terrain mieux que nous. Il était aguerri, infatigable et tenace. Il s'incrustait dans les villages. Nous le chassions. Nous vidions les mechtas et les douars, nous déportions des populations. Mais il revenait. Parfois, nous rasions des villages. La seule manière efficace d'éviter qu'un ennemi ne revienne plus, c'était de l'éliminer physiquement, de le tuer. Pas de prisonniers ou presque pas ! Nos adversaires non plus ne faisaient pas de prisonniers. Ceux d'entre nous qui, par malchance, tombaient vivants entre les mains du FLN, mouraient dans d'atroces supplices. Nous savions que nous ne pouvions attendre aucune mansuétude de la part de nos adversaires. À leur sauvagerie primitive nous opposions une autre sauvagerie peut-être plus expéditive, mais non moins cruelle.

C'était la « pacification », la guerre contre la guérilla.

V – Beni-Ourtilane

(9 juin 1956 – 10 avril 1957)

Je suis resté dix mois à Beni-Ourtilane.

Dix mois, c'est long quand on survit dans un bled perdu, sans distractions ni intérêt, sauf la nature sauvage et splendide et les magnifiques couchers de soleil.

Nous luttions contre des combattants appelés à tort « rebelles ». C'était une lutte sans merci. Mais, en notre âme et conscience, nous savions que leur cause était juste. Enfants, nous avions connu la guerre et la Résistance. Des membres de notre famille avaient été aussi des « rebelles ». Les Allemands les appelaient « Terrorist ». Nos parents les hébergeaient et les assistaient dans leur juste combat, comme les villageois d'ici soutenaient, à leurs risques et périls, les combattants du FLN.

Nous étions tiraillés entre deux exigences contradictoires : servir notre « patrie » et combattre ces « rebelles » qui menaient une lutte estimable, selon moi. Nous sentions intimement que l'Algérie n'était pas la France, mais un pays conquis, asservi, humilié. La discipline militaire nous contraignait à une obéissance servile. Nous devions exécuter les ordres. La démocratie ne gouvernait pas l'armée.

Parfois, nos cerveaux refusaient de penser pour éviter le choc des idées antagonistes. Nous étions mûrs pour la névrose, la dépression ou la folie. Comme la révolte était impossible, le mieux était de supporter et d'attendre la fin de ce mauvais rêve, la « quille » libératrice. Heureusement pour nous, les opérations nous procuraient quelques diversions. Quand nous plongions dans l'exercice physique intense, nos funestes pensées se résorbaient comme le brouillard déchiré par le vent. Les occasions de changer d'air étaient fréquentes. Nous partions presque chaque jour. Et parfois pendant plusieurs jours. C'était une façon de vaincre notre ennui, mais combien dangereuse !

▲ *Le village de Beni-Ourtilane.*

Les lettres de mes parents étaient rares. Et moi, je n'osais pas leur écrire : soit je leur disais la vérité et je crois qu'ils m'auraient renié, soit je leur mentais, mais je détestais mentir. Peu à peu, mes lettres se sont espacées. J'ai fini par ne plus leur écrire.

D'autres que moi souffraient de ce mal sournois qu'on appelle dépression. Un copain qui partageait ma chambrée, mais qui appartenait à un autre groupe, ne recevait plus de courrier et il n'écrivait plus. Un jour, le capitaine reçut une lettre de ses parents. Les malheureux s'inquiétaient, parce que leur fils ne leur donnait plus signe de vie. Ce jeune homme n'osait pas leur écrire, parce qu'il jugeait la vérité atroce et répugnait à mentir. Et moi, j'étais un peu comme lui, dans la même situation.

Quand j'ai recommencé à écrire à mes parents, c'est le capitaine qui m'a dicté la lettre. J'étais presque soulagé : le menteur, ce n'était pas moi, mais lui.

Beni-Ourtilane était un village de montagne situé à quatre heures de Freha, un ensemble de trois villages contigus, avec Tasrout et Kikounatine. Nous logions dans une ancienne caserne de gendarmerie désaffectée. Elle dominait les gorges du Guergour, en plein cœur du massif de Petite Kabylie. Pitons brûlés par le soleil ardent le jour et glacés la nuit, ravins, gorges, roches, crevasses, vallées encaissées et tortueuses, oueds desséchés qui se transformaient en torrents sous l'effet des orages, terres arides, rochers, cailloux, végétation maigre, du genre houx, oliviers, figuiers et cactus. Un peu de vigne, un peu de blé, aucun jardin ; à cause de la pente trop forte, la bonne terre est emportée par les orages.

Ma première impression : c'est le bout du monde. Nous sommes perdus.

La nature était rude, sauvage, inhospitalière. La terre arable était rare, grise et stérile sur ces monts dénudés. L'eau manquait terriblement et l'herbe ne poussait pas. De la montagne chaotique émergeaient des rochers arides. Des cactus pullulaient aux abords des villages et le long des chemins. Ils portaient des fruits sucrés et comestibles, mais difficiles à ouvrir : ils étaient hérissés de piquants. Partout, dans la campagne, poussaient des oliviers, la principale ressource des habitants. L'huile d'olive était la base de presque tous les plats de ce pauvre pays. Quand il pleuvait, la terre devenait collante, agressive. L'argile adhérait aux semelles de nos chaussures. Et nos « godasses » triplaient de poids.

Au fond des vallées encaissées coulaient des rivières appelées oueds. Le plus souvent, elles étaient à sec. Mais quand survenait un orage ou une pluie printanière, elles prenaient des allures de torrents fougueux qui emportaient tout sur leur passage.

On trouvait, çà et là, quelques sources thermales : eaux chaudes, mais salées.

Ce massif montagneux avait été et reste encore un lieu d'importante activité sismique. De temps en temps, la terre tremble : elle rappelle aux habitants la fragilité de leur sous-sol.

Les pauvres paysans du bled cultivaient quelques arpents de vigne. Les lopins de terre à vigne étaient rares et morcelés, mais le raisin était délicieux et les grappes énormes. Et nous, jeunes soldats privés de nourriture, mourant de soif souvent, quand nous arrivions sur une parcelle, nous faisions bombance. Après notre passage, il ne restait plus une grappe. Nous mangions même les oignons sauvages qui poussaient dans de petits carrés de terre. Si bien que les pauvres habitants du bled hésitaient à planter l'année suivante, n'étant point sûrs de récolter. Ainsi, les Kabyles se privaient pour priver les soldats. Et nous, contraints et forcés par le rationnement auquel nous étions soumis pendant ce malheureux conflit, nous passions pour des barbares.

Dans ces rudes contrées, les Kabyles étaient pauvres et laborieux. Ils habitaient dans des maisons bâties avec un torchis de terre et de paille, ils dormaient sur des tapis posés à même le sol en terre battue ; leur mobilier était sommaire, presque inexistant. Ces gens manquaient de tout et vivaient de peu. Parfois, on se demandait comment. Quelques figues conservées dans des jarres en terre, fermées par un bouchon d'argile, des grains, des olives, un peu d'huile. Ils élevaient des animaux domestiques, poules et chèvres qui broutaient les feuilles sur les rares buissons accrochés aux flancs arides du djebel. Souvent, pendant les opérations, nous leur prenions encore le peu qui leur restait, car nous aussi, nous avions faim. Je me disais : « Qu'avons-nous apporté à ces gens-là, en plus de cent années de colonisation ? »

Les villages occupaient des positions dominantes, perchés sur les pitons rocheux.

On les apercevait au loin, accrochés à leurs montagnes, comme des nids magnifiques aux tons ocre et rouge, les couleurs dominantes, collés au paysage. Partout, ou presque, des soldats français verrouillaient les points stratégiques. L'armée française occupait le terrain pour chasser les « rebelles » et les éliminer, mais eux, dont beaucoup ne portaient pas d'uniforme, se mélangeaient avec les populations pacifiques. C'est pourquoi nous devions nous méfier de tous. Sous l'habit du fellah pouvait se cacher un dangereux « terroriste ».

Entre Freha et Beni-Ourtilane, il y avait deux pistes. L'une, plus facile, bien que dure à cause de la pente, était accessible aux mules. Nous l'appelions la « piste de la mort ». Les tirs des armes adverses la balayaient souvent. L'autre était si pentue et si abrupte que nous devions progresser à quatre pattes pour l'emprunter. Un seul tireur embusqué aurait pu contenir tout un escadron. C'était la « piste de l'enfer ». Selon mes souvenirs, j'ai dû la prendre deux ou trois fois.

L'installation au camp

L'ancienne gendarmerie abandonnée était à l'écart du village. Notre « palais » délabré : vitres brisées, meubles saccagés ou disparus, toits à l'étanchéité douteuse, mais planchers en béton, était encore préférable à la belle étoile. Il ne pleuvait pas souvent, nous ne couchions pas par terre, et c'était déjà bien. Nous dormions sur des lits de camp en toile avec deux couvertures de laine, dans un bâtiment vide. La nuit, il gelait, mais le jour, le soleil ardent nous tannait la peau. Comparé aux conditions de vie en opération, c'était presque le luxe. Au moins la nuit, quand nous nous réveillions, nous avions un toit entre nous et la lune et les étoiles. C'était un vrai bonheur.

Nous étions toujours sur le qui-vive. Le risque était permanent. Souvent, nous partions en opérations. Et c'était mieux que de rester au camp de base, même si la vie y était plus dure. Au moins, on ne s'ennuyait pas.

Les gradés prenaient leurs repas dans une petite salle pompeusement appelée « mess ». Mais nous, les hommes de troupe, qui n'avions rien, pas même des chaises, nous avalions le contenu de notre gamelle assis sur nos lits de camp. Des camions, venus du PC de Lafayette, apportaient des vivres. L'eau provenait de la source du village.

Au début, nous avons tout nettoyé, tout remis en ordre.

Peu à peu, la gendarmerie désaffectée est devenue « notre maison ». Comme Robinson Crusoé aménageant son île, nous avons équipé notre caserne pour la rendre habitable. Les pelotons avaient pris place dans les étages. J'appartenais au deuxième peloton du 4e dragons et j'étais logé au deuxième étage.

Très vite, grâce à la diligence de notre capitaine, nous avons reçu des vitres pour nos fenêtres et nous les avons posées. Elles étaient renforcées par du grillage plastifié. La nuit, le vent et le froid ne nous importunaient plus. Le soir, à cause de la chaleur, nous nous endormions les fenêtres ouvertes, mais dans la nuit le premier réveillé les refermait.

Et pour chauffage : la chaleur humaine ! Certains l'appellent la « chaleur animale ».

Nous commencions à nous habituer à la vie morne de la caserne, quand soudain, une nuit, tous nos beaux vitrages ont volé en éclats. Pendant que nous dormions, des officiers revenant du mess après une soirée bien arrosée firent un pari stupide. Ils mirent notre capitaine au défi de faire mouche sur une maison située à cinq cents mètres de là, avec le canon de 75 avec recul. Aussitôt dit, aussitôt fait. Ces messieurs poussèrent le canon vers l'héliport et le mirent en batterie. Mais comme ils manquaient de courage, parce qu'ils étaient trop éméchés, ils l'installèrent sous les murs de la caserne. Ils le chargèrent, pointèrent et tirèrent. Le coup partit. La déflagration fit trembler les murs du bâtiment. Toutes les vitres volèrent en éclats.

Nous fûmes réveillés en sursaut.

Quoi ? On se bat, dans la cour ? Aux armes, les gars !

Non ! C'est un simple pari.

Par chance, l'obus n'atteignit pas la maison visée. Il n'y eut pas de victimes chez l'habitant. Encore heureux ! En ces temps de « pacification », la vie et la tranquillité des autochtones comptait peu, face aux prérogatives de l'occupant. C'était une bonne blague ! Mais pour nous, ce fut le retour à la case départ. Avec nos fenêtres sans vitres, le froid glacial nous réveillait la nuit.

Deux jours plus tard, un hélico nous apportait de nouvelles vitres. Bravo, messieurs les officiers ! Ils n'ont jamais refait ce genre de pari stupide.

Nous avons fortifié notre caserne.

À une quinzaine de mètres des murailles, nous avons planté des piquets métalliques dans le sol. La terre (rapportée sans doute) était assez meuble et les piquets faciles à enfoncer. L'éminence était nue et sans végétation. Nous avons établi un premier rang de fils de fer barbelés. Puis nous l'avons doublé. Enfin nous l'avons triplé.

Devant l'entrée principale, nous avons construit un corps de garde.

Ses murs avaient une épaisseur de cinquante centimètres. À hauteur d'homme, nous avions aménagé une meurtrière pour le guet. En retrait, nous avons installé une estrade. Ainsi, les petits gabarits pouvaient se hisser jusqu'à la meurtrière.

Au Moyen Âge, on ne faisait pas mieux.

Au-delà de la triple barrière de barbelés, nous avons installé une aire d'atterrissage pour les hélicos. Chaque jour, nous devions vérifier si elle n'avait pas été minée pendant la nuit. Les combattants du FLN posaient des mines, armes du « pauvre » et du « rebelle ».

Contre les murs de la caserne, nous avons creusé une fosse d'un mètre cinquante de profondeur sur cinq mètres de largeur et dix de longueur. Au fond, nous avons déposé de la paille et nous y avons caché nos mules pour les soustraire aux tirs épisodiques de ceux d'en face. Ces animaux mangeaient du foin et des grains. Nourris à volonté, ils étaient mieux traités que les biffins. Heureux bourricots !

Devant nous, sur un piton qui dominait notre caserne d'au moins cent mètres, était perché un autre village. Le point de vue était superbe. Parfois, des « rebelles » s'y installaient et nous prenaient pour cibles.

Le trou dans lequel nous abritions nos mules me rappelle une histoire cocasse.

Dans les situations difficiles ou dramatiques, il est parfois bon de rire aux dépens d'un copain. Cela détend. Un copain, un appelé comme nous tous, se prénommait Robert (nom d'emprunt) ; il manquait quelque peu de jugement. Un jour, il s'approcha du trou aux mules et demanda à un autre copain de le photographier à cheval sur l'une d'entre elles.

Il choisit un animal, pose ses deux mains sur son dos, prend son élan et s'apprête à sauter. Mais la mule, surprise et rétive, se cabre. Elle lui décoche deux coups de sabot dans le ventre. Notre Bernard se retrouve catapulté sur le terre-plein au-dessus du trou aux mules : un vol plané magistral. Plus de peur que de mal ! Le voilà quitte pour l'émotion. Il se console. Il est content. La photographie doit être géniale. Cela fera un beau souvenir.

Mais alors, il s'aperçoit que son appareil est vide. Il avait oublié d'y mettre une pellicule. Rires de détente ! Plaisanteries douteuses ! Chaque année, je revois Bernard. Mais je me garde bien de lui rappeler cette mésaventure.

L'escadron du 4e dragons

Un capitaine d'active commandait notre escadron, le nº 4 du 4e dragons (un régiment placé sous les ordres d'un colonel en poste au village de Lafayette). On l'a vu, tous l'appelaient « Jojo ». C'était un homme de valeur, droit et juste avec ses soldats, mais intraitable avec les « rebelles » et parfois excessif dans ses emportements. À la guerre comme à la guerre ! Pas de quartier ! Ce meneur d'hommes avait l'esprit vif et savait trancher vite pour résoudre les problèmes. Il prenait des décisions rapides et efficaces.

▲ *Beni-Ourtilane : Albert monte la garde.*

Trois militaires de carrière l'assistaient : un lieutenant, un sous-lieutenant et un adjudant (Le Gall). Le reste de l'escadron comprenait cent trente soldats dont un aspirant et quelques sergents et caporaux, tous des appelés du contingent. Sur l'ensemble, nous étions une quarantaine de Bretons ; six seulement parlaient la langue du pays. Des supplétifs harkis complétaient notre formation. Ces Kabyles, originaires de la région, étaient recrutés parce qu'ils connaissaient bien le pays.

Les appelés étaient beaucoup plus nombreux que les militaires de carrière. Ajoutez l'isolement, dans un bâtiment « ravitaillé par les corbeaux » ! Pour se faire obéir, les gradés devaient parfois composer avec leurs soldats. Nous pouvions discuter. Et nous le faisions souvent avant chaque opération.

La vie était éprouvante, stressante. Nous étions toujours sur le qui-vive. Heureusement, il y avait le soleil et la splendeur des paysages. Dans le bled, le temps était presque toujours beau. Nous savions que nous étions surveillés, épiés. Aussi, nous montions la garde en permanence. Ce privilège était réservé aux soldats de seconde classe. Chacun à notre tour, pendant huit heures et une fois tous les trois jours environ, avec un jour de répit.

Les gardes se prenaient le matin, l'après-midi et la nuit. La consigne était simple : à la moindre alerte, au moindre bruit suspect, nous devions tirer sans sommation. Les hommes de garde devaient tuer pour éviter d'être liquidés. Surtout, ne pas dormir : ils risquaient d'être surpris. Les combattants algériens n'étaient jamais loin. Ils connaissaient le terrain, ils étaient aguerris et ils nous surveillaient.

L'insécurité était permanente.

Les T6

Parfois, des avions T6 de l'armée de l'air survolaient la caserne de Beni-Ourtilane.

Ils plongeaient en rase-mottes au-dessus des toits. Et nous étions contents. Nous sortions pour les saluer. Ils lâchaient une salve de mitrailleuse. Et nous criions : « Bravo ! »

Leur passage, c'était bon pour notre moral. Comment comprendre ? Nous qui étions abandonnés dans ce monde perdu appelé bled, nous nous sentions moins seuls quand les T6 passaient au-dessus de nos têtes, leurs moteurs à plein gaz. Au moins les aviateurs pensaient à nous. Nous pouvions compter sur eux en cas de coup dur. C'était la solidarité des armes.

Dans une vallée, un jour, des T6 nous survolèrent. Pour nous distraire, nous avons étendu deux turbans en croix. Et au milieu de la croix, nous avons posé le chapeau de brousse de notre capitaine : une belle cible pour les pilotes des avions.

Pour eux, la croix et le chapeau étaient une invitation à « faire un carton ». Pour nous, c'était un spectacle ! Et nous étions aux premières loges. Aussitôt, quelqu'un avertit le capitaine qu'il allait perdre son chapeau. Mais c'est qu'il y tenait, à son galurin, le *pitaine* !

Furieux, il accourt comme un taureau dans l'arène. Mais il est déjà trop tard. Un T6 en piqué mitraille la croix. Le tireur vient de rater sa cible et le chapeau est intact. Alors, notre capitaine bondit, attrape son chapeau, en coiffe sa tête et part en maugréant.

Par radio, le pilote du T6 nous contacte. Il dit simplement : « Je reviens. »

Alors notre capitaine « Jojo » pose un autre chapeau au centre de la croix.

Le T6 pique à nouveau, mitraille.

Le chapeau est pulvérisé, haché menu.

Bravo ! pour le pilote.

Les trous des suppliciés

Entre les barbelés et la fosse où nous abritions nos mules, il y avait un terre-plein sur lequel les gradés avaient fait creuser cinq trous circulaires de deux mètres de profondeur et cinquante à soixante centimètres de diamètre. Dans chaque trou, un homme pouvait se tenir debout, mais il devait garder les bras tendus le long du corps. Il ne pouvait ni sortir du trou, ni même lever une main pour gratter la terre au-dessus de lui. Et sa tête n'émergeait pas du trou. Le prisonnier restait immobile et debout, coincé. Au mieux, il pouvait appuyer son dos contre la paroi pour soulager un peu la fatigue de ses jambes. Ce supplice durait six, douze ou vingt-quatre heures. Parfois, l'homme restait immobile dans le trou, sans manger ni boire toute une journée. Le soir, on le remontait et on lui donnait à boire, puis on le remettait dans cette posture affligeante. Il y passait la nuit. C'était cruel et inefficace. Pourquoi faire souffrir ainsi un homme ? Pour faire parler certains prisonniers récalcitrants ! me fut-il répondu.

Chaque deux ou trois heures, un gradé s'approchait du trou et il interrogeait le supplicié. Eh bien, croyez-moi, malgré l'ankylose et la douleur des membres inférieurs, malgré les tiraillements de la faim et tourments de la soif, très peu ont parlé ou trahi leurs camarades. L'honneur ou la crainte d'être exécutés par leurs semblables les rendaient muets. Ils communiquaient entre eux, de trou à trou, dans leur dialecte. Peut-être s'encourageaient-ils les uns les autres à tenir bon ? Beaucoup ont préféré mourir plutôt que de trahir.

J'ai vécu onze mois dans la caserne-gendarmerie de Beni-Ourtilane ; les trous étaient presque toujours occupés. J'évitais de les approcher. D'autres que moi se chargeaient de l'exécution des basses œuvres. Parfois, je me sentais un peu complice, coresponsable de ces atrocités. Le souvenir de ces malheureux reste gravé dans ma mémoire. Jamais je ne l'oublierai.

Une nuit d'hiver, un prisonnier plus habile que les autres, plus souple et doué de talents de contorsionniste peut-être, réussit à sortir de son trou. Il fallait être habile et souple pour relever les bras le long du corps, gratter la terre avec ses ongles et creuser des petites marches dans la paroi. Au prix d'efforts considérables, l'homme est parvenu à s'échapper. Sans bruit. Sans attirer l'attention. Mais émerger sur le terre-plein, ce n'est pas être libre. Pour être libre, il fallait encore franchir trois rangs de fils de fer barbelés. Et des sentinelles veillaient dans les postes de garde. Eh bien, ce prisonnier a réussi à déjouer leur vigilance. Il s'est déshabillé complètement. Et il a franchi les barbelés, nu. Tant pis pour les égratignures ! Vêtu, il n'avait aucune chance de passer. Il est parti, nu, dans la nuit, sur la neige, rejoindre son village. C'était un dur.

Les sentinelles n'ont rien vu, rien entendu.

Le lendemain matin, avec un chien policier, un peloton (une vingtaine d'hommes) s'est élancé à la poursuite du fugitif. Ils ne l'ont jamais rattrapé.

Parfois, le jour, des prisonniers qui n'étaient pas condamnés au supplice du trou, étaient allongés sur le terre-plein et gardés par des soldats en armes. Plusieurs heures, ils restaient étendus sur le sol et leurs dos nus, exposés au soleil ardent, souffraient. Leur peau rougissait et pelait. Un jour, j'en ai compté dix-sept. La nuit, ils regagnaient la prison souterraine aménagée dans le sous-sol de la caserne. Pour eux, la nuit en prison était plus agréable que le jour en plein air.

Une « bonne blague »

Un après-midi, un maréchal des logis chef, un homme un peu simplet, il faut le reconnaître, décida de faire une « bonne blague » aux prisonniers : il voulut les mettre en « petites culottes ». Avec des ciseaux, il découpa leurs pantalons, au-dessus des genoux. Puis il fit sauter l'entre-jambes. Enfin il leur ordonna de se relever.

Les prisonniers étaient debout et en jupes.

Honte, déshonneur et humiliation ! Torture morale ! Les hommes du bled, machistes et fiers, supportaient mal ce traitement odieux. Mais aussi, leurs jambes nues, exposées au soleil, rougissaient et leur peau se couvrait de cloques. Torture physique !

Un viol

À cinq cents mètres de la caserne, un village campé sur une hauteur nous dominait d'environ cent mètres. Dans ce village cantonnait une compagnie du génie. Ses soldats ouvraient des routes dans les djebels. La vie tournait à la routine, jusqu'au jour où des appelés de cette compagnie ont visité une mechta (une maison). Et là, sous la menace de son arme de service, un soldat du contingent, originaire d'Alger, a violé une jeune femme dont l'époux travaillait en France.

Le lendemain, la victime est venue avec son papa dans notre caserne. Elle a porté plainte auprès du capitaine Laurent. Ce dernier, assuré qu'aucun de ses hommes n'était impliqué dans cette triste affaire, a aussitôt prévenu le capitaine qui commandait l'unité du génie.

Tous les hommes des deux unités ont été réunis.

Le capitaine a demandé à la jeune femme de désigner son agresseur. Sans hésiter, elle a montré du doigt le dragon Neel, un sursitaire, qui était prêtre capucin. Étonnement dans l'unité ! Stupeur ! Enquête ! Vérifications ! Il apparut aussitôt que ce ne pouvait pas être lui. Derechef, le capitaine réunit ses soldats en présence de la jeune femme. De nouveau, elle passe en revue les hommes alignés. Enfin, elle désigne le coupable, un homme du génie, marié et père de famille. Il reconnaît les faits. Transféré à Alger, il passe au conseil de discipline. Nous sommes soulagés.

On m'a rapporté que le jeune capucin, traumatisé, tenta de mettre fin à ses jours.

Au camp, ce drame suscita beaucoup d'émoi. Je pense que si l'un d'entre nous avait osé commettre ce crime, la justice de notre capitaine eût été plus expéditive.

En opération

Les opérations étaient fréquentes. Certaines pouvaient durer plusieurs jours.

Nous ratissions le bled et traquions les « rebelles ». C'était notre raison d'être, notre travail. Nous étions venus ici pour « pacifier » la région et « restaurer la paix ». Une dizaine de soldats commandés par un gradé restaient pour garder la caserne. Leur sort n'était guère enviable. Peu nombreux, ils n'auraient pas résisté à un assaut. Et notre caserne n'était pas un château fort. Partir en opération était peut-être moins risqué.

Nous portions tout sur notre dos : nos armes, nos munitions, notre nourriture et notre boisson, de l'eau, exclusivement. Pour accomplir notre mission, nous avions des pistolets mitrailleurs (PM), des fusils US Garant et des grenades défensives. Parfois un ou deux mulets transportaient un mortier de calibre 30 ou 60, des obus et, plus tard, un canon de 75 mm sans recul. Il portait à trois kilomètres.

À quoi servait une opération ?

Disons, pour emprunter une image familière, qu'elle ressemblait à une partie de chasse, ou mieux : à une battue. Mais au lieu de sangliers, nous chassions des hommes prétendus « rebelles ». Rebelles contre quoi ? Contre le statut colonial imposé.

Souvent, c'étaient des pauvres bougres.

Devant nous, le « terrain » devait être nettoyé et les « rebelles » éliminés.

Selon la doctrine militaire, le bled était divisé en trois zones : interdite, à pacifier et opérationnelle. Dans la zone interdite, aucune présence humaine ne devait être tolérée. Tout homme surpris là devait être abattu. Nous avions la consigne de tirer à vue, sans sommation. Quiconque se présentait dans notre champ de tir était réputé mort. Plus de « rebelles », plus de problèmes ! Les méthodes étaient parfois expéditives. La loi du plus fort s'imposait. Celui qui possédait les armes dictait ses conditions. Et les populations locales subissaient le diktat de l'armée française sans maugréer.

▲ *Albert en opération.*

Le malheur pour elles, comme pour nous, venait de la difficulté à distinguer un « rebelle » d'un paysan ordinaire. Beaucoup de combattants du FLN ne portaient pas d'uniformes. Ils se confondaient avec la masse. Alors, tout pouvait arriver. Nous étions les troupes d'occupation. Combien de crimes n'ont-ils pas été commis par des soldats en service commandé ? Combien resteront impunis à tout jamais ? Mais aussi, quelles conséquences désastreuses sur le moral des hommes ? Sur le moment, dans le feu de l'action, peut-être pas. Mais plus tard ? De retour au camp. Ou, plus tard encore, une fois revenus à la vie civile. Quand les hommes se souviennent de leur conduite passée, les images tournent à l'obsession et la conscience s'éveille, tenaillée par les remords.

En opération, la nourriture était comptée. Et la boisson, donc ! Un litre et quart, par soldat, pour toute une journée. Nous ne pouvions pas emporter assez de provisions avec nous, en plus de nos armes et de nos munitions qui constituaient notre assurance-vie. Jamais un camion ne nous accompagnait : il n'y avait pas de routes, mais des pistes muletières. Jamais un hélico ne nous ravitaillait. Nous portions nos rations individuelles. Elles étaient mesurées et insuffisantes pour des jeunes gens. Nous étions tous logés à la même enseigne, même le capitaine ! La faim nous tenaillait, la soif nous rendait malades.

Je me souviens. Nous emportions un pain (une boule) et un camembert pour deux. À midi, il nous arrivait de manger un quart du camembert seulement. Nous réservions le reste pour le soir ; mais afin de le partager plus facilement, plus équitablement et mieux tromper notre faim, nous le transportions à plat, dans sa boîte de bois. Quand le fromage fondu par la chaleur avait coulé, il occupait tout le fond de la boîte. Alors, nous avions l'impression de retrouver un camembert entier. Quelques bonnes plaisanteries sur l'art d'accommoder le « calendos » nous faisaient mieux supporter les restrictions imposées par cette « sale guerre ». La boîte de sardines constituait un régal. Mais attention à l'ouverture ! Il convenait de se tenir à bonne distance : à peine le couvercle percé, l'huile surchauffée et sous pression jaillissait, aspergeant les treillis. Et ce qui était perdu était perdu. Mais les sardines à l'huile avaient un avantage : elles nous procuraient des renvois pendant plusieurs heures. Elles tenaient compagnie à nos estomacs. Ainsi, nous les savourions plus longtemps.

Parfois, dans les opérations de longue durée, nous ne pouvions plus emporter notre nourriture sur notre dos. Alors, des mules transportaient nos rations : soupes de pois, corned-beef, biscuits vitaminés et bouteilles d'alcool de deux centilitres.

En opération, nous avions faim. Et c'est peu dire.

La faim, on la supporte encore, mais la soif, c'est plus éprouvant.

Nous avions un litre et quart d'eau saumâtre dans laquelle nous jetions deux pastilles de désinfectant. Avec ça, nous « crapahutions » toute une journée, sous un soleil de plomb, dans un décor de rêve. Plus c'était beau, plus c'était dur. Tellement que ça en devenait minéral et cruel. Celui qui consommait son eau avant la fin de la journée n'avait plus rien à boire, et sa vie tournait au cauchemar. Dans le djebel, il y avait quelques points d'eau : source, puits, ruisseau. Ils étaient rares. Souvent, nous devions marcher longtemps pour en trouver.

Au début, nous avions peur que les « rebelles » les empoisonnent. Quel courageux oserait boire le premier ? Mais nous avons vite compris que l'eau était une denrée si rare et si vitale pour les humains et les animaux, qu'il eût été sacrilège de l'empoisonner. Un crime contre l'humanité. Jamais personne n'a empoisonné un point d'eau dans le bled. L'eau était trop précieuse. Trouver un point d'eau dans la montagne relevait presque du miracle pour un étranger au pays.

Quant au couchage, oublions le confort : nous n'en avions pas. Nous dormions sur le sol et à la belle étoile, sans couvertures ni sacs. La nuit, le froid nous gelait. Au petit matin, la rosée nous trempait jusqu'aux os ; nous grelottions, dans nos treillis détrempés, pelotonnés sur le sol dur, recroquevillés et serrés les uns contre les autres. Et, en plus, il fallait assurer la garde et lutter contre l'envie de dormir. Au matin, le soleil vif nous réchauffait.

En altitude, heureusement pour nous, il n'y avait ni serpents ni scorpions. Mais, au fond des oueds, les moustiques pullulaient.

En opération dans le bled, la vie était rude.

Tous les hommes enduraient les mêmes maux : soldats, gradés et officiers. Tous portaient leur nourriture et leurs armes et tous prenaient leur tour de garde, sans distinction. Il n'y avait pas de privilèges. Un jour, un lieutenant a demandé à un simple soldat de lui porter sa boule de pain. Le soldat a refusé. Alors, le lieutenant a mis la boule de pain dans la main du soldat et il lui a donné l'ordre de la porter. Que croyez-vous qu'il arriva ? Le soldat l'a jetée dans un ravin. Le lieutenant, privé de pain pendant toute l'opération, a dû manger des figues sur les arbres ; aucun appelé n'a partagé son pain avec lui.

Nous devions obéir, mais jusqu'à un certain point. Un code d'honneur implicite auquel personne ne dérogeait réglait les relations entre gradés, officiers et hommes de troupe. L'officier ou le sous-officier qui ne respectait pas ses hommes ne méritait pas de les commander. Le respect mutuel était le prix de la cohésion du groupe.

Parfois, nous abordions un village ou un groupe d'habitations.

Tous les habitants, quand il en restait, étaient chassés hors de leurs maisons, regroupés et fouillés. Puis nous visitions les maisons. Parfois, des soldats affamés se servaient chez l'habitant. Ils faisaient main basse sur ses maigres réserves : figues en jarres, olives et poules, quand il en restait. Les « rebelles » aussi vivaient aux dépens de l'habitant. Ces « prélèvements » amélioraient un peu notre ordinaire. Ils nous réconfortaient un moment.

Je me souviens d'une plaisanterie d'un gradé ordonnant à un soldat :

— Tiens, toi ! Va donc au village et ramène-moi une douzaine d'œufs !

Les poules des malheureux villageois avaient disparu depuis longtemps, « prélevées » par les militaires et ponctionnées par les « rebelles ».

Des poules, j'en ai fait cuire moi-même, avec un copain kabyle, un harki.

À ces gens, pauvres parmi les pauvres, nous prenions l'essentiel.

Parfois, je me demande comment ils pouvaient survivre.

▲ *Une belle prise !*

Un jour, nous nous trouvâmes riches de vingt et une poules. Nous fîmes cuire leur chair, dans l'huile d'olive vierge, car nous n'avions rien d'autre ; c'était infect, à cause de l'amertume des olives. Pour l'atténuer, nous arrachâmes des chiffons sales aux habits des Kabyles ; nous les trempâmes dans l'huile tiède que nous fîmes bouillir. Puis, après les avoir plumés, nous plongeâmes les pilons des poules dans l'huile bouillante et nous jetâmes le reste : carcasses et têtes. Il fallait avoir l'estomac bien accroché pour dévorer ces gigots amers, ou alors il fallait crever de faim. Et c'était vrai.

Quand on a faim, on ne crache pas sur la nourriture.

Un jour, en opération, j'avais plusieurs cuisses de poules dans les poches de ma veste. Le capitaine, resté en arrière de notre escadron, remontait notre colonne. Voyant que je mangeais une cuisse de poule, il me demanda :

— Ta cuisse, là, elle n'a pas une sœur ?

Alors, sans un mot, je sortis une autre cuisse de ma poche de *battle-dress* et je la lui tendis. Le capitaine me remercia d'un sourire, puis il continua sa progression.

En opération, nous parlions peu, mais nous étions solidaires.

Le capitaine endurait les mêmes maux que nous. Il portait son paquetage individuel, sa nourriture et son eau : un litre et quart. Il avait faim, il avait soif et, la nuit, il couchait sur le sol et il avait froid. Il partageait notre vie et nos souffrances. C'est pour cela que nous l'appréciions et lui faisions confiance.

Dans le bled, le soldat ordinaire marchait sans carte ni boussole. Les repères naturels étaient nombreux. Nous pouvions nous diriger, retrouver notre chemin et revenir. Revenir ? C'était notre hantise. Toujours nous pensions que nous pouvions nous égarer, nous trouver isolés du reste de l'escadron. Alors, il nous faudrait revenir seuls, le jour comme la nuit. Nous pouvions aussi être faits prisonniers, mais alors, nous ne devions pas attendre de mansuétude de la part de l'ennemi. Nous ne faisions pas de quartier. Eux non plus avec nous, c'était sûr.

Je me fiais à mon instinct paysan. Je connaissais la nature. J'avais une fameuse confiance en moi et le sens inné de l'orientation.

Souvent, les villages que nous visitions étaient déserts. Quand le commandement déclarait un secteur « zone interdite », les habitants recevaient l'ordre de quitter le village. Ils se réfugiaient dans un autre village qui n'était pas interdit. Un village vide était plus facile à fouiller. Habité, il pouvait servir de repaire aux « fellaghas. » C'est pourquoi l'armée française d'occupation vidait certains villages réputés difficiles. Les malheureux habitants, contraints et forcés, rejoignaient un autre village. D'autres Kabyles les accueillaient et ils partageaient leur pitance.

Plusieurs villages ont été vidés *manu militari*. Sans préalables.

Quand l'escadron arrivait, il le faisait savoir. Un officier signifiait au chef du village que tous les habitants devaient partir. Aussitôt, les villageois quittaient leurs maisons sans faire trop d'histoires. Ils savaient que, s'ils refusaient d'obtempérer, l'armée brûlerait leurs maisons. Cela s'est produit plusieurs fois. Et ceux qui résistaient étaient soit faits prisonniers, soit abattus.

La vie humaine ne comptait guère, en ces temps-là.

Soldats français et combattants du FLN, nous menions, les uns contre les autres, une guerre impitoyable.

La toile d'araignée

À Beni-Ourtilane, souvent nous tendions des embuscades le soir.

Deux pelotons, soit environ cinquante hommes, quittaient le camp vers onze heures, longtemps après le coucher du soleil ; ils s'enfonçaient dans la nuit, avec ou sans lune.

Nous étions entraînés. Nous connaissions bien les sentiers et les pistes. Nous étions jeunes, un peu casse-cou, et nous avions confiance les uns dans les autres. On nous disait : « En route, les gars ! » Et nous partions comme un seul homme, sans nourriture, sans couchage, mais avec notre gourde d'eau : un litre et quart, armés, bardés de munitions et, sur la tête, le chapeau du broussard. Ces randonnées nocturnes étaient aléatoires, et toujours dangereuses. Le risque était permanent. Il y avait des accrochages avec les rebelles. De part et d'autre, personne ne faisait de quartier ni de prisonniers. C'était la guerre contre la guérilla. Dans l'obscurité, tout bruit, tout mouvement devenait suspect. Un seul réflexe : tirer sans sommation et les premiers. Nous étions toujours sur le qui-vive, l'arme prête à tirer. Même avec le clair de lune, les pistes pouvaient réserver des surprises, à cause des lacets, des virages, des rochers et des différences de niveau.

Pourquoi la nuit ? Parce que, le jour, les guetteurs du FLN surveillaient nos mouvements. Leurs commandos aussi se déplaçaient souvent la nuit, surtout avant minuit, pour éviter d'être repérés par notre aviation.

Ce genre d'opération nocturne était propre au camp de Beni-Ourtilane. Dans cette région, les pistes de moyenne montagne étaient praticables la nuit, à condition de bien les connaître. Nous les connaissions et nous étions aguerris. Plus tard, à El Maïn, la traque nocturne deviendra impossible. Le pays plus montagneux et les pistes plus dangereuses, en raison du relief escarpé, ne se prêtaient pas à des opérations de nuit.

Formation de la toile d'araignée.

Une cinquantaine d'hommes quittaient le camp de Beni-Ourtilane. Ils marchaient pendant trois heures. Puis ils se séparaient en deux groupes. Chacun empruntait une piste différente, mais progressait parallèlement dans la même direction. En dehors des pistes, la marche était impossible. À chaque intersection, le groupe se dédoublait encore, mais toujours continuait dans la même direction. À la fin, huit groupes de cinq ou six soldats progressaient de concert, ratissant un large secteur.

C'était la toile d'araignée.

Consignes : se taire et écouter ! Ne jamais allumer de lampe électrique, même en cas d'urgence ! Avancer en tâtonnant des pieds, à cause des surprises de la piste. Je me souviens d'un camarade tombé dans une crevasse. Un autre l'a tiré de ce mauvais pas. Il lui a tendu la bretelle de cuir de son fusil d'assaut. Mais, dans la précipitation, il avait oublié de le décharger. Heureusement, le coup n'est pas parti. De retour au camp, le lendemain, il a dû payer sa tournée.

Au moindre bruit, au moindre mouvement suspect, nous devions tirer !

Six soldats déterminés qui font parler deux ou trois pistolets mitrailleurs, deux fusils et un fusil mitrailleur font beaucoup de vacarme. Quand nous arrivions au contact des rebelles, souvent ils décrochaient. Soucieux de préserver leurs vies, ils refusaient l'engagement frontal, le combat régulier. Ils réservaient leurs forces pour les attaques surprises et les coups de main.

Ces opérations de nuit étaient efficaces, mais risquées, mais nous n'en avions pas conscience. Nous avions tous une très grande confiance les uns dans les autres. Et nous étions entraînés. Nous pouvions bien sûr tomber sur les rebelles. C'est arrivé. Mais nous pouvions aussi tirer sur nos copains, par méprise. À ma connaissance, ce n'est pas arrivé.

L'ennemi pouvait être devant ou derrière nous. La nuit, il était hors de question de rebrousser chemin, car le risque était grand de tomber sur un de nos groupes. Nous attendions le jour pour opérer le regroupement, et le retour au camp se faisait vers midi.

Je vous laisse imaginer avec quel plaisir nous dégustions notre repas à la caserne.

Ensuite, nous avions quartier libre. Farniente, presque ! Nous pouvions être de garde dès la nuit suivante : quatre heures de nuit et quatre heures de jour. Et le pire, un nouveau tour de garde le lendemain.

Parfois, nous dormions à la belle étoile trois jours de suite et nous mangions quand nous le pouvions. Donc, jamais à heures fixes. À peine revenus au camp, nous pouvions être réquisitionnés pour une nouvelle embuscade, un autre ratissage ou un bouclage de village. Ainsi coulait notre vie d'appelés du contingent, jamais tranquilles, jamais en vrai repos, en ces temps dits de « pacification » et de « maintien de l'ordre ».

Nous risquions nos vies, mais, dans le feu de l'action, nous n'y pensions guère. Nous ne nous posions pas de questions. Nous obéissions aux ordres de nos supérieurs. La vie était rude, inconfortable et dangereuse. Nous côtoyions la mort presque chaque jour : la nôtre et celle des autres.

Contre l'horreur, nous étions vaccinés, mais pas immunisés. Nous supportions cette vie, parce que c'était « comme ça ». Nous n'avions pas le choix.

Les harkis et les Kabyles

Dans notre escadron, il y avait quelques harkis. Ces supplétifs algériens originaires de Kabylie participaient aux opérations, mais ils ne logeaient pas à la [illegible]. On leur avait alloué une maison dans [illegible] le plus proche. [illegible] matin, leur chef venait prendre le[illegible] au camp [illegible] harkis n'étaient pas des gens heureux.

Ces soldats, originaires de la région, n'étaient pas d'anciens militaires de l'armée française, comme la plupart des harkis, mais des prisonniers retournés, incorporés de force à cause de leur bonne connaissance de la région, et parfois des paysans du bled, poussés par l'intérêt. Certains avaient peut-être servi dans les rangs du FLN. Pour les contraindre à nous servir et les empêcher de nous trahir, notre capitaine leur demandait d'exécuter un combattant algérien prisonnier. Le candidat harki devait accomplir ce crime devant tous les gens d'un village réuni. Après ce rite initiatique, le malheureux ne pouvait plus retourner chez les siens. Jamais personne ne l'accepterait. Il était définitivement banni de sa communauté, condamné à mort. Malheur au harki fait prisonnier par les « rebelles » ! Il mourait dans d'atroces supplices.

Les habitants de la Kabylie étaient des hommes de taille moyenne, autant que j'ai pu les observer, maigres et osseux, musclés et agiles. Je les ai trouvés courageux, excellents combattants, chaleureux, doués d'un grand sens de l'hospitalité, même avec les soldats français. Leurs femmes, qui élevaient leurs enfants, étaient prisonnières de leurs mechtas, maisons carrées entourant une cour privative. Ces captives au visage voilé ne sortaient pas. Plusieurs familles pouvaient occuper une même maison.

Nous avions de bons contacts avec les Kabyles, mais parfois les exigences de la guerre nous éloignaient les uns des autres. Mais je pense qu'au fond de leur cœur ils ne nous aimaient pas. Les colons français accaparaient les meilleures terres, les Blancs détenaient les meilleurs postes et nous, les soldats de la « pacification », nous occupions leur pays. Notre armée imposait sa loi. Parfois, elle pillait leurs récoltes et leur bétail. À ces pauvres parmi les pauvres nous n'apportions rien et, quelquefois, nous prenions leurs maigres réserves. Ils ne nous devaient rien. Certains avaient fait la guerre de 1940-1945 incorporés dans l'armée française. D'autres avaient vécu et travaillé en France. Les massacres de Sétif et de Guelma hantaient encore les mémoires, car nous étions proches de ces lieux-là. Mais nous, les appelés du contingent, nous ignorions l'histoire et ses horreurs passées. On ne nous en avait jamais parlé.

La permission

(octobre 1956)

Nous étions trois permissionnaires, le même jour, dans notre escadron : le petit dingo, René Audic et Albert. Si heureux de partir ! On nous accordait quinze jours, une seule permission pendant toute la durée de notre séjour en Algérie. Sur ces quinze jours, il fallait retirer : une demi-journée pour traverser la Méditerranée, une journée pour aller de Marseille à Quimperlé et autant pour le retour. Il me restait donc douze jours à peine, pour revoir ma famille et mes amis et essayer d'oublier. Autant dire bien peu.

La traversée en bateau fut éprouvante. La mer était démontée. Affalé sur une chaise longue en fond de cale, je souffrais le martyre chaque fois que l'étrave du paquebot heurtait les vagues. J'ai rendu tripes et boyaux, selon l'expression connue.

Le retour dans ma famille ne m'a pas laissé de souvenirs impérissables. Ce fut presque une confrontation. J'étais déçu. Mes parents n'étaient pas prêts à recevoir mes confidences. Ils n'imaginaient pas les horreurs de la guerre d'Algérie. Leur monde était à cent lieues du mien. Ils ne m'ont pas compris ni aidé moralement. Alors, je me suis tu.

Parfois, l'après-midi, j'allais flâner à Quimperlé. Je m'asseyais sur un muret devant le cinéma *Le Pax*. Je regardais passer les badauds. J'essayais de comprendre ce monde. Il m'était devenu étranger. Devant moi, des hommes et des femmes foulaient le trottoir, paisibles et insouciants, comme si, là-bas en Algérie, il ne se passait rien. Ils n'étaient pas menacés. Ils ne risquaient pas leur vie. Pensaient-ils seulement à nous, pauvres soldats, envoyés au casse-pipe contre notre gré, contraints de mener une vie éprouvante sous un rude climat, vivant dans le dénuement, la faim et la soif au péril de notre vie ? Certains avaient peut-être un parent en Algérie : père, frère, cousin ou ami ? D'autres avaient peut-être perdu un des leurs ? Non, vraiment ! L'Algérie était loin.

Tout cela me paraissait injuste. Je pensais que je vivais un mauvais rêve. Je dévisageais ces marcheurs indifférents. Parfois, j'essayais d'entamer un brin de conversation avec l'un ou l'autre, mais l'échange tournait court et nos propos restaient superficiels. Je gardais pour moi mes souvenirs douloureux. Des images terribles hantaient mon esprit.

Ce monde décidément me paraissait étranger.

Un matin, un vieil homme est venu. Il m'a salué. Il s'est assis auprès de moi. L'homme semblait intrigué par ma personne. Inquiet, peut-être, à cause de ma mine sombre et triste. Il m'a demandé si je n'avais besoin de rien. Il m'a dit qu'il avait remarqué, dans mon allure, un « je ne sais quoi » qui l'avait troublé et ému. Et nous avons discuté.

Cet homme semblait avoir vécu une vie mouvementée. Peut-être avait-il été prisonnier autrefois, pendant la Seconde Guerre mondiale ? Il me parlait sur un ton grave. Je sentais qu'il me comprenait. J'appréciais son approche humaine. À son contact, je me suis senti plus rassuré, plus calme. Il est parti, mais je ne l'ai jamais oublié.

Quant aux autres promeneurs insouciants ! Ignoraient-ils qu'en Algérie sévissait une guerre atroce ? Savaient-ils que, tous les jours, des jeunes appelés mouraient ? Fallait-il qu'un des leurs tombât dans les djebels pour les rappeler à la triste réalité ? Fallait-il que le maire de leur commune vînt annoncer à leurs parents la mort d'un fils pour qu'enfin ils prennent conscience de l'immense tragédie qui se déroulait là-bas ? Un cercueil recouvert d'un drapeau bleu, blanc, rouge devant une tombe ouverte était-il nécessaire pour rappeler à ces indifférents que des jeunes gens mouraient de mort violente ?

Souvenirs insoutenables et sinistres, lentement oubliés !

Combien de temps durent les émotions fortes ? Un jour, deux jours peut-être ? Puis chacun retrouve son train-train quotidien. La vie reprend son rythme. Seuls, les parents couvent leur amertume. Bien tristes. Pour les autres, la vie continue. On ne peut pas vivre éternellement en état de tristesse.

À Keranguen, de l'autre côté de la route, en face de la ferme de mes parents s'élève une maison dite de maître. Elle a fière allure et sa façade est belle. À l'époque où j'étais en permission, un homme âgé l'habitait. Souvent, il se tenait debout dans la petite cour, devant chez lui. Je le saluais. Nous engagions la conversation. Ça me faisait du bien. Je sentais qu'il me comprenait un peu et cela soulageait ma détresse. Il avait deviné que, à l'endroit d'où je venais, la vie devait être dure.

Nous avions nos confidences.

Il me parlait de son passé. L'homme, un ancien prisonnier de la guerre de 1939-1945, avait connu la misère et la détresse. Lui aussi éprouvait le besoin de se confier. Peut-être pouvais-je l'écouter et le comprendre ? Ensemble, nous parlions de tout, sans révéler rien de concret, mais nous nous comprenions à demi-mot.

Plus tard, une fois démobilisé, j'ai retrouvé le vieil homme, mais nous n'avons plus jamais évoqué nos problèmes. J'ai quitté Keranguen et ne l'ai plus revu. Je n'ai jamais trouvé la force de le revoir. Pourtant, il vit encore. Parfois, je pense à lui. Nous avons échangé quelques confidences. Je l'ai compris et il a compris ma peine. Nous avons été sincères l'un envers l'autre. Cet homme qui a su lire sur mon visage se prénomme François. Il m'a apporté un peu du réconfort que jamais ma famille ne m'a donné. Et j'en avais besoin. Une bonne parole, prononcée au bon moment, avait pour moi une grande valeur.

Je lui dis : merci, François.

Les douze jours ont passé trop vite.

J'ai repris le chemin vers Beni-Ourtilane. Je suis repassé à Quimperlé, rue Brémont-d'Ars. Je me suis souvenu du vieux monsieur. Il n'était plus là. Arrivé à la gare, j'ai traversé le quai. Le train est arrivé. Trois minutes d'arrêt. Les derniers moments de paix avant longtemps. Je suis monté dans un wagon. Seul, sans me retourner. Je n'avais ni parent ni ami avec moi. Aucun membre de ma famille ne m'accompagnait. J'étais seul et bien triste. J'éprouvais un pincement au cœur. Je me demandais : « Reverrai-je un jour cette gare ? » Puis le train est parti.

À Auray, j'ai retrouvé mon ami René Audic.

Enfin, la vie reprenait son cours.

Et le voyage fut sans histoires.

Djahnit

(le 27 octobre 1956)

Des soldats du premier escadron, en embuscade, repèrent un convoi de mules chargées. Il s'agit sans doute de matériel et de munitions. La lente caravane monte vers le village de Djahnit, une agglomération assez importante posée sur un piton escarpé, avec ses maisons basses, serrées et ses ruelles étroites qui dominent une falaise au-dessus de l'oued Mahadjar, entre Beni-Ourtilane et El Maïn.

Le commandement du premier escadron décide de laisser le convoi pénétrer dans Djahnit et, ensuite, d'attaquer le village. Une règle d'or veut qu'on laisse toujours les « rebelles » s'installer dans un village. Ils sont plus faciles à contrôler que dans le bled.

À peine la caravane est-elle entrée dans le village, que le premier escadron se déploie et monte à l'attaque. Le jour se lève. Cent vingt hommes, conduits par un capitaine, se répartissent en tirailleurs sur un terrain très accidenté. Ils emportent avec eux des fusils mitrailleurs (FM), des pistolets mitrailleurs (PM), des fusils d'assaut, des pistolets, des grenades défensives et un mortier de calibre 60. Ils empêchent toute personne civile ou militaire de quitter le village. Mais leur nombre est insuffisant pour occuper et ratisser toutes les maisons. Les « rebelles » sont installés. Il faut les déloger. Et, pour y parvenir, chaque maison doit être investie, visitée et fouillée.

Dès les premiers accrochages, l'escadron subit des pertes. Deux soldats sont tués. Aussitôt, leur capitaine demande du renfort. Le colonel commandant le régiment envoie deux escadrons supplémentaires.

Nous, soldats du 4e escadron, sous les ordres du capitaine Laurent (dit « Jojo »), on nous commande de nous rassembler devant notre caserne à Beni-Ourtilane. Nous allons être héliportés vers une « destination inconnue ». Embarquement immédiat.

Quand nous sommes dans l'hélicoptère, on nous annonce enfin notre mission. Nous partons pour un village appelé Djahnit. Là-bas, des soldats du premier escadron sont aux prises avec des combattants algériens. « Ça castagne. » Des copains sont en difficulté. Ils ont besoin de nous. Nous devons leur prêter main-forte, pénétrer dans le village et en déloger les rebelles.

L'hélicoptère nous dépose dans les rochers, à proximité du village. Plus bas coule l'oued Mahadjar : un filet d'eau serpente dans une vallée peu profonde. Les tireurs d'élite prennent position avec leurs FM sur la rive de l'oued opposée au village. Ils couvriront notre assaut. Sans arrêt, ils mitrailleront les portes et les fenêtres des maisons du village. Chaque tireur vise en diagonale : celui de droite choisit ses cibles à gauche, celui de gauche les choisit à droite et celui du milieu balaie de droite à gauche, puis de gauche à droite. Ce système de tirs croisés est très efficace.

Juste avant de monter à l'assaut, un lieutenant du premier escadron nous demande si nous avons des cartouches de carabine US M1. Cet officier a choisi cette carabine légère pour son usage personnel, mais il est à court de munitions. Pas de chance, mon gars ! Personne n'utilise ce type d'arme. Nous avons tous des fusils US Garant dont les cartouches sont interchangeables avec celles des FM. Le lieutenant n'avait qu'à prendre un fusil Garant. Ah ! Ce roublard préfère la carabine, plus légère ! Mais le temps presse.

Le moment de l'assaut arrive. Le lieutenant montera à la tête de ses soldats avec une arme inutile. Tant pis pour lui ! Et pas question d'emprunter le fusil de l'un de ses soldats ! D'abord, le règlement l'interdit. Ensuite, il pourrait le payer cher. Les gars du contingent sont solidaires. Ils n'admettraient pas qu'un gradé envoie l'un des leurs au casse-pipe sans arme. Chacun doit assumer ses propres responsabilités.

Nous prenons position sur la rive droite de l'oued. Le village est en face de moi.

Les soldats sont prêts à donner l'assaut. Les explications et les ordres sont donnés en cinq minutes. Ils sont brefs, clairs et impératifs. Foncer ! Foncer ! Le plus vite possible ! Et en zigzag, pour éviter les tirs de l'ennemi ! Pénétrer dans les maisons. Enfoncer les portes si besoin est. Éliminer toute résistance. Autrement dit, utiliser son arme. Tuer. Pas besoin d'explications complémentaires. Au combat, celui qui ne court pas assez vite ou qui ne tire pas le premier est un homme mort. La cible est trop belle. Celui qui ne tue pas d'abord peut être tué. Sa propre survie contre la vie de l'adversaire. Telles sont les règles du « jeu », si je puis dire. Notre survie est une question de réflexes.

Un lieutenant commence le compte à rebours :

— Dix, neuf, huit, sept…

Puis : « Trois, deux, un, zéro… » et « GO ! »

Aussitôt, les fusils mitrailleurs arrosent les portes et les fenêtres du village. Un tonnerre de roulements se répercute en écho dans les montagnes. Et nous, sans réfléchir, comme des automates, nous fonçons, nous courons à perdre haleine, tête en avant, dos courbé, fusil en mains, chargé, armé, prêt à tirer.

C'est l'assaut.

Quand tu montes à l'assaut, tu ne penses pas, tu ne réfléchis pas. Tu es pris par l'action. Tout entier ! Elle colle à ta peau, l'action. Tu fais corps avec elle, dopé par l'adrénaline. Tu es un autre homme, un automate poussé par l'instinct de survie. Tu n'entends même pas les rafales des FM qui tirent au-dessus de toi pour couvrir ton élan.

L'oued est franchi en quelques secondes.

Nous prenons pied sur la première terrasse qui borde le village. C'est la première ruelle. Et nous courons. Les maisons dominent le précipice. Entre les murs extérieurs et le vide, il y a un mètre cinquante peut-être. À ma droite, les maisons, à ma gauche la falaise : douze à quinze mètres d'à-pic ? Je n'ai pas le temps d'apprécier.

Dans le djebel, chaque village habité est fouillé plusieurs fois au cours d'une même année. Les villageois sont regroupés en un lieu écarté pour permettre la fouille. Prudents, ils quittent leurs maisons. Ils resteront à l'extérieur, sous bonne garde, jusqu'à la fin de l'opération. Chaque maison va être fouillée pour débusquer et éliminer les combattants du FLN et récupérer les armes cachées. Entre les combattants du FLN réfugiés dans les maisons et les soldats français, on s'entretue. Dans cette lutte sans merci, il y aura des morts.

Quand les habitants fuient leur maison, ils laissent la porte ouverte. C'est un code. Il signifie : ici, pas de « rebelles ». Mais aussi, ce peut être un piège, pour tromper les soldats. Nous le savons. L'adversaire est rusé. Nous avons l'habitude. Par précaution, nous lançons une grenade offensive avant d'entrer dans une maison. Son explosion étourdit l'adversaire et le dégagement des gaz suffoque les personnes cachées à l'intérieur. Chaque soldat porte sur lui quatre grenades : deux dans chaque poche de sa veste en treillis.

Première maison.

Deux grenades sont jetées à l'intérieur. Un homme apparaît sur le seuil de la porte, titube et tousse. Il est surpris. Il porte une tenue kaki : c'est un « rebelle ». Près de lui, un mur de pisé avec une petite lucarne.

Derrière ce mur, deux soldats français. Brusquement l'homme franchit la porte de la maison, se retourne, pointe son fusil par la lucarne et tire sur les soldats. Puis il se rue vers la falaise, brandit son fusil à bout de bras et il se jette dans le vide. Suicide ? Pas le temps ! Aussitôt les FM postés de l'autre côté de l'oued entrent en action. L'homme est criblé de balles avant d'avoir heurté le fond du précipice.

Dans la maison, les deux soldats sont indemnes. C'est une chance.

Deuxième maison.

Un autre « rebelle » bondit hors de la maison, traverse la ruelle et se précipite dans le vide : dix à quinze mètres. De nouveau, les FM entrent en action, puis se taisent.

Désormais, c'est fini. Plus personne ne fera le grand saut de la falaise.

Nous devons visiter toutes les maisons du village. Sans en omettre aucune.

Nous avançons, toujours sur nos gardes. L'ennemi peut surgir de partout. Souvent, le temps imparti pour réagir est très faible. Une fraction de seconde, parfois. Pas plus ! Nous marchons à l'instinct, aux réflexes, prêts à faire feu. Dans ces cas-là, on ne réfléchit pas, on ne pense pas, on tire. Celui qui hésite, celui qui temporise, est un homme mort, presque à coup sûr. Il faut être rapide. Plus rapide que l'adversaire.

Troisième maison.

Nous lançons deux grenades. Nous attendons que les gaz se dissipent et nous entrons. À l'intérieur, aucun bruit. Le calme règne. La pièce est mal éclairée. Pourtant, nous devons la fouiller, cette foutue maison. Nous ne devons rien laisser au hasard. Ce sont les ordres. Ils sont logiques et pertinents. Notre sécurité est à ce prix. Et la vie des gars en dépend.

L'intérieur est sombre. Je prends un morceau de papier. Je l'allume avec mon briquet. Cette torche improvisée me permet d'y voir plus clair. J'avance dans la pièce principale qui sert aussi de cuisine. Rien ! Plus loin, la chambre à coucher. Elle semble vide aussi.

Entre les deux pièces, une dénivellation : deux marches d'escalier en terre et paille moulées. Et, sur une marche, une planche qui sert de banc. Je m'approche et je m'apprête à franchir l'escalier. Mais alors ma torche de papier qui finit de se consumer me brûle les doigts. Sous la douleur, je la lâche. Elle tombe sur le sol.

Et que vois-je, recroquevillé sous la planche horizontale ? Un homme en tenue kaki. Il ne bouge pas. Il ne bronche pas. Il reste immobile. Peut-être croit-il que je ne l'ai pas vu ?

J'hésite un peu. J'évite de le regarder pour ne pas éveiller ses soupçons. Je puis vous assurer que, dans un tel moment, les secondes paraissent bien longues. Lentement je me retire, en reculant. Je porte des rangers rouges aux pieds.

Dehors, j'avise mon copain Serge. Je lui signale ma découverte. Il me propose de m'accompagner et me demande de troquer mes rangers rouges contre des noirs. Ainsi l'homme ne saura pas que nous venons pour lui. Il doit être armé. C'est sûr.

Maintenant, c'est lui ou nous. Appliquons la consigne !

Serge et moi, entrons dans la cuisine. Nous approchons de la planque où l'homme se terre. Puis, sans nous concerter, nous déchargeons tous les deux en même temps une rafale de pistolet mitrailleur sur le bonhomme. Il était armé. Il n'a pas eu le temps d'utiliser son arme. L'effet de surprise a joué.

Dans son portefeuille, il n'y a pas de papiers d'identité (soldat inconnu), mais un billet de cinquante francs. C'était une coquette somme pour l'époque et la preuve que l'homme appartenait au FLN. Les combattants du FLN allaient ainsi, sans papiers, mais avec un petit pécule en poche. Il leur servait de viatique.

C'est dire le peu de cas que l'on faisait de la vie, d'un côté comme de l'autre.

Sur le moment, pas d'états d'âme ! Mais au retour au cantonnement, une fois passé le feu de l'action, les remords vous assaillent. Ensuite, beaucoup plus tard, revenu à la vie civile, le passé ne vous lâche plus. Jamais plus.

Quand on fouille une maison, il faut toujours être deux, l'un protégeant l'autre.

Parce qu'il n'avait pas respecté cette règle élémentaire de sécurité, un soldat, le deuxième classe Boldaert, fut mortellement blessé. Bientôt il succombera. Il venait de fouiller une maison, mais mal, et seul. Et quand il s'apprêtait à sortir, un combattant caché dans la maison lui a déchargé son fusil de chasse dans le dos. Malchance ? Pas vraiment ! Mais non-respect des consignes, oui !

Triste spectacle : d'un côté du mur gît notre camarade appelé. Il vient de perdre la vie. À l'intérieur de la maison, le tireur rebelle vient aussi de mourir. Plus tard, le village de Djahnit sera rasé par les bulldozers. Seuls subsisteront cette maison et le mur.

Le nettoyage du village appelé Djahnit a duré toute la journée, jusqu'au soir. Longtemps dans la nuit, des coups de feu ont retenti. Le rapport de l'escadron mentionne : trente-deux « rebelles » tués et trois faits prisonniers. Des armes, des munitions et des médicaments ont été récupérés. Dans notre escadron, nous déplorons un mort et plusieurs blessés. Mais dans le premier escadron, il y a eu beaucoup de morts.

▲ *Après l'assaut, ce qu'il reste du village de Djahnit.*

Nous quittons Djahnit au milieu de la nuit.

C'est la nuit d'Algérie, sans nuages. Mais, à la nouvelle lune, elle est noire, tout en contrastes. En Kabylie, soit la lune brille et l'on se croirait en plein jour, soit la lune n'est pas encore levée ou est absente, et tout est noir. L'impression est saisissante, pour un jeune Breton, habitué aux cieux colorés par les nuages. Nous marchons à la queue leu leu, plusieurs heures sans parler, sur un fond de paysages lunaires. Des mulets et des bourricots portent les armes lourdes et les munitions. Nous sommes prudents. La montagne peut réserver des surprises. Dans nos esprits passent les images terribles des combats. Nous pensons à nos camarades tués. Ils ne reverront pas leur pays, leurs parents, leurs amis. D'autres sont blessés, dont certains vont peut-être mourir ?

C'est alors que nous prenons conscience de la solidarité des armes.

Nous marchons sur les sentiers escarpés. Exténués, nous ne sentons plus la fatigue. Le temps ne compte plus. Nous ne sommes pas fiers de nos exploits. Marcher, la nuit, sur un terrain accidenté et dangereux, être attentifs aux bruits alentour, veiller à économiser nos forces pour arriver au camp, tout cela ankylose nos esprits et trouble nos pensées. Nous sommes devenus des mécaniques, des robots de combat, à la limite de l'inconscience.

La longue et lente colonne serpente dans la montagne, sur des sentiers étroits. La nuit est noire, dense et froide. Parfois, une rafale de pistolet mitrailleur crépite, suivie d'un long silence qui hurle dans nos oreilles. Nous savons que, plus loin, à l'arrière ou à l'avant de notre longue colonne étirée, on vient de supprimer un prisonnier dit « rebelle ». Pourquoi ? Personne ne nous le dira jamais. Au soldat de base, à l'appelé du contingent, les officiers, militaires de carrière, ne font pas de confidences. Alors nous nous interrogeons. Un homme vient-il de perdre la vie parce que notre régiment n'a pas les moyens de le garder prisonnier ? Ou bien parce qu'un « rebelle » de moins est un combattant potentiel supprimé ? Ou encore parce que, l'officier, dans sa grande magnanimité, a préféré tuer son prisonnier plutôt que de le livrer aux tortionnaires de la ville ? Tout prisonnier remis aux autorités dites compétentes allait être interrogé. Et les interrogatoires, dans les prisons militaires, on savait comment ils étaient conduits. L'art et la manière de faire parler sous la torture.

Une rafale de PM. Un corps abandonné sur le bord de la piste ou poussé dans un ravin. Demain, peut-être, des villageois viendront le rechercher. Ils lui donneront une sépulture plus décente. Dans le djebel, les rafales d'armes automatiques s'entendaient au loin. Les villageois, alertés par le bruit des salves, savaient bien qu'un combattant venait de mourir, fauché par un tir de PM. Dans cette guerre atroce, on ne faisait pas de prisonniers, ou très peu. Et les survivants étaient bientôt soumis à la torture pour leur faire avouer… avouer quoi ? Où se trouvaient leurs comparses ? Et où étaient leurs armes ? Je me le suis souvent demandé, moi qui ai vu se diluer dans la nature des combattants légers comme le vent sur les montagnes de Kabylie. Ils étaient partout et nulle part : aujourd'hui ici, demain là-bas. En une nuit, en une journée, ils pouvaient parcourir quarante ou cinquante kilomètres à pied. Tous étaient de grands marcheurs.

Alors, pourquoi la torture ? On ne peut pas lutter contre le vent.

Nous sommes revenus à Beni-Ourtilane au lever du jour.

Personne ne s'était égaré.

J'ai longtemps pensé que notre capitaine commandait mon escadron, le jour de la fouille des maisons de Djahnit. Mais vingt-sept années plus tard, j'ai eu le plaisir et la joie de le retrouver au cours d'un repas de l'amicale des anciens de l'escadron. J'étais son voisin de table. C'est lui qui m'a questionné. Il voulait savoir comment ça s'était passé à Djahnit. Il n'avait pas participé à cette opération. Il était en permission dans sa famille, en France. Il m'a confié qu'il aurait aimé être avec ses soldats, ce jour-là.

Pourtant, j'avais toujours cru qu'il était avec nous à Djahnit.

Une grotte au-dessus de Freha

Toujours à Beni-Ourtilane, il me revient qu'un jour, nous ratissions une montagne en forme de fer à cheval. Elle dominait le village de Freha. C'était un amas de rochers chauffés par le soleil, une succession de falaises escarpées, ocre et rouge, flanquées d'une végétation rare. Un paysage de légendes et de mystères comme surgi d'un rêve. Le centre du fer à cheval constituait un remarquable poste d'observation sur la vallée et le village de Freha, véritable repère de « rebelles ». Pour être franc, tous les villages, un jour ou l'autre, abritaient des « rebelles », mais Freha plus souvent que d'autres. Nous les visitions régulièrement. Nous chassions les « fellaghas » et nous détruisions leurs dispositifs militaires. Mais ils revenaient. Ils reprenaient possession des villages que nous avions « nettoyés ». Et nous devions toujours recommencer : expulser les villageois de leurs maisons, les regrouper à l'écart, les interroger, puis fouiller chaque maison. Ça en devenait routinier et lassant. Quand nous avions éliminé les poches de résistance, nous laissions les pauvres habitants regagner leur village « libéré ». Les intérieurs de certaines maisons étaient parfois dévastés par le souffle des grenades et d'autres étaient brûlées ou pillées. Qui pillait ?

Les combattants du FLN dévalisaient et rançonnaient les habitants, au nom de la lutte contre l'occupant. Réquisition ! Obligation ! Devoir sacré ! Pour la bonne cause ! Les militaires du contingent français « prélevaient » la nourriture et l'eau, car souvent ils avaient faim et soif. Nécessité !

Notre progression dans la montagne nous amena devant une grotte.

Au début de l'après-midi, le soleil était au zénith. Nous avions chaud. Un lieutenant commandait notre détachement. Il ordonna qu'une dizaine de soldats restassent pour garder la grotte. Nous étions onze avec un sous-lieutenant, appelé comme nous, bloqués dans ce cirque de rochers nus. Puis l'escadron continua sa route.

Le village de Freha, réputé dangereux, était à environ trois heures de marche du camp. La grotte le dominait. Nous n'avions pas de nourriture et juste la boisson contenue dans nos gourdes individuelles : soit un litre un quart d'eau, notre ration quotidienne. Nous en conclûmes que notre faction serait de courte durée. Quelques heures, au plus !

▲ *Grotte au-dessus de Freha.*

Quelle était notre mission ? Garder la grotte et rester invisibles. Servions-nous de proie pour attirer les « rebelles » ? Alors, les hommes de notre escadron devaient être prêts à intervenir ? Et proches ? Nous n'avions aucun ordre précis, sinon éviter de nous faire repérer.

Nous pensions que l'escadron était resté en embuscade non loin de nous. Notre supposition était fausse : il était rentré à Beni-Ourtilane.

Nous sommes resté deux jours et deux nuits, à croupir dans la grotte. Notre faim devenait excessive. Le sous-lieutenant a partagé avec nous des biscuits qu'il avait dans son sac. L'eau de nos gourdes suffisait à peine pour une journée. Le deuxième jour, la soif nous a pris. Une journée complète sans manger était encore supportable. Nous avions l'habitude. Nous étions entraînés, nous, les hommes du bled. Mais deux jours ? Cela devenait dur. Et un jour complet sans boire, même en avalant quelques pastilles de sel, c'était franchement insupportable.

La nuit, la température avoisinait zéro degré. Sans habits chauds ni couvertures, dans une grotte ouverte à tous les vents, nous avions froid. Nous ne pouvions pas sortir de peur de nous faire repérer. Nous devions faire nos besoins dans la grotte. Elle n'était pas bien grande, et l'intérieur se transformait en cloaque.

▲ *Vue de Beni-Ourtilane depuis la grotte au-dessus de Freha.*

Une cheminée verticale percée dans le plafond rocheux débouchait à l'air libre. Imaginons seulement qu'un groupe de « rebelles » prenne discrètement position au-dessus de la grotte, puis jette de la paille enflammée par la cheminée. Nous serions aussitôt enfumés comme des blaireaux dans leur terrier et contraints de déguerpir. Pour l'ennemi, ce serait un jeu d'enfant de nous canarder et de nous massacrer.

Vers la fin du deuxième jour, un petit berger est arrivé avec ses moutons. Nous étions découverts. Aussitôt, le sous-lieutenant a prévenu l'escadron à Beni-Ourtilane. D'abord un avion T6 est venu en reconnaissance. Il a tourné un moment au-dessus de la grotte. Puis il a disparu. Alors, nous avons compris que les gars de notre escadron devaient être proches de nous. Enfin les secours sont arrivés. Ils nous apportaient à manger et à boire. Nous avions faim, nous avions soif, et c'est peu dire. Nous nous sommes jetés sur la boisson : de l'eau (notre soif était intarissable), puis sur la nourriture : pain, fromage et sardines. De retour à Beni-Ourtilane, nous avons encore mangé et bu. Nous étions très fatigués. Aussitôt nous nous sommes endormis.

Pourquoi cette aventure singulière ?

Nous ne l'avons jamais su. Personne ne nous a expliqué les raisons de cette décision, mais j'ai toujours pensé que nous avions, un moment, servi d'appât pour l'ennemi.

La vie en opération était aléatoire, soumise aux fantaisies du commandement, aux ordres inconséquents et parfois à l'humeur d'un gradé : impulsion du moment ou hasards de l'aventure. Combien de soldats ont perdu la vie par manque de précautions, initiatives malheureuses, hésitations, ordres absurdes, suivis de contre-ordres incendiaires. Souvent, quand nous partions, nous manquions de l'essentiel. Nous devions nous adapter, vivre sur le terrain, composer avec les éléments et brigander à l'occasion. Jeunes soldats, nous prenions parfois des risques insensés, par manque de préparation et de réflexion. Nous étions à l'image de nos chefs, imprévisibles et spontanés.

En opération, nous portions tous un pansement individuel accroché par un anneau. Il était inutile en cas de blessure par balle. Je n'ai jamais vu un seul de mes copains blessés l'utiliser. Les responsables de cette erreur magistrale n'avaient peut-être jamais combattu. Sur mon pansement, j'ai scotché deux balles. Je réservais ces munitions pour me donner la mort si je venais à être fait prisonnier. Nous connaissions le sort réservé aux soldats français capturés par le FLN : la mort à petit feu, après d'atroces mutilations. Alors, il valait mieux mettre fin à sa vie plutôt que de tomber entre leurs griffes.

Les chargeurs de cartouches du pistolet mitrailleur étaient enfermés dans des sacoches de toile kaki. Chaque soldat portait deux lourdes sacoches suspendues à sa ceinture. Elles lui battaient les flancs. Pour marcher, courir ou gravir les rochers, c'était insupportable. J'ai relié entre elles mes deux sacoches et fabriqué une espèce de bissac que je portais autour du cou. Leur poids réparti sur ma poitrine et dans mon dos devenait supportable. Je pouvais même emporter deux chargeurs supplémentaires, ce qui augmentait ma puissance de feu. Mes compagnons d'infortune me comparaient à un pistolero mexicain. Je laissais rire les railleurs, mais j'avais sur eux l'avantage de la mobilité. Ainsi harnaché, je portais cinq chargeurs contre ma poitrine et cinq dans mon dos. Avec le chargeur introduit dans mon PM, je disposais de deux cent soixante-dix cartouches de calibre 9 mm.

Contre le soleil, nous avions un chapeau de brousse, plus léger qu'un casque.

Et aux pieds, des rangers. J'avais acheté les miens à Sétif dans un magasin de la ville. Les rangers fournis par l'armée me faisaient mal aux pieds.

L'idiot

Les alentours de Beni-Ourtilane étaient truffés de cavités naturelles. Souvent, elles servaient de repaires pour les « rebelles ». Un jour, je pénétrai dans une grotte ; elle mesurait entre trois et quatre mètres de profondeur et environ un mètre cinquante de largeur. Sa position n'était pas stratégique, mais elle pouvait abriter quelques combattants et servir d'infirmerie de fortune. Au fond, contre la paroi, il y avait une toile de tente pour empêcher la terre de tomber. Et sur le bas de la toile de tente était posé un pistolet, le genre pétoire à l'ancienne. C'était presque une pièce de musée. Je l'ai rapportée dans la garnison.

Plus tard, jugez de ma surprise : mon trophée était exposé dans le mess des officiers. Et dessous il y avait une plaque gravée avec le nom d'un lieutenant d'active.

La colère m'a pris. Je m'apprêtais à me faire rendre justice, pistolet mitrailleur en mains. J'allais tirer sur le trophée. Quand un copain me retint et me proposa de solliciter l'avis du capitaine.

— Qui a fait ça ? demanda le capitaine.

— Le lieutenant Untel.

— Je vois. Je vois. C'est un idiot.

Surprise générale.

Puis le capitaine ajouta :

— Quand on est idiot ici, on l'est partout. Alors laissez tomber le pistolet, les gars. Ça n'en vaut pas la peine. Vous ne changerez pas ce rustre en homme de bien.

Un autre cas de torture

Ne nous voilons pas la face ! Appelons les choses par leur nom ! Des soldats français ont torturé en Algérie. Je puis en témoigner, hélas !

Un après-midi, dans la cour de l'ancienne gendarmerie de Beni-Ourtilane, un prisonnier kabyle, récalcitrant sans doute, était allongé au sol. Il gisait sur le dos. Ses membres étendus et écartés formaient une croix de Saint-André. Ses poignets et ses chevilles étaient attachés par des cordelettes à quatre piquets de bois. À la longue, les liens avaient entamé les chairs et le sang coulait. Son torse et ses jambes étaient nus et, par endroits, sa peau était brûlée et boursouflée par le soleil. Dans les montagnes, en Kabylie, le soleil est redoutable. C'est pourquoi les soldats ne doivent pas s'exposer. L'interdiction de paraître torse nu était absolue.

Depuis combien de temps ce malheureux était-il étendu ? Et qu'avait-il fait pour mériter un tel supplice ? Je l'ignorais. Des officiers orchestraient ces barbaries. Des appelés du contingent l'avaient attaché, obéissant aux ordres. Dans le bled, les soldats finissaient toujours par obéir aux ordres, parce que la pression du commandement était la plus forte. Les ordres étaient les ordres. On les discutait peut-être un moment, mais on finissait toujours par les exécuter. On râlait un peu, mais on obéissait. En revanche, les sanctions étaient rares, car la vie était rude. Chacun devait pouvoir compter sur l'autre. Soldats et gradés étaient solidaires. Notre vie en dépendait. La solidarité, sentiment fort, guidait nos actes, mais elle n'excusait pas la barbarie.

Quelques-uns, parmi nous, prenaient du plaisir à torturer les prisonniers.

Dans l'escadron, il y avait des têtes brûlées, mais en petit nombre. Ces inconscients ne réalisaient pas la gravité de leurs actes. Il y avait aussi des cinglés et des sadiques. Comme dans toutes les communautés. Enfin, il y avait les appelés, venus en Algérie contre leur gré et qui ne voulaient pas d'histoires avec l'armée. Ils attendaient patiemment que finissent leurs épreuves. Heureux s'ils parvenaient sains et saufs jusqu'à la quille. Parfois, ils se compromettaient pour éviter les sanctions. Le risque nous menaçait et la mort nous épiait.

Le prisonnier gisait, étendu sur le sol brûlant. L'envie de le soulager me taraudait. Il suppliait qu'on l'achevât. J'aurais pu, d'une balle, abréger sa souffrance. Ma conscience me le suggérait, mais la prudence m'empêchait d'agir. Je n'ai rien fait. Je suis passé à côté de cet homme torturé et je ne l'ai pas assisté. Vite j'ai détourné les yeux. Mais je n'ai jamais oublié le spectacle du prisonnier supplicié.

Je ne pouvais pas me battre, seul contre tous, pour défendre le peu d'humanité que je sentais vaciller au fond de ma conscience. Et mes camarades ? Que pensaient-ils de ces spectacles d'horreur ? Comme moi, ils se taisaient. Jamais nous n'évoquions entre nous les tortures et les crimes commis par les militaires. Nous faisions ce pour quoi nous étions « appelés ». Et basta ! Nous attendions la libération, la peur au ventre, avec notre conscience en quenouille. Mais, bon sang, que la quille était loin !

Qu'est devenu le prisonnier ?

Mystère ! Je ne l'ai jamais su. Et je n'ai jamais cherché à le savoir.

La vie du soldat dans le bled était particulière et éprouvante, en dehors des normes de la vie commune et civile. Il faut avoir vécu cela pour comprendre. Seul le résultat comptait. Nous faisions la guerre. Et qu'on ne me parle pas des justes « lois de la guerre » !

Jamais, au cours de nos rencontres ultérieures entre camarades du peloton, nous n'avons évoqué les atrocités que nous avons vécues. Pudeur, dégoût, honte ? Beaucoup de copains qui ont connu les horreurs de la guerre d'Algérie resteront muets, jusqu'à leur mort. Certaines expériences ne peuvent pas être dites, elles choquent trop nos consciences. Et les consciences broyées par les souvenirs ne peuvent plus s'exprimer.

La prison

Le sous-sol de l'ancienne gendarmerie de Beni-Ourtilane comprenait un débarras et une prison. Le débarras occupait les deux tiers et la prison le reste. La geôle était du modèle classique : cellules réglementaires, avec barreaux verticaux et portes métalliques. Souvent des militaires venaient y interroger des prisonniers. Quel intérêt cela présentait-il ? Je me le suis souvent demandé. Les captifs pouvaient mentir. Et comment vérifier ?

Un jour, un caporal-chef de carrière, Émile, un homme au cerveau un peu fêlé, est descendu dans la prison pour interroger un prisonnier. Pourquoi ? Une lubie, sans doute ?

Le prisonnier était debout ; il lui tournait le dos.

À peine entré dans la cellule, le gradé l'agressa et il le tabassa. Mais bien ! Sans prévenir, sans lui poser de questions. Comme ça ! Gratuitement. À coups de poing et de pied. Pourquoi ? Pour se défouler, sans doute ? Allez savoir ce qui se passe dans le crâne d'une bête ? Le cabot-chef frappait le prisonnier sans le regarder. Les gifles et les coups de poing pleuvaient dru. Le malheureux encaissait les coups. Gémissait. Saignait. Sa tête « pissait » le sang. Le caporal-chef frappait à l'aveuglette, mais sa victime ne se révoltait pas. Sa passivité excitait la fureur du gradé.

Quand notre gradé, content et fier de cette « leçon », arrêta de frapper, il contempla son œuvre. Soudain, il reconnut l'homme dont il venait de « démolir le portrait ». C'était un ancien soldat de l'armée française. Il l'avait eu sous ses ordres en Allemagne. Le malheureux Kabyle avait accompli son service militaire dans l'armée française, en Allemagne, puis, une fois démobilisé, il était revenu dans son village.

Le gradé reconnut son erreur. Après un moment de réflexion, il dit :

— Lui, c'est un bon gars !

Il essuya le visage ensanglanté de sa victime. Il le réconforta, l'emmena au bar du mess et il lui offrit une bière. Puis il lui proposa de l'enrôler avec nous dans les harkis.

J'ignore ce qu'est devenu le Kabyle. A-t-il été relâché, au risque de rejoindre le maquis ?

Ou abattu, plus tard, par le FLN ?

Beaucoup de prétendus « rebelles » que nous faisions prisonniers avaient accompli leur service militaire dans l'armée française. Comme nous ! Une fois démobilisés et sans emploi, certains rejoignaient les rangs du FLN. Avaient-ils d'autres choix ? Ils avaient appris à manier les armes dans nos rangs. Ils avaient acquis une culture, disons une teinture de culture militaire. La France les avait démobilisés, elle ne leur avait pas donné d'emploi, et maintenant ils nous combattaient.

Un muletier malchanceux

Nous étions en opération dans le secteur de Freha. Je ne me souviens plus de la date précise. Dans la montagne, une centaine de soldats bloquaient les pistes. C'était le jour. Le soleil écrasait le djebel. Il faisait chaud et nous étions à l'affût, comme des chasseurs qui attendent le passage du gibier.

Un Kabyle arriva sur la piste. Il venait d'un village appelé Akbou. Trois mules le précédaient. Elles étaient attachées l'une derrière l'autre, lestées d'une cargaison d'objets hétéroclites de bazar : savons, savonnettes, rasoirs, piles, lingerie et articles divers destinés à la revente. Les mules montaient à pas lents et le muletier ne forçait pas leur allure. Parfois, il s'accrochait à la queue de la dernière mule pour franchir les escarpements. Il devait être commerçant. Était-il le propriétaire de son fonds ou un simple commis ? Je ne l'ai jamais su. L'homme n'était pas un « rebelle », mais la chance ne lui a pas souri, ce jour-là.

Des soldats l'ont arrêté. Ils ont contrôlé ses papiers d'identité et vérifié la nature de sa cargaison. Tout était en règle. Il pouvait repartir. C'est alors qu'un harki l'aborda. Une conversation s'engagea en langue kabyle. Vite, le ton monta. Le muletier et le harki se connaissaient et ils discutaient ferme. Comme j'ignorais leur langue, je ne comprenais pas les motifs de leur querelle.

J'avais repris ma progression avec mon peloton quand, environ deux minutes plus tard, deux coups de feu retentirent. Le harki venait de tuer le muletier. Notre capitaine lui demanda la raison de ce meurtre. Il répondit que ce commerçant était du même village que lui. À l'occasion d'un héritage, au moment du partage des biens d'une famille, il lui avait refusé une couverture qui lui revenait de droit. Voilà pourquoi ils s'étaient disputés. Un mot en appelant un autre, le ton avait monté. Pris de colère, il l'avait abattu. Il avait fait justice. En quelques minutes, le harki avait accusé, condamné et exécuté un congénère.

Combien de fois ai-je vu mourir des hommes en cette période troublée ?

Sous les prétextes de la pacification et du maintien de l'ordre, parfois se réglaient de vieilles querelles. D'anciennes haines et jalousies s'assouvissaient. Souvent, on réglait ses comptes entre voisins ou rivaux. La vie ne comptait guère en ces temps-là. À tout instant, au hasard des pistes, à l'abord d'un tournant, la mort pouvait surgir.

L'imprévu réglait nos destinées et nous vivions avec la peur au ventre, souvent.

Le geste du harki n'eut pas de suite, dans l'immédiat. On ne sanctionnait pas les soldats qui tuaient des Kabyles. La guerre justifiait-elle le meurtre ? J'ignore ce qu'est devenu le corps du malheureux muletier. Peut-être le peloton dans lequel se trouvait le harki l'a-t-il transporté jusqu'au prochain village afin qu'il reçoive une sépulture décente ? Peut-être ?

Souvent, les cadavres des hommes abattus pourrissaient dans les ravins.

Le chargement et les mules ont été confisqués par l'escadron.

Prise de guerre !

Quarante-huit ans plus tard, quand je me souviens de ces heures noires, je m'interroge.

En Kabylie, à cette époque, que valait une vie ? Pas grand-chose ! On mourait jeune, et souvent de mort violente. Les haines et les inimitiés réveillées et attisées par la guerre ont longtemps survécu à notre passage. Même après l'indépendance, bien des années plus tard, les gens de ce malheureux pays n'ont pas connu la paix.

Le capitaine Laurent

On raconte que, pour partager la souffrance de ses hommes agressés par le froid en hiver, le roi Louis-Philippe, en campagne, avait refusé de porter un manteau. Ce geste magnanime avait apporté un grand réconfort moral aux soldats. Ainsi était notre capitaine Georges Laurent, dit « Jojo ». Il partageait nos souffrances et il montrait l'exemple. En opérations, il vivait comme nous, il endurait les mêmes peines et il ne bénéficiait d'aucune privauté. Il prenait son tour de garde, comme nous tous. Il était notre égal. Il nous respectait et nous le respections. C'est pourquoi tous les soldats l'appréciaient. On prétendait même qu'avec lui nous serions allés jusqu'en enfer !

Mais en enfer, nous y étions déjà.

Le capitaine Jojo veillait sur notre petite santé.

Deux fois par semaine, nous devions prendre des cachets contre le paludisme. Notre capitaine s'assurait en personne que chacun d'entre nous les prenait bien. Trois cachets, une gorgée d'eau et : « Avale ça, mon garçon ! C'est pour ton bien ! »

Gare au tricheur ! Le capitaine lui ouvrait la mâchoire, il lui fourrait les cachets dans la bouche et il l'obligeait à boire.

Si je n'ai jamais souffert du paludisme, c'est grâce au capitaine Jojo.

La grande famille de l'escadron

À Beni-Ourtilane, notre escadron formait une grande famille. Nous étions cent trente bougres d'appelés, dans un espace réduit entouré de barbelés, exposés aux tirs de l'ennemi. Le matin, nous nous levions sans obligations d'horaires. À la bonne franquette. Notre liberté était grande, mais nous étions confinés à l'intérieur de notre caserne-gendarmerie, toujours sur le qui-vive, toujours prêts à partir en opérations. Souvent, le réveil nous tirait du lit entre trois et cinq heures du matin. Parfois, nous devions nous lever encore plus tôt et partir bien avant le lever du soleil.

Le petit déjeuner était copieux, mais peu varié : café, pain, fromage ou sardines. Jamais de beurre ! Pour des Bretons, pour des gars de l'Ouest, habitués aux produits laitiers, c'était une vraie pénitence. Deux volontaires allaient chercher la marmite de café à la roulante. Une marmite pour vingt-cinq hommes. Comme nous n'avions ni chaises, ni tables, ni aucun autre meuble, nous mangions assis sur le bord de nos lits de camp.

Aux repas, la part du dernier n'était jamais réduite. Chacun se servait, sans hâte ni bousculade, dans un grand respect mutuel. Nous étions condamnés à vivre ensemble. Chaque jour, nous risquions notre vie. Cela créait des obligations ; elles étaient réciproques. L'entraide n'était pas un vain mot. Avec le recul du temps, il m'arrive de me demander comment nous avons pu vivre si longtemps ensemble sans nous chamailler.

Quand l'un de nous sombrait dans la déprime, aussitôt des copains se chargeaient de le réconforter. Ils lui offraient une bière. Ils lui proposaient de jouer aux cartes, à son jeu préféré. Ils agissaient naturellement, sans insister pour ne pas lui montrer leur pitié. L'invitation semblait normale et naturelle. Parfois même ils le priaient de venir se joindre à eux sous le prétexte qu'il leur manquait un partenaire. Le soldat déprimé croyait rendre service à ses copains. Et c'était mieux ainsi.

Le lendemain, le moral revenait. La solidarité jouait un grand rôle. Le soleil aussi.

Tous, plus ou moins, nous connaissions des phases de dépression, des moments pénibles à vivre. Un jour l'un, le lendemain un autre, un troisième jour moi. Souvent, nous comptions les jours, les semaines et les mois qui nous séparaient de « la quille ».

Le convoi de ravitaillement

Chaque semaine, un convoi composé d'une dizaine de camions ravitaillait l'escadron.

Les véhicules de marque GMC ou Dodge venaient du PC implanté à Lafayette. Nous les voyions arriver au loin et nous entendions le bruit de leurs moteurs. Un half-track à chenilles, poussif et bruyant, les précédait avec sa mitrailleuse en batterie. Plus tard, il sera remplacé par une automitrailleuse, véhicule à pneus, plus rapide et plus mobile. Derrière, un camion transportant des hommes armés fermait le convoi. Les chauffeurs des camions et leurs assistants aussi étaient fortement armés.

Une piste étroite passait par Beni-Haffed, Beni-Achach, Beni Brahim, plongeait dans un oued sans nom, remontait, franchissait le col de

Delaga, puis empruntait une route en zigzag vers Beni-Ourtilane. Ici, prenait fin le calvaire des chauffeurs. Et pour nous, c'était un jour de fête !

Le convoi nous apportait la nourriture, les boissons, le courrier, les colis et les armes. Nous devions décharger les camions. Cette corvée se transformait en un réel plaisir.

Un jour, un convoi, sorti du bas de l'oued, montait vers le col de Delaga.

Un avion de reconnaissance, de marque Piper, tournait au-dessus de notre secteur. Par radio, le pilote nous demanda si l'un de nos détachements était chargé de la protection du convoi. La réponse suivit : « Négatif ! » Aussitôt, le pilote du Piper nous prévint, avec un certain humour, que la place de notre détachement était prise ; des combattants algériens se chargeaient de la sécurité du convoi.

Branle-bas de combat dans la gendarmerie.

Aussitôt, quatre pelotons de vingt à vingt-deux soldats se portèrent au secours du convoi. J'en étais. Nous fonçâmes vers le col de Delaga, à la rencontre des « rebelles », sur les pentes abruptes de l'oued. Quand nous arrivâmes sur les lieux, les combattants du FLN s'étaient évaporés dans la nature. Ils nous avaient repérés. Nous avons été quittes pour revenir à pied. Trois à quatre heures de marche en terrain difficile. Retour le soir. Repos mérité. Et le lendemain, quartier libre. Pas d'opération. Tous les gars étaient sur le flanc. Ce jour-là, nous avons regretté de ne pas avoir demandé l'appui de l'aviation. Mais plus jamais le convoi de ravitaillement n'a été inquiété.

Une exécution ratée

Un matin, on nous annonce qu'un prisonnier va être « libéré ».

« Libéré » ? C'est un euphémisme. L'adjectif est détourné de son sens littéral. Nous savons ce que cela signifie dans notre jargon. L'histoire de France nous donne plusieurs exemples de détournement du sens des mots. Ainsi, pendant la Terreur, on commandait parfois au bourreau chargé de guillotiner un condamné de qualité : « Élargissez monsieur ! »

Le prisonnier, un membre du FLN, sort de la caserne et franchit le terre-plein sans hâte. Il s'arrête auprès de la sentinelle de service, s'assied sur une pierre, bavarde un peu et regarde devant et derrière lui. L'homme ne semble pas pressé de jouir de sa « liberté ». Peut-être sait-il ce qui l'attend ? Ou prépare-t-il sa sortie ? Nul n'en doute.

Un quart d'heure ou vingt minutes plus tard, il se décide enfin à rejoindre son village.

Soudain, il s'élance, fonce vers un buisson, court à perdre haleine sur la pente qui conduit à l'oued. À ce moment, un fusil mitrailleur, en batterie à une fenêtre de la caserne, entre en action. C'est le jeu du chat et de la souris. On « libère » un prisonnier. Une blague !

Pendant que le fugitif s'éloigne dans le bled, on le tire comme un lapin.

Pour le commandement, il est préférable de tuer un homme dehors. Dans la caserne, il faut nettoyer les traces de sang, même si cette sale besogne est confiée à des prisonniers. Dehors, les corbeaux et les chacals se chargent de faire disparaître les traces. Au mieux, des villageois alertés par les rafales de fusil mitrailleur viendront chercher le corps, le lendemain. Ils l'inhumeront décemment.

Mais suivons notre homme !

La pente est vertigineuse, le terrain accidenté et la végétation dense. Le prisonnier court, bondit, fait des zigzags. Le mitrailleur arrose le terrain, mais il rate cette cible mouvante. Et notre homme, libéré pour de bon, disparaît dans la nature.

Aussitôt, branle-bas de combat dans l'escadron.

Quatre pelotons de soldats se mettent en chasse. Ils foncent dans toutes les directions. Maintenant, c'est la chasse à l'homme, version *Les Chasses du comte Zaroff*, mais à plusieurs. La poursuite dure une heure et demie. Enfin, l'homme est rattrapé. Il est indemne. À nouveau, le voilà prisonnier. On le ramène à la caserne. On le questionne. Cet homme intelligent lit dans les yeux de ses interlocuteurs. Quel talent ! Il a aussi envie de vivre. Il indique l'endroit où se trouvent cachés son arme et ses munitions.

Le lendemain, le capitaine s'avance vers lui. Il lui tend son fusil, le fusil de chasse que les soldats avaient récupéré. Et il lui demande s'il veut devenir harki. Comment refuser une telle invitation ? Le prisonnier choisit d'être harki. C'est le prix de sa vie sauve. Mais, vis-à-vis de ses compagnons d'armes, il est « grillé », c'est-à-dire condamné à mort.

Nous aussi, nous étions tous condamnés à mort.

Les têtes de nos officiers étaient mises à prix par le FLN. C'est pourquoi ils ne portaient jamais de galons en campagne. Même nos pauvres « caboches » de moindre valeur étaient cotées à la bourse de la mort. Les combattants algériens percevaient une prime quand ils abattaient un militaire français de notre régiment. C'était la guerre, la sale guerre contre la guérilla. Elle taisait son vrai nom. Elle dissimulait ses atrocités. Elle transformait des jeunes recrues en criminels. Elle semait la graine de la confusion et du remords dans leurs esprits, mais le remord ne s'effacerait jamais. Il resterait en nous jusqu'à la mort !

Pourtant, cette journée particulière était bien ordinaire.

Une page est tournée sur l'éphéméride de la vie et de la mort. Demain est un autre jour.

À tout moment, sans prévenir, les hélicos peuvent surgir et nous emmener en opération. Où ? Pourquoi ? Et pour combien de jours ?

Personne ne nous fait de confidences. Il sera bien temps de le savoir quand nous serons sur place. Notre pauvre existence, notre rude existence était pleine d'imprévus. Que valait la vie d'un appelé ? Peu de chose. Toujours, nous devions être prêts à partir. Toujours nous étions sur le qui-vive avec nos gourdes pleines : un litre et quart d'eau.

René Audic, notre cuisinier

Le capitaine Jojo avait à cœur de bien nourrir ses hommes. Pour leur moral, leur santé et leur efficacité au combat. Cette « fichue guerre » nous rendait nerveux et déprimés. Il était essentiel que la nourriture fût bonne et en quantité suffisante. Bien manger était une nécessité, une exigence incontournable, pour surmonter les épreuves auxquelles nous étions confrontés chaque jour. Pour préparer nos repas, nous avions un excellent cuisinier à l'escadron. Il s'appelait René et il était originaire d'Auray, dans le Morbihan. Trois autres appelés l'aidaient à préparer nos repas.

Dans le bled, il n'y avait pas de produits frais. Les services de l'intendance militaire nous livraient « l'ordinaire », en conserve ou en surgelés. Mais notre ami René réussissait des merveilles avec ces denrées qui n'étaient pas toujours de première fraîcheur.

La cuisine roulante, montée sur un châssis à deux roues, était tirée par une Jeep. Quand nous avons déménagé de Beni-Ourtilane pour El Maïn, un hélicoptère l'a transportée. Au départ, elle fonctionnait au bois et au charbon. Ensuite à l'essence, mais elle présentait un énorme risque, parce que le jerrican d'essence était placé juste au-dessus des brûleurs. En dépit de ces inconvénients, René nous mitonnait des repas que maints cuisiniers eussent été incapables de réussir. Mais ce n'était quand même pas une cuisine trois-étoiles.

Pour nous, habitués à l'inconfort et aux restrictions, les jours d'opération, manger les repas mitonnés par René devenait presque un luxe. Jamais nous n'avons eu faim au camp. J'ai connu d'autres escadrons où les soldats manquaient parfois de nourriture. Mais en opération, c'était différent. Nous marchions seuls pendant de longues heures, et parfois plusieurs jours d'affilée. Nous n'avions pas de cuisinier et nos rations individuelles quotidiennes n'encombraient pas nos poches : une boule de pain et une boîte de fromage (genre camembert) pour deux, plus une gourde d'eau : un litre et quart par soldat.

René Audic était boucher-charcutier, dans le civil.

Plus tard, à El Maïn, il élèvera des cochons. Pour améliorer notre ordinaire.

Avec les restes des repas de l'escadron, cent vingt hommes plus les officiers et les gradés, il pouvait nourrir douze cochons. Quand il jugeait que l'un était à point, il l'abattait. Avec cette viande fraîche, aussitôt consommée à cause de la chaleur (sous cette latitude, aucune viande ne pouvait être conservée, et surtout pas celle du porc), nous faisions bombance. René fabriquait aussi des saucisses à l'ancienne.

Ces cochons me rappelaient ceux que nous élevions à la ferme de Keranguen. Parfois, nous tuions un cochon pour le manger en famille. Nous conservions la viande salée dans un gros récipient de terre cuite, appelé « charnier » ou *charnell* en langue bretonne. Et quand le charnier était vide, nous abattions un autre cochon. Ainsi, nous avions de la viande de porc toute l'année. À la ferme, j'avais appris à tuer et à débiter le cochon. Aussi, quand René Audic opérait, souvent je l'assistais. Alors me revenaient en mémoire les souvenirs de Keranguen. Et je pensais à notre ferme, à mes parents et à mes amis. Tout cela était loin, perdu au fond de ma mémoire, comme le souvenir d'un paysage noyé dans le brouillard. Et je m'interrogeais : qu'étais-je venu faire ici, dans le bled ? Quelle était ma destinée ?

Les porcelets provenaient d'une ferme exploitée par des Européens, des pieds-noirs, près de Sétif. Le cochon est une nourriture interdite par le Coran. Les musulmans la considèrent comme impure. Pourtant, René Audic se souvient. À Corneille, il y avait un bar tenu par des Arabes. Et dans le sous-sol, où l'on accédait par un escalier discret, ils mangeaient du cochon et buvaient du pastis.

Les menus porcins amélioraient notre ordinaire. Ils nous faisaient oublier un moment notre triste condition. Et c'était bien pour nous, qui avions l'impression d'être oubliés par la civilisation, rejetés par les nôtres, exilés et loin de tout.

Parfois, nous capturions des moutons en zone interdite.

Alors René nous préparait d'excellents ragoûts et des méchouis.

Mais, le soir, quand le soleil descendait vers l'ouest, quand il embrasait l'horizon, nous assistions à un spectacle grandiose et sublime. Nulle part ailleurs, je n'ai vu autant de beauté. Vraiment, les couchers de soleil en Kabylie représentaient pour nous de magnifiques spectacles. Nous ne nous lassions pas de les admirer. C'était une consolation. Nous étions transportés dans un monde irréel, éblouissant et splendide. Alors, nous oubliions un moment l'endroit où nous étions et notre répugnance envers la « pacification », terme impropre et galvaudé. Tant de splendeur effaçait un moment nos chagrins et le sentiment de culpabilité et de remords qui hantait la plupart de nos esprits. Je dis « la plupart », parce que, dans le nombre des soldats et des gradés, il y avait des têtes brûlées et des imbéciles qui se comportaient en bourreaux et frisaient la folie. Je les tiens pour responsables des horreurs que j'ai dû supporter malgré moi.

Les couchers de soleil et la beauté des paysages rudes, illuminés par la lumière crue du soleil sur les monts de Petite Kabylie, m'obligeaient parfois à m'arrêter. Je contemplais ces paysages magnifiques. Vraiment, c'était un beau pays !

Il faut être insensible pour ne pas le reconnaître.

Quarante-huit ans plus tard, il m'arrive parfois de rêver que je retourne en Kabylie.

J'aimerais revoir ce pays magnifique que j'espère maintenant en paix avec lui-même et avec nous. J'aimerais y retourner avec ma famille et des amis ou des anciens, retrouver les villages perdus dans la montagne, revoir ces paysages admirables et apprécier les couchers uniques du soleil qui embrase les djebels.

Notre René, « sacré René ! », était un grand gars brun, très sympathique, aimable, courtois, ascendance scorpion, le signe des hommes de grand cœur. Moi aussi, je suis scorpion. Peut-être le fait que nous soyons du même signe explique-t-il notre amitié ? Elle ne s'est jamais tarie. René est un homme à qui l'on peut faire confiance. Un caractère entier. Soit il vous accorde sa confiance, et alors c'est l'amitié pure. Soit, à cause d'une infidélité, il vous la refuse, alors il vous oublie.

Une fois démobilisés, nous nous sommes perdus de vue.

Quand on sort d'un cauchemar, on veut tout oublier. On tire un trait sur le passé. On ne parle pas de ce qu'on a vécu, enduré, subi. On ne revoit plus les copains avec qui on a partagé tant de souffrances. Une page est tournée. On croit que c'est définitif. Mais, au fond de notre esprit s'opère un lent travail de décantation. Progressivement, notre vécu refait surface, plus clair, plus propre. Mais il faut beaucoup de temps pour renouer les fils ténus de la mémoire et oser faire revivre un pareil passé.

Vingt-huit années plus tard, en 1987, je reçois un appel téléphonique. Une certaine « madame Annie » me demande si, par hasard, je n'avais pas fait une partie de mon service militaire à Beni-Ourtilane et à El Maïn ? Surpris, je lui demande pourquoi.

Plusieurs minutes s'écoulent. Puis une voix que je crois reconnaître me salue.

C'est ce « sacré René ». Il a reconnu ma voix. Il se nomme.

Et nous prenons rendez-vous pour le dimanche suivant.

Vingt-huit années plus tard, j'ai revu un ami avec lequel j'avais partagé tant d'épreuves et tant de joies aussi. Ce fut un moment fort, très fort, dans ma vie. Depuis ce jour, je considère que j'ai retrouvé un grand frère que je croyais perdu.

L'arrivée du sous-lieutenant Barrot

(date indéterminée)

C'était un appelé du contingent. Sa famille possédait une cave à vins à Vouvray. Peut-être pour cette raison, le jeune appelé était un bon vivant ? Un boute-en-train et un fameux « semeur de merde ». Un homme de cœur au tempérament jovial et bon enfant. À peine arrivé à l'escadron, il l'a démontré. Il a réuni son équipe et nous avons fait la fête, une fête à tout casser. Boissons à volonté, chants et chahuts. Il avait apporté plusieurs cartons de bouteilles de vin de Vouvray. Nous avons bu à rouler par terre. Puis le sous-lieutenant a organisé une farandole. Nous avons parcouru tout le bâtiment. Le lieutenant menait la sarabande, une canne à la main. Nous avons visité toutes les chambrées : au rez-de-chaussée, puis dans les étages. Partout où nous passions, l'officier cassait une ampoule électrique sur deux. Et, comme si cela ne suffisait pas, nous sommes revenus sur les lieux de nos premiers exploits. Et le lieutenant a fini de briser les ampoules intactes. Il n'y avait plus d'éclairage. Ensuite, nous sommes descendus au mess. Sur les tables, des assiettes et des verres étaient empilés. Au risque de se blesser, avec sa canne, il les a toutes fauchées et brisées. Joyeux drilles, nous avons encore chanté plus haut et plus fort. Quand, une fois morts de fatigue et de boisson, le sommeil s'est abattu sur nous, nous avons dormi et ronflé comme des brutes, cuvant notre vin et nos bières.

Le lendemain, l'étendue du sinistre est apparue : elle était générale, énorme, démente.

Dans la cour, des poubelles regorgeaient des tessons du sinistre de la veille. Pendant que nous faisions la fête, les autres gars de l'escadron se demandaient comment allait finir notre aventure. Maintenant, il fallait régler la facture des dégâts.

Comment ? Nous ne l'avons jamais su. Peut-être le capitaine Jojo a-t-il trouvé une solution honorable pour son jeune officier ? Seul responsable à ses yeux.

Les occasions de faire la fête étaient rares dans le bled. À Beni-Ourtilane, j'en ai connu deux : celle dont je viens de vous parler et le tir au canon du capitaine qui avait brisé toutes les vitres du bâtiment. Elles avaient toujours pour cause un excès de boisson. On ne faisait jamais de fête sans beuveries ni casse.

Plus tard, le sous-lieutenant Barrot fut muté dans un autre peloton. Nous avons regretté son départ. Avec lui, nous perdions un meneur d'hommes et un bon copain.

La mort de mon grand-père Joseph

(le 15 août 1956)

Mon grand-père Joseph, je l'aimais bien.

Il est mort à la clinique Saint-Joseph, rue Brémont-d'Ars, à Quimperlé. Il avait quatre-vingt-quatre ans. Je respecte sa croyance et je lui souhaite d'entrer au paradis.

Pour un appelé du contingent, la vie dans le bled est très dure, mais quand, de surcroît, on lui annonce la mort d'un parent bien-aimé, cela devient insupportable.

Le comble de l'ignominie, c'est la manière dont je l'ai appris.

Simultanément, j'ai reçu deux télégrammes. Sur l'un je lus : « Grand-père gravement malade » et sur l'autre : « Grand-père décédé ». Je les ai ouverts dans l'ordre que je viens de vous citer et je suis resté muet. Ma peine était si grande que je n'ai même pas versé de larmes. Simplement j'ai pensé : « Bonne route, grand-père ! »

La vie du bled m'avait endurci. Elle avait tari mes larmes. À ce moment, je pensais fort à mon cher grand-père. Lui aussi avait vécu des moments difficiles.

Comment avait-on pu, sans précaution, me délivrer, en même temps, deux télégrammes dont le second m'enlevait le peu d'espoirs laissé par le premier ? L'opérateur radio de notre escadron, un appelé de Pluvigny, avait reçu les deux télégrammes en même temps. Sans doute se sont-ils télescopés à travers le réseau de transmission des armées ? Mais lui, en soldat discipliné, sans se poser de questions, sans même avertir le capitaine qui, je l'espère, aurait eu à cœur d'atténuer l'annonce, les a transcrits et me les a fait porter.

Que reprocher à ce soldat ? Il avait accompli son travail. Il était comme moi, comme nous tous, dans le bled, soumis à des contraintes si fortes que, la plupart du temps, nous ne réfléchissions pas aux conséquences humaines de nos actes. Nous étions tous un peu inconscients de la portée de nos actions. Immatures.

Quand le malheur te tombe dessus, tu encaisses le coup et tu la fermes.

J'ai gardé ma peine et me suis tu.

Le bombardement d'un village

Peut-être Bouhamza ?

Le soir est tombé. Il est onze heures trente. Nous allons nous coucher quand…

Branle-bas de combat ! Nous partons en opération. À pied. Où allons-nous ? Nous l'ignorons. Pourquoi ? Nous le saurons plus tard. Vite, nous préparons notre petit paquetage et notre ration individuelle : boule de pain, camembert, boîte de sardines et un litre et quart d'eau. Et nous sortons du camp. La nuit nous avale. D'autres escadrons, venus d'autres camps, convergent vers le même objectif. Ils nous rejoignent sur les pistes. Nous marchons toute la nuit, et sans pause.

Au lever du jour, alors que le soleil colore le sommet des monts, nous apercevons un village, avec ses maisons en pisé couleur de paysage, posées sur les gradins d'une pente assez raide, en pleine montagne. Il est devant nous, un peu en contrebas, peuplé de pauvres gens, comme tous ceux que nous avons visités. À environ un kilomètre cinq cents, nous recevons l'ordre de nous arrêter. C'est l'occasion de prendre un petit déjeuner. Nos maigres rations sont vite avalées. Pour tromper la faim qui tiraille nos estomacs, nous nous efforçons de penser à autre chose. Parfois, avec un peu d'imagination, ce qui est fade prend du goût. Au moins, cet arrêt est le bienvenu. Il permet de reposer nos jambes fatiguées. Dans cette vie rude, les petits plaisirs prennent une valeur insoupçonnable. Ils sont parfois sources de grandes joies.

Je retire mes rangers rouges achetés à Sétif. Pendant la guerre d'Algérie, l'armée française devait être pauvre. Elle nourrissait mal ses soldats (certains ont connu la faim). Elle les habillait mal. Elle les chaussait encore plus mal. Un ancien m'avait averti : « Albert, si tu ne veux pas souffrir des pieds, dans le bled, achète-toi de bonnes chaussures et plusieurs paires de chaussettes ! » J'ai suivi cette recommandation. J'ai profité d'un passage à Sétif pour assurer un peu de confort à mes pauvres pieds.

— Quarante-cinq minutes d'arrêt ! ordonne le capitaine.

C'est bien. Nous apprécions. Nous venons de marcher toute la nuit. Je retire mes rangers et mes chaussettes et j'expose mes pieds fatigués au soleil. Louise, une vieille dame employée à Keranguen en qualité d'ouvrière saisonnière, était un peu ma seconde grand-maman et je l'aimais bien. Elle avait tricoté pour moi plusieurs paires de chaussettes de laine. Je les portais en Kabylie. J'en étais satisfait. La laine absorbe la sueur beaucoup mieux que le coton. Mes pieds étaient plus à l'aise. Par précaution, j'avais toujours une seconde paire avec moi. Lavée, elle séchait au soleil sur mon sac de munitions.

Tous mes copains font comme moi. Ils se reposent et libèrent leurs pieds.

Fin de l'arrêt. Chacun se rechausse. Maintenant, le jour est levé. Le soleil brille. La chaleur brûle nos épaules. La visibilité est bonne. Nous apercevons des gens qui courent vers le village. Mais loin. En opération, tout ennemi doit être abattu. L'ordre est implicite et permanent. Aussitôt, nous prenons la position du tireur couché. Fusils Garant pointés. Hausse quinze cents mètres. La première salve est trop courte. Comment le savons-nous ? Dans les chargeurs, après trois balles, il y a une balle traçante. Elle permet de suivre la trajectoire et de repérer le point d'impact. Nous rectifions le tir. Hausse dix-huit cents mètres. Cibles ratées. Encore ! À cette distance, il est difficile de faire mouche.

Un ordre bref. Soudain, les fusils se taisent. Le calme revient dans la vallée.

Quelques minutes plus tard, deux avions à réaction surgissent dans le ciel clair. Ils survolent le village et décrivent des orbes comme des oiseaux de malheur. Soudain le premier plonge en piqué, à basse altitude, puis remonte dans le tonnerre assourdissant du réacteur à pleine puissance. Enfin il revient et lâche deux bombes. Deux déflagrations retentissent. Les explosions pulvérisent les mechtas de torchis. Deux énormes nuages de poussière montent dans le petit matin et bientôt se rejoignent puis se fondent.

Le deuxième avion passe à l'attaque. Il lâche encore deux bombes. Les deux appareils reviennent ; ils continuent de bombarder le malheureux village jusqu'à l'épuisement de leurs bombes. À peine ont-ils accompli leur sinistre besogne, que deux autres avions à réaction qui tournaient dans le ciel en attendant leur tour, plongent sur le village, remontent et lâchent leurs engins de mort.

Le village est un bourg important et peuplé.

Les bombes ont pulvérisé la plupart des maisons avec leurs habitants, femmes et enfants surtout. Combien de morts ? Soufflés par les explosions, écrasés sous les murs éboulés de leurs mechtas ou asphyxiés par l'intense nuage de gaz et poussières de torchis qui étouffent la vie ? On ne tient pas la comptabilité des morts présumés « rebelles », dans cette guerre. Innocents ou « rebelles » ? Les bombes ne font pas la différence.

Pourquoi ce bombardement sauvage contre un village ? Je l'ignore. Je ne le saurai peut-être jamais. Plusieurs fois j'ai posé la question, mais, quarante-huit ans plus tard, j'ignore encore pourquoi l'armée de l'air a rayé un village algérien de la surface de la terre. Les raisons obscures du haut commandement m'échapperont toujours.

Leurs bombes larguées, les avions disparaissent du paysage.

Le silence revient, un silence de mort. Nous, les appelés du contingent, restons muets devant le spectacle effrayant d'un village rasé, pulvérisé et auréolé d'un nuage de poussières transparentes au soleil. Maintenant, c'est à nous, « la biffe », d'occuper le terrain. Nous recevons l'ordre de descendre au village. Le terrain est accidenté, mais le temps ne compte plus.

À l'entrée du village martyr, les pauvres habitants avaient planté des figuiers en espaliers sur des terrasses. Et ces figuiers étaient recouverts de branchages. Là se cachaient les veilleurs de nuit et les guetteurs.

Sur la gauche, nous découvrons un trou, assez profond pour abriter plusieurs personnes. Un homme en émerge. Il nous aperçoit. Aussitôt il replonge dans son trou. Machinalement, nous dirigeons les canons de nos fusils vers le trou. Soudain une jeune fille sort du trou. Elle peut avoir quinze ou seize ans. Par réflexe, nous épaulons tous. Mais un seul coup part. La balle perfore le sein gauche de la jeune fille. La jeune Kabyle s'écroule. Elle est morte. Le soldat qui a tiré sera marqué pour la vie. Jamais il n'oubliera son erreur dans la précipitation. Plus tard, on m'a rapporté qu'il a fini ses jours dans un hôpital psychiatrique.

Nous avançons au milieu du carnage et de la dévastation. Peut-on encore appeler village cet amas de ruines ? Toutes les maisons ont été détruites. Il n'y a aucun cratère. L'effet destructeur du souffle des explosions devait être puissant, car les dégâts sont considérables. Devant moi, je découvre une place de vingt mètres sur trente environ. Là, moins d'une heure plus tôt, s'élevaient des maisons où vivaient des gens. Maintenant, il n'y a plus rien. Un tas de gravats les remplace. Les habitations en torchis ont été soufflées, pulvérisées, laminées, aplaties, comme si un bulldozer avait roulé dessus. Le spectacle est hallucinant et navrant. Je n'arrive pas à détacher mon regard de cette désolation. Et pourtant, je dois rester attentif. Des survivants peuvent encore nous guetter et nous tirer comme des lapins avec leurs fusils de chasse.

D'habitude, les militaires français entraient dans les maisons avec beaucoup de prudence : le risque était grand d'y trouver un combattant armé et de servir de cible. Quand je pénétrais dans un village, je choisissais un habitant. Je lui demandais de me précéder et de m'assister. Mais je lui intimais l'ordre de se tenir à l'écart et à plus de quinze mètres de moi. Sécurité oblige ! En général, tout se passait bien.

Ici, j'avise donc un homme indemne et je lui demande de m'accompagner.

Sous les décombres, on entend des plaintes. Des personnes blessées hurlent. Elles implorent notre aide. Je demande à mon homme de se porter à leur secours. C'est peut-être le seul ordre que j'ai donné dans toute ma triste vie d'appelé en Algérie. Mon Kabyle réussit à extraire quelques blessés : des femmes et des enfants. Il les assied et les adosse contre un mur à demi effondré, à l'abri du soleil.

Plus loin, nous découvrons une cavité. Elle débouche au niveau du sol. Des gravats obstruent l'entrée. Le Kabyle les retire avec ses mains, puis il se glisse à l'intérieur. Quand il ressort, il me regarde et il me dit :

— Ne va pas dans ces ruines !

Je pense : « Toi, mon gaillard, tu me caches quelque chose ! »

Avant d'entrer, il portait une djellaba. Maintenant, il ne la porte plus. Pourquoi ?

Comme je m'approche de l'ouverture, il s'interpose et me recommande :

— Non ! N'entre pas !

Mais moi, bon Breton, plus on m'interdit de faire une chose, plus j'ai envie de braver l'interdit. Alors, je pénètre dans le trou. Et que vois-je ? Sa djellaba posée sur un corps allongé sur le sol. Je lui demande de la retirer. Et c'est l'horreur.

Une femme est couchée dessous, la jambe gauche presque séparée du corps. Elle était enceinte, sur le point d'accoucher. La bombe lâchée sur sa maison a remplacé la sage-femme. La mère et l'enfant sont « délivrés », et pour toujours. Je n'oublierai jamais ce navrant spectacle. Je regarde cette mère et son enfant. Et je me demande ce que je fais là, moi, en Algérie. Le dégoût et la honte me saisissent. Mes tripes se nouent. J'ai envie de vomir. Je me dis : « Nous, les soldats français, ce que nous faisons, ce n'est pas joli. » Enfin, je me raisonne : qu'y puis-je ? Rien ! Mon destin et celui de mes camarades appelés, c'est d'être là où nous aimerions mieux ne pas être. Contraints et forcés.

Deux innocents sont morts. Et combien d'autres encore dans ce village martyr ? Des centaines, sans doute ? Pourquoi sommes-nous ici ? Quel sens donner à notre « devoir de militaires » ? Comment trouver la bonne réponse ?

Peut-être n'y en a-t-il pas ?

Ce genre de spectacle, on ne l'oublie jamais. Il laisse un goût amer de regret et un énorme sentiment d'impuissance. Mes pensées volent vers les aviateurs invisibles. Maintenant, ils ont rejoint leur base. Mission accomplie. Peut-être « prennent-ils un pot » avec leurs copains pour fêter leur exploit. Ils ont largué leurs bombes en toute impunité. Ont-ils seulement conscience du malheur des villageois ? Dégâts collatéraux, en langage diplomatique.

Mais moi, ému par ce désastre, je me promets de témoigner. Un jour, je dirai ce que j'ai vu et dont je me souviendrai. Maintenant, je tiens parole.

Quarante-huit ans plus tard, Albert témoigne.

Mon Kabyle de service remet sa djellaba sur les deux innocents. Il pose sa main sur mon épaule. Elle est douce et amicale. Il sait que je peux mal réagir. Je le regarde. Il me désigne une autre maison. Je le suis. Puis une autre maison. Et encore une autre. Partout, j'observe le même spectacle de désolation, impossible à décrire avec des mots et des phrases.

Devant l'indicible, seul le silence est éloquent.

Mon Kabyle et moi, nous nous comprenons sans nous parler. Nous nous regardons encore. Muet, il me fait un signe d'adieu avec la main. Puis il s'en va. L'un et l'autre, nous sommes impuissants devant un tel désastre.

Souvent je revois cette scène et je pense au Kabyle. Adieu, ami !

Quand les souvenirs horribles du village détruit par les bombardements viennent hanter ma mémoire, je pense à cette mère et son enfant et je me souviens des malheureuses personnes victimes de l'aviation française.

Bientôt, je quitterai ce lieu de mort. Les soldats de mon escadron partiront et personne ne viendra au secours des blessés, des mourants et des prisonniers sous les décombres. Quelques rares survivants, à mains nues, tenteront l'impossible pour sauver des vies. Qu'ils ne comptent pas sur les militaires ! L'escadron n'est pas venu ici pour aider les victimes des bombardements, mais pour éliminer les « rebelles ». Il fait la guerre.

Quel triste sort pour ces pauvres gens, rares survivants de cette désolation de mort. Bientôt, les cadavres en décomposition exhaleront une odeur fétide et la vie deviendra impossible. Soleil, chaleur, putréfaction, mouches et puanteurs !

Les soldats partent. Les victimes du bombardement restent.

Le village détruit par les bombes est un cimetière à ciel ouvert.

Je vous laisse imaginer les pensées qui hantaient mon esprit à ce moment, vous qui lisez cette histoire. Moi, je l'ai vécue. Et très mal. C'est un point noir dans la vie d'un soldat.

Mon escadron reçoit l'ordre de regagner le haut du village. Les villages de Kabylie, en zone montagneuse, s'étagent souvent sur de grandes dénivellations. Nous parcourons une trentaine de mètres, quand nous voyons des éléments du génie occupés à faire exploser une bombe intacte. Ces hommes doivent détruire les bombes qui n'ont pas explosé. Cela, pour éviter que l'ennemi ne récupère la poudre et le détonateur. La méthode est simple : à l'aide d'une charge explosive, ils la font sauter. Tant pis pour les maisons intactes aux alentours ! Les soldats obéissent aux ordres. Comme nous, ils obéissent et accomplissent leur sale besogne. Une fois de plus, des vieillards, des femmes et des enfants paieront le prix fort de cette guerre cruelle.

La guerre n'épargne pas les populations civiles.

La charge explosive est en place, reliée à un détonateur. On nous ordonne de nous éloigner vite. La bombe peut exploser d'un instant à l'autre. Je n'ai pas le temps de revenir en arrière pour prévenir les blessés adossés au mur ni mon assistant kabyle que je n'ai plus revu. Ont-ils sauvé leurs vies ? Je l'ignore. Le génie a fait son travail, insoucieux des conséquences. Dans le bled, les militaires accomplissaient leur « sale boulot » sans réfléchir. Ils obéissaient aux ordres. La force d'une armée, fondée sur le respect de la discipline et l'obéissance aux chefs, est une bête aveugle.

En ces tristes journées, beaucoup de copains souffraient, comme moi. Ils pensaient que ce que nous faisions était mal et ils doutaient d'eux-mêmes, mais nous n'avions pas le choix. Nous devions obéir, même contre nos consciences. Et nous nous détruisions peu à peu, mentalement. Certains ne s'en offusquaient pas. Mais ils n'étaient pas nombreux.

Aujourd'hui, quand j'écris ces pages, je fais mon examen de conscience et j'essaye de retrouver la mémoire oubliée. Parfois les dates et les noms des villages m'échappent, mais le souvenir de certains événements reste gravé au plus profond de mon esprit.

Pouvais-je agir autrement ? Dans le feu de l'action ? C'est la grande question !

Nous revenons au camp.

Plusieurs nuits, les images du village pulvérisé hantent ma mémoire. Je dors mal. Mais la vie continue. Les tours de garde se suivent. Sombre routine ! D'autres opérations nous mobilisent. Toujours nous crapahutons ! Avec notre maigre ration ordinaire : pour une journée, un pain et un camembert à partager entre Paul et Albert. C'est insuffisant. Aussi, quand nous entrons dans une maison, village ou bled, nous fonçons vers les jarres de terre cuite et nous dévorons les figues sèches des pauvres habitants. Dans chaque maison, des jarres contiennent des figues séchées, tassées et collées les unes contre les autres. Un bouchon de terre obture l'ouverture supérieure. À la base, il y a un trou par lequel on introduit une main pour détacher des figues. Et, quand les figues collées restent accrochées vers le haut de la jarre, on prend un petit bâton pour les faire tomber. Les figues ne calment pas la faim : elles la trompent. Nous avions faim et nous dérobions la nourriture de gens plus malheureux que nous et peut-être plus affamés encore.

René, Jojo et les quatre perdrix

Il y avait parfois de bons moments.

L'histoire suivante en est l'illustration.

Un jour, notre capitaine Jojo vient trouver notre cuisinier René Audic. Il apporte quatre perdrix et il lui demande de les lui cuire. Les perdrix sont des mets rares et de grande valeur. Pour un homme du bled, une perdrix, c'est l'équivalent du caviar.

Notre René plume les quatre perdrix, puis il prépare leur cuisson. C'est la seule fois qu'il a cuit des perdrix dans une casserole. De la margarine et un peu de saindoux (la graisse de nos cochons) feront l'affaire. Le fumet est agréable. Les autres cuistots reniflent l'odeur tentante près de la roulotte, mais René les dissuade de s'approcher.

Quand les perdrix sont bien dorées, René, en bon cuisinier, veut les goûter. Le repas de son capitaine, un homme exceptionnel, doit être réussi. Sans hésiter, il coupe un morceau d'aile de la première perdrix. Il le porte à ses lèvres et le trouve bon. « C'est mangeable », se dit-il. Mais René est un fin gourmet. Il veut être sûr du résultat. Alors il goûte la seconde partie de l'aile. Il n'est pas déçu. La cuisine est bonne. Puis il mange l'autre aile. Et la cuisse. Et enfin l'autre cuisse pour faire bonne mesure.

Un bon cuistot doit toujours goûter les plats qu'il prépare. C'est indispensable.

De fil en aiguille, un peu par conscience professionnelle, mais beaucoup par gourmandise, notre René mange une perdrix tout entière.

Quand son capitaine se met à table, il s'étonne qu'il n'y ait que trois perdrix.

René lui explique, sans se démonter, que, s'étant absenté un moment, à son retour il a eu la surprise de constater qu'il manquait une perdrix. Et il a même vu un chat prendre la fuite. Navré, vraiment navré, le René.

La réaction du capitaine est immédiate : « Il faut tuer tous les chats. »

À ma connaissance, il n'y a pas de chats dans le bled. Les habitants des villages n'ont sans doute pas les moyens de les nourrir.

Le lendemain matin, le capitaine félicite René. Les perdrix étaient excellentes.

René accepte les félicitations.

Vingt-huit années plus tard, je retrouve une partie des copains de l'escadron. Je les avais perdus de vue depuis notre retour d'Algérie. Au repas, je suis assis à la gauche de mon ancien capitaine (devenu colonel). René Audic est à sa droite. Il lui raconte comment avait disparu la quatrième perdrix. « Jojo » réfléchit une seconde, puis il lui répond : « Tu as bien fait. »

Ouled Sidi Idir

(les 7 et 8 décembre 1956)

La mort du maréchal des logis Cuffel

Vers trois heures de l'après-midi, par une belle journée ensoleillée, nous recevons l'ordre de partir. Des collecteurs de fonds du FLN ont été aperçus dans un village appelé Ouled Sidi Idir. Nous sommes toujours prêts : c'est l'habitude et la routine. Notre nourriture standard est vite préparée : une boule de pain et un camembert pour deux, une boîte de sardines et un litre d'eau et quart par soldat. C'est notre menu habituel. Les hélicos embarquent le premier peloton. Ils le déposent près du village qui domine l'oued du même nom. Les appelés ratissent le flanc gauche. Cinq minutes plus tard, notre peloton atterrit. Nous prenons position par le flanc droit.

La progression commence, sans incidents.

Puis soudain retentit une détonation suivie d'un tir nourri. C'est l'engagement.

La radio nous annonce que le maréchal des logis Christian Cuffel vient de perdre la vie. Il était dans la première vague d'assaut. Quand on apprend que l'un des nôtres vient de mourir au combat, on ressent une gamme étendue de sentiments. Ils vont de l'affliction à la haine. Ils engendrent le désespoir et l'envie de le venger.

Le tireur algérien responsable de la mort de Christian est aussitôt abattu.

Le reste de la journée, nous continuons de ratisser la montagne.

C'est la routine. Il faut avancer lentement, ouvrir l'œil, être prêt à tirer, avec l'index en permanence sur la queue de détente du fusil. Le soir tombe. Nous sommes harassés. Nous avons longtemps crapahuté. Le capitaine décide que nous nous reposerons dans le village de Oued Sidi Idir. Il est vide, sans habitants ni « rebelles ».

Une nuit de repos pour récupérer nos forces, ce n'est pas de trop. Demain, nous regagnerons Beni-Ourtilane, mais à pied.

La nuit est tombée.

La pleine lune éclaire un paysage merveilleux et contrasté : ombres et lumières vives. On y voit comme en plein jour. Tout le peloton repose dans une grande maison avec une cour intérieure. Les jeunes soldats sont fatigués et tristes. La journée a été rude et nous avons perdu un camarade. Je monte la garde entre vingt-deux heures et minuit. La consigne est simple : abattre toute personne qui ne prononce pas le mot de passe : « Cuffel ».

Le prisonnier d'Albert

Soudain, j'entends des bruits de pas. Un homme arrive sur ma droite. Il passe devant moi. Il ne me voit pas. Je fais les sommations d'usage. Je lui demande le mot de passe. L'homme s'arrête, mais ne répond pas. C'est un Kabyle. Il porte un fusil en bandoulière. Je devrais tirer, mais je ne le fais pas. J'hésite. J'enfreins la consigne. Je le tiens en joue et il me voit. Au début, j'ai pensé que ce pouvait être l'un de nos harkis. Mais non ! C'est un combattant du FLN. Plus tard, j'apprendrai qu'il était agent de liaison.

Il ignore que nous passons la nuit dans ce village déserté par ses habitants.

Sans cesser de le tenir en joue, je lui ordonne de s'approcher à reculons. Quand il est arrivé à ma hauteur, je pointe le canon de mon pistolet mitrailleur contre son dos et je lui prends son arme. Puis, je pousse la porte d'entrée de la cour de la maison où dort le peloton. J'essaie de réveiller les copains. Mais tous dorment d'un profond sommeil. Je dois à la fois surveiller mon prisonnier et réveiller les soldats. Ce n'est pas facile. Je balance un gros caillou contre la porte d'entrée. L'effet est immédiat. Le peloton est sur le pied de guerre. En opération, les gars dorment tout habillés et avec leurs chaussures aux pieds, prêts à bondir.

Les copains m'entourent avec mon prisonnier.

Ils me questionnent : « Pourquoi tu ne l'as pas supprimé ? Pourquoi tu t'es encombré d'un prisonnier ? De toute façon, il va falloir le tuer. »

Comment répondre ? C'est difficile. J'hésite à reconnaître que je répugne à tuer un homme. C'est au-dessus de mes forces. Ai-je manqué de courage ? Ou le contraire ? Mon esprit est tranquille. Je suis en paix avec ma conscience. Ai-je bien fait ?

Attendons la suite !

Le capitaine interroge le prisonnier.

En moins d'une demi-heure, l'homme craque. Il avoue qu'il a fait son service militaire dans l'armée française, en Allemagne. Il vient d'être démobilisé depuis quinze jours. À peine arrivé en Algérie, il a été enrôlé par le FLN. Il parle. Il dénonce ses camarades. Ils sont retranchés dans un village voisin dont j'ai oublié le nom. Peut-être El Maïn ou Guelaouel ou Traourirt Tizi Aidel ? Quinze hommes sont retranchés dans la mosquée. Ceux que nous avons recherchés tout l'après-midi sont à moins d'une heure de marche de Oued Sidi Idir.

Aussitôt, le capitaine décide de passer à l'action. Il veut bénéficier de l'effet de surprise.

Le prisonnier nous accompagne. Les mains liées dans le dos, il marche au milieu de nous. Un copain le surveille. Pendant ce trajet, j'étais très malheureux. Nous allions nous battre en pleine nuit. Certains des nôtres allaient peut-être mourir parce que j'avais fait un prisonnier qui avait parlé. Je regrettais presque de n'avoir pas tiré comme j'en avais reçu la consigne.

À l'entrée du village, un « rebelle » tire ; il blesse le brigadier Alexis Palka à la cuisse. Le tireur est aussitôt abattu. Nous investissons le village. Ses habitants sont partis. Seuls restent les combattants du FLN, retranchés dans la mosquée. La lune éclaire le spectacle. Un groupe ratisse le bas du village. Un autre attaque la mosquée. Le combat fait rage. Les « rebelles » se défendent avec vigueur. Ils sont tous abattus par des jets de grenades défensives. La grenade, on la dégoupille, on libère la cuillère, puis on compte : un, deux et trois, et on la lance. Elle explose dans les cinq secondes. Si on la lance trop tôt, l'ennemi peut encore la récupérer puis la relancer. Mais si on la lance trop tard, elle vous explose dans la main. Certains combattants dans la mosquée avaient la tête arrachée. Peut-être avaient-ils tenté de relancer nos grenades ?

Au lever du jour, nous avons fait le bilan des combats de la nuit. Nous avions un blessé, mais il y avait vingt-trois morts du côté du FLN. Beaucoup d'armes : fusils de chasse et fusils de guerre, furent récupérées avec les munitions. Nous sommes revenus à pied à Beni-Ourtilane. Et là, repos complet.

Le lendemain, le capitaine nous a réunis. Il a prononcé une petite allocution. Cela faisait partie de la routine. Après chaque accrochage, nous avions droit au « speech » du capitaine Jojo. C'était nécessaire pour la cohésion du groupe.

Je me suis longtemps interrogé.

Si je n'avais pas fait ce prisonnier, il n'y aurait pas eu autant de morts. Mais si les vingt-trois combattants du FLN avaient vécu, combien auraient-ils tué de copains ? Et si j'avais tué cet Algérien au lieu de le faire prisonnier, aurais-je été en paix avec ma conscience ? Maintenant, quarante-huit années plus tard, ces questions restées sans réponses perturbent encore mon esprit. Jamais je ne trouverai la paix. Le destin n'a pas été tendre avec moi. Il m'a envoyé en Algérie.

Des milliers de jeunes appelés ont vécu des aventures similaires. Je connais les débats qui troublent leur conscience.

Le centre de repos

Entre Bougie et les grottes de Kerrata, au bord de la mer, il y avait un centre de repos pour les militaires fatigués. Pour retaper un gars, c'était parfait. Repos complet, bains de mer, une ou deux sorties en ville, farniente à une terrasse de café et retour au centre. Plus d'opérations, pas de « crapahute », mais un seul tour de garde pendant toute la durée du séjour : une contrainte ordinaire en temps de guerre. N'y était pas admis qui le voulait. Le centre était réservé aux jeunes qui avaient un problème de santé. Seuls les « malades », si j'ose dire, pouvaient bénéficier de ce séjour de rêve.

Comment ai-je décroché le gros lot ? Grâce à l'hypertension.

Le jour de la visite médicale, ma tension était très élevée. Si élevée que le médecin militaire m'a aussitôt prescrit une cure de repos. Elle était la bienvenue. Étais-je inquiet pour mon cœur ? Même pas ! Un ancien m'avait enseigné l'astuce. Un quart d'heure avant la visite médicale, et à jeun, il suffisait de boire une demi-bouteille de vin blanc. J'ai suivi les conseils de l'ancien. Ça a marché comme sur des roulettes. Le toubib n'y a vu que du feu. Il m'a ordonné :

— Soldat Naour, je vous prescris une petite cure à Bougie.

J'ai obtempéré. Dans l'armée, on ne discutait pas un ordre.

Une quinzaine de jours au bord de la mer, c'est bon pour le moral. Même si ce n'est pas définitif, même si l'on doit retourner au casse-pipe, c'est toujours bon à prendre. Tout ce qui vous permet de vous éloigner de la routine atroce et invalidante de la guerre est toujours souhaitable.

Me voici donc dans le centre de repos, comme un coq en pâte.

Un jour, un général vient le visiter. Les généraux adorent passer les troupes en revue, disposées en rangs impeccables et au garde-à-vous. À chacun ses marottes ! Le jour de la visite, personne ne veut monter la garde. Alors, je me porte volontaire. Albert, il est comme ça. C'est dans sa nature. Il ne fait jamais rien comme les autres. C'est une marque d'originalité et d'imagination. Je me porte volontaire, mais à une condition : quand le général sera parti, je ne monterai plus jamais la garde.

« Accordé ! » Me répond l'adjudant de service.

Je monte la garde pour la première et la dernière fois.

Le général arrive dans une traction-avant, une « onze légère » de couleur kaki, avec son chauffeur et son garde du corps. Une escorte de protection accompagne le véhicule. Le petit convoi s'arrête. Le général descend. Il s'avance droit sur moi.

Je présente les armes, l'air martial. Mon PM est bien horizontal, appuyé contre mon côté droit. Le volet de culasse est fermé. Le général s'approche. Il me dévisage, rectifie la position de mon calot qui est légèrement de travers. C'est un geste insignifiant, mais lourd de sens pour un général. Il m'ordonne :

— Soldat, présentez-vous !

— Naour Albert, mon général.

— Quelle unité ?

— 4e dragons, 4e escadron, mon général.

— Ah ! Le capitaine Jojo !

— Oui, mon général.

Il connaissait donc mon capitaine.

Le général visite le centre de repos, remonte dans sa « traction », puis il s'en va.

Les généraux, à quoi ça sert ? À parader devant les soldats au garde-à-vous ! C'est ce que j'imagine, moi qui ne les ai jamais vus faire autre chose.

Je me dis : « Encore un qui a eu de la chance. »

Mon PM était chargé, prêt à tirer : culasse en arrière et volet fermé. Il aurait suffi d'un geste malencontreux de la part du général pour que la rafale partît : vingt cartouches en deux secondes, ou que, par inadvertance ou émotion, j'appuie sur la queue de détente.

Et alors…

Cet officier général a vu mon calot légèrement de travers, mais il n'a pas observé (et c'était beaucoup plus important) que mon arme était prête à tirer. Les généraux s'intéressent-ils à l'accessoire plutôt qu'à l'essentiel ? Je me suis posé la question. Quand je prenais la garde ou quand j'étais en opération, mon arme était toujours prête à faire feu. C'était un principe de sécurité et un réflexe : je voulais mettre toutes les chances de mon côté. Et le jour de la visite du général, par réflexe, sans réfléchir, mon arme était aussi prête à tirer. Comme dans le bled !

Revenu à Beni-Ourtilane, j'étais en pleine forme.

J'ai raconté ma vie au centre de repos à mes camarades. Eh bien, croyez-moi, il y eut beaucoup de volontaires.

Un mort dans l'oued

(novembre 1956)

Cette histoire-là, je ne voulais pas la raconter tout d'abord. Si je me suis décidé, c'est pour mieux témoigner combien notre vie dans le bled pouvait être pénible et éprouvante.

C'était un jour ordinaire. Le grand soleil de Kabylie chauffait à blanc. Nous transpirions à grosses gouttes. Nous avions quitté Beni-Ourtilane tôt le matin, vers quatre ou cinq heures, et marché toute la matinée. L'après-midi, nous étions fatigués et nous avions soif. Nos gourdes individuelles de capacité un litre et quart étaient déjà vides. C'est alors que nous arrivâmes auprès d'un affluent de l'oued El Maïn. C'était un petit cours d'eau, large de deux mètres. Dans son lit coulait une eau claire, limpide et fraîche. Notre escadron devait remonter le cours de cet oued. Même tenaillés par la soif, nous ne devions pas boire l'eau de l'oued. En Kabylie, nous étions astreints à des règles strictes d'hygiène. Boire dans le lit d'un oued eût été une imprudence. Nous risquions une maladie intestinale grave.

Nous avons donc rempli nos gourdes, puis glissé dedans une pastille d'un agent purifiant à base de javel et attendu au moins une demi-heure, afin que tous les germes délétères contenus dans l'eau fussent détruits.

Quand ta gourde est vide, la soif devient encore plus terrible. La panique te gagne, parce que tu ignores où et quand tu trouveras de l'eau. Mais quand ta gourde est remplie et que tu sais que tu pourras boire dans une demi-heure, c'est différent. La confiance revient. Alors, tu retrouves le courage et la force d'attendre. Tu pourrais même patienter plus longtemps.

Donc nous remontions le cours de l'oued avec nos gourdes pleines et le sentiment d'une relative tranquillité quand, soudain, nous découvrîmes un cadavre. Un Kabyle, tué depuis peu, était allongé au milieu de l'oued. Et nous venions de remplir nos gourdes avec l'eau qui venait de lécher ce cadavre.

Répulsion et dégoût. Déception et amertume. Nous devions tout recommencer.

Nous avons vidé nos gourdes. Nous les avons rincées avec de l'eau prélevée en amont. Puis nous les avons remplies de nouveau. Enfin, nous y avons glissé une nouvelle pastille désinfectante. Et nous avons dû attendre encore une demi-heure.

Pour éviter une pareille mésaventure à nos camarades qui remontaient derrière nous, mon copain Paul et moi, nous avons sorti le cadavre de l'eau. Puis nous avons poursuivi notre marche, avec l'appréhension permanente de trouver plus loin un second cadavre. La soif devenait exigeante. Longtemps après l'expiration de la demi-heure réglementaire, nous avons enfin porté nos gourdes à nos lèvres. Mais avec beaucoup d'inquiétude !

Le soir, nous avons dormi à la belle étoile.

En regardant les étoiles s'allumer une à une dans le ciel de Kabylie, j'ai pensé aux touristes en camping. Pour moi, c'était différent. Un proverbe à propos de la jeunesse prétend que c'était la belle vie. Pour moi, je n'en suis pas si sûr. Au moins, j'aurai plusieurs histoires à raconter.

Le casque d'eau

(janvier ou février 1957)

Un convoi de nouveaux appelés est arrivé. Des bleus remplacent les libérables qui nous ont quittés depuis deux mois environ. Le premier contact est chaleureux : poignées de main, souhaits de bienvenue et invitation au bar. Et toujours cette question :

— De quelle région viens-tu ?

Les nouveaux venus ignorent quelle vie les attend : la routine, les gardes, les opérations, les marches, les embuscades, les blessés et les morts : l'horreur de cette sale guerre. Même si nous prenions parfois du bon temps, et nous en avions un grand besoin, nous menions une vie rude, incertaine, périlleuse et éprouvante.

D'un côté comme de l'autre, soldats français ou membres du FLN, personne ne faisait de cadeau à l'adversaire. La barbarie appelait la barbarie, mais elle ne la justifiait pas. Il n'y avait pas, d'un côté la civilisation, portée par le drapeau français, et de l'autre, la sauvagerie pure, sous l'étendard du FLN. La guerre était atroce et répugnante pour les deux camps. Au « sourire kabyle », l'égorgement par le couteau du boucher qui achevait le soldat français tombé vivant entre les mains de l'ennemi et bien d'autres supplices prétendus barbares, répondait la torture électrique, la « gégène », technique moderne, savante et raffinée, pratiquée dans les camps de regroupement, hors du bled.

Les nouveaux appelés avaient l'avenir devant eux, alors que nous, les anciens, décomptions les jours qui nous séparaient de la « quille ». Les bleus apprendraient à vivre au camp. Mais, le premier soir, le passage au bar du foyer était une ardente obligation. Une fois nos bières englouties et nos histoires salaces ressassées, nous devions songer au repos. Demain peut-être, nous repartirions en opération. Nous ne le savions jamais à l'avance.

Alors, d'un commun accord, nous décidons de faire une farce à un nouveau, un gars sympathique et blagueur. Il est convoqué dans notre chambrée. Mais, au-dessus de la porte entrouverte, nous avons placé en équilibre instable un casque rempli d'eau. On me charge d'aller chercher la future victime. Quinze soldats sont assis sur leur lit de camp. Ils attendent le dénouement, trop heureux de rire un bon coup. Manque de chance ! Le lieutenant Barrot nous précède. Il franchit la porte et reçoit la douche. Quand j'arrive avec mon bleu, il est trop tard. J'entends des rires dans la chambrée. Le lieutenant Barrot est un bon vivant. Il comprend la plaisanterie et ne s'offusque pas.

Je m'en vais. J'oublie l'incident. Mais, à mon retour, me voilà baptisé.

J'ai donné dans le panneau, sans réfléchir. Peu importe, on a beaucoup ri à mes dépens. Et, comme si un arrosage à l'eau ne suffisait pas, nous avons continué avec des cannettes de bière, mais pour nos estomacs.

Les moments de détente étaient rares. La plus petite blague qui nous faisait rire ou sourire prenait une grande valeur. Une journée se terminait dans la joie, et c'était bien.

Un coup de cafard

Ce soir-là, notre escadron revenait d'une opération vers Oued Sidi Idir.

Mon peloton fermait la marche. Je traînais, loin à l'arrière. J'étais le dernier soldat d'une file qui s'étirait en longueur sur une piste tortueuse au milieu du bled. Décor habituel : montagnes, rochers, arbres rabougris et végétation d'épineux. Parfois des oliviers et des figuiers. Un paysage désolé et désolant, mais superbe, formait le décor de cette longue marche. J'étais très fatigué, éreinté. Je marchais comme un zombie ou un automate. Pour être franc, je n'avais plus conscience de mes actes.

En Kabylie, dire que j'avais un bon moral serait trahir la vérité. J'étais comme les copains, victime des conditions que l'on nous imposait. Notre vie n'était pas facile. Parfois l'un ou l'autre succombait à une crise. Appelez cela : déprime, bourdon ou autrement ! Qu'importe ! Notre moral était souvent très bas. Parfois les nerfs lâchaient.

L'éloignement de la famille et des amis, le désespoir, l'ennui, la crainte d'être tué, l'obligation d'obéir aux ordres et de tuer surtout, la conviction d'être des pions dans une guerre absurde et incompréhensible, la conscience de la vanité de nos actions, le sentiment de n'être pas aimés par les populations locales obsédaient nos esprits.

Ma vie a basculé quand j'ai pris celle de mon premier « rebelle ».

J'ai eu l'impression de perdre mon âme. Après, je n'étais plus moi-même. Ma conscience me disait : « Albert, qu'as-tu fait ? » Je n'ai jamais oublié cet instant. Il marquait une rupture avec la vie d'avant. Prendre la vie d'un homme, c'est une expérience terrible. Elle vous marque pour toujours. C'est comme tuer le bonheur. Ce monde était absurde. Nous étions tiraillés entre l'exigence de servir et la conviction de la vanité de nos combats. Parfois même, nous nous demandions si nos officiers étaient sûrs de leur bon droit ou s'ils prenaient du plaisir à exercer le « métier des armes ». Étaient-ils heureux ?

Or moi, inconscient de mon état, je fermais la marche de la colonne. J'avançais à pas lents. Peu à peu, mes copains s'éloignaient. Je restais seul, exposé. Mon esprit refusait tout effort. Un désespoir inexplicable m'assaillait. J'avais besoin d'aide. Je n'avais plus conscience de mes actes. Tout tournait à l'envers dans ma tête. J'étais victime d'un coup de blues. J'entrais en dépression.

Que s'est-il passé ? On me l'a raconté ensuite. Je ne me souviens plus de rien. J'étais un somnambule. Pour l'ennemi, j'aurais fait une cible idéale.

Les trois premiers pelotons étaient rentrés au camp de Beni-Ourtilane.

Dans mon peloton, quelqu'un s'est aperçu de mon absence. Aussitôt, vingt soldats sont partis à ma recherche. J'étais loin encore. Serge est arrivé à ma hauteur. Il m'a parlé. Il m'a encouragé, mais jamais il ne m'a questionné. Mon cas était banal, si j'ose dire. Un soldat qui déprimait, c'était fréquent. Le cafard vous tombait dessus, tout d'un coup, n'importe où et n'importe quand. Un peu de repos, beaucoup d'amitié et ça passait.

Les copains sont restés avec moi environ une demi-heure.

De quoi avons-nous parlé ? Je n'en ai pas conservé le souvenir, mais ils m'ont apporté assez de réconfort pour que je retrouve la force de revenir. Sinon, je crois que je serais resté au milieu des rochers, incapable de réagir, sous la rutilance d'un coucher de soleil.

Le soir, les copains m'ont offert des bières. Et ils m'ont parlé longtemps, pour me sortir de ma torpeur. J'étais découragé et las. Je me suis endormi. Le lendemain, je ne me souvenais plus de cette fin de journée. Un moment de ma vie venait de disparaître. On me l'avait volé.

VI – El Maïn
(10 avril 1957 – 27 novembre 1957)

Installation à El Maïn
(le 10 avril 1957)

Le voyage de Beni-Ourtilane à El Maïn fut pour moi une promenade d'agrément. Nous avons fait comme beaucoup de vacanciers en été. Nous avons parcouru le pays avec nos bagages et nos armes sur le dos, pendant toute une journée.

En voici les principales étapes.

Six heures du matin : lever, ablutions et petit déjeuner. Cent trente militaires se préparent à rejoindre El Maïn, leur nouvelle affectation. Chacun plie ses petites affaires : lit, couvertures, deux ou trois par personne, parfois quatre pour les plus chanceux ou les plus débrouillards (et j'étais de ceux-là). Dans un sac en toile kaki, nous tassons notre barda avec le poing ou le pied. Ma tenue de sortie que j'avais portée une seule fois, pour aller en permission à Keranguen, est toute froissée. Je remplis aussi une valise en contreplaqué épais que mon frère Rémi avait fabriquée pour moi, avant mon départ pour l'Algérie. Elle était si solide que je pouvais m'asseoir dessus.

Ce matin, au lever du soleil, le brouillard recouvre la vallée.

C'est un phénomène ordinaire au printemps. L'humidité de l'oued surchauffé par le soleil s'évapore. La nuit, elle se condense en fines gouttelettes de brouillard qui occupe toute la vallée. Tôt le matin, avant neuf heures, elles se dissipent, brûlées par le soleil.

Des fenêtres de notre caserne, nous dominions un superbe glacis homogène et brillant. Les dépressions étaient comblées, les ravins supprimés, les aspérités gommées et les villages voisins (à cinq ou six heures de marche au moins) semblaient proches de nous, par la magie de ce tapis miroitant. La nature nous offrait une vue superbe et féerique pour notre dernier matin. Le soleil éclairait ce magnifique spectacle. Lentement, il dissipa le brouillard, restitua la vallée et creusa les combes. Et le rêve prit fin.

Huit heures. Deux cent quatre-vingts mules, mulets et bourricots sont arrivés avec leurs muletiers kabyles. La veille, le capitaine Jojo avait ordonné aux chefs de plusieurs villages des alentours de lui fournir des moyens de transport pour le déménagement de son escadron. L'ordre fut exécuté. Entre Beni-Ourtilane et El Maïn, il n'y avait pas de route. Mobiliser des hélicoptères revenait trop cher. Le seul moyen et le mieux adapté à cette région montagneuse, aux pistes sinueuses, c'était encore l'antique caravane muletière.

▲ *Déménagement de Beni-Ourtilane à El Maïn.*

Nos muletiers parlaient tous français.

J'avisai l'un d'entre eux qui possédait deux bourricots. Le visage de l'homme était avenant. Il me parut sympathique. Je lui demandai poliment s'il voulait bien se charger de mon barda. Il accepta. Je lui offris un café froid et nous bûmes ensemble. Le contact établi et la confiance instaurée, je lui offris un paquet de cigarettes, des pâtes de fruits et deux boîtes de corned-beef. Il me demanda si c'était du cochon. Je lui expliquai que c'était du bœuf avec un assaisonnement. Il parut satisfait.

Comme le chargement commençait, je voulus l'aider. Mais il refusa mon aide. Lui seul devait charger ses bourricots. C'était une question d'habitude, de coup de main. Mal arrimés, les colis pouvaient se détacher en route. Je le laissai faire. Mes affaires furent chargées sur les deux mules, mais je crois qu'une seule aurait suffi. Le capitaine avait vu grand, il avait mobilisé un nombre important d'animaux et de muletiers.

La caravane s'ébroua. Le capitaine Jojo ouvrait la marche.

Nous portions nos armes.

Le voyage dura plusieurs heures. Notre colonne avançait au pas lent des bourricots. Montées, descentes et pauses. Nous devions être patients et endurants.

▲ *Déménagement de Beni-Ourtilane à El Maïn.*

Arrivée à El Maïn.

L'ancienne école Fontaine dans laquelle nous devions nous installer était construite à proximité du village d'El Maïn. L'intérieur délabré devait être aménagé, mais c'était secondaire. Nous dormions souvent à la belle étoile. La protection : barbelés et portes, était en cours d'achèvement. Provisoirement, nous occupâmes les maisons du village. Il était désert. Les habitants, prévenus de notre arrivée, l'avaient quitté. Chaque soldat choisit sa maison. Avec un copain, Paul Guyot, je m'installai dans une cabane à bourricots. Elle n'était ni large ni longue, mais était assez grande pour y installer bout à bout deux lits de camp. La nuit, nous portions des lainages et dormions avec la porte ouverte à cause de l'odeur forte laissée par les bêtes. Une lampe-tempête nous éclairait.

▲ *Ancienne école à El Maïn : caserne du 4e escadron du 4e dragons.*

Dans une mechta, nous avions trouvé un fût de cent litres de pétrole lampant. Il était à moitié plein. Nous partageâmes le contenu avec les copains du peloton. Je me réservai un bidon de cinq litres. Ainsi, nous pouvions nous éclairer pendant plusieurs semaines. Plus loin, un autre fût était plein. Nous informâmes un autre peloton.

Pas de chance ! Le fût était plein d'eau.

Bons princes, mon ami Paul et moi, nous avons partagé notre butin.

Le lendemain : repérage des lieux, réparation et aménagement de l'école. C'était un vaste bâtiment avec deux ailes. On y accédait par une grande porte centrale. Elle s'ouvrait sur un perron flanqué de deux volées de marches. Contre un mur de ce qui avait été auparavant une cour de récréation, il y avait un robinet. Nous le tournâmes. Il délivrait une eau de source potable et fraîche. C'était rare, exceptionnel. Un vrai bonheur !

De Beni-Ourtilane à El Maïn, nous avons troqué une ancienne gendarmerie contre une école désaffectée. Qu'avions-nous gagné au change ? Rien ! L'école était aussi délabrée que la gendarmerie. L'intérieur était vide. Tout avait disparu, pillé, saccagé. Comme avant, nous mangions et dormions sur nos lits de camp, et nos harkis logeaient dans le village.

Au début, nous étions ravitaillés par des avions à double queue, de type Noratlas. À cause du terrain accidenté, ils ne pouvaient pas atterrir pour déposer la palette de nourriture. Alors, les pilotes volaient en rase-mottes et lâchaient les paquets au-dessus du camp. Les parachutes tombaient au petit bonheur la chance. Parfois, le vent les emportait loin. Alors nous devions faire la chasse à la nourriture et parcourir plusieurs kilomètres pour récupérer notre « ordinaire ». Des sacs de pain en toile de jute s'écrasaient sur le perron des bâtiments : les pains étaient pulvérisés. Les pommes de terre parachutées arrivaient au sol plus ou moins écrasées et les tomates se transformaient en bouillie. Les pertes étaient considérables. Nous consommions d'abord les denrées les plus détériorées.

Quant au courrier !

Parfois les sacs étaient éventrés sur les barbelés et le vent dispersait les lettres déchirées. À l'occasion, notre capitaine Jojo récupérait une lettre ouverte. Il la lisait pour essayer de retrouver le destinataire. Et cette question dont beaucoup se souviennent :

— Qui a une petite amie prénommée Brigitte ?

Aussitôt deux copains répondirent en même temps : « Moi ! Moi ! »

Comment les départager ? Le capitaine recourut au jugement de Salomon. La lettre fut brûlée en public : « D'accord, les gars ? »

Feu de joie et rires grivois à l'attention de la célèbre Brigitte.

Depuis cette mésaventure, le courrier fut parachuté.

Plus tard, vers la fin de mon service militaire forcé, alors que la « quille » approchait (plus que quatre jours au jus), la voie d'accès jusqu'à l'oued fut enfin achevée. Alors, des camions nous apportaient la nourriture et le courrier jusqu'au bord de l'oued.

Quand nous avons emménagé à El Maïn, le sentier d'accès ne permettait pas de transporter une cuisine roulante. Nous étions desservis par des pistes pour mulets, bourricots et piétons. Elles étaient très accidentées. Ainsi, nous étions privés du matériel nécessaire pour préparer les repas chauds dont nous avions besoin.

À la guerre comme à la guerre ! dit un proverbe.

La roulante est arrivée par hélicoptère. Mais, ce jour-là, notre cher cuisinier René était absent. Il n'a pas eu le bonheur d'assister à l'événement. Il n'a pas vu sa belle machine flotter dans les airs suspendue par des sangles sous le plancher d'un Sikorski. Il n'a pas vu descendre « son enfant » auréolé d'un nuage de poussière, dans la majesté du site. Sa cuisine toute neuve atterrit en douceur, saluée par les copains.

Enfin, nous allions manger des plats chauds ! Enfin, notre René allait pouvoir donner toute la mesure de ses talents ! C'est important, une cuisine correcte, pour des jeunes gens affrontés chaque jour à la rude vie du bled !

Pour René Audic, ce fut son plus beau cadeau.

Je suis sûr qu'il aurait apprécié le spectacle : sa cuisine tombée du ciel.

Le mirador sur le piton

Sur la hauteur qui dominait le village d'El Maïn se dressait un mirador.

C'était une construction cubique. Ses murs épais de quatre-vingts centimètres étaient maçonnés avec des pierres. Sa base était un carré d'environ quatre mètres sur quatre et sa hauteur était de quatre mètres. L'édifice n'avait ni portes ni fenêtres. On y accédait par une échelle extérieure. Une fois arrivé au sommet, on remontait l'échelle et on la rangeait à l'intérieur. Un plancher de madriers, installé à deux mètres du sol, divisait l'intérieur en deux parties d'égal volume. Autour et au-dessus de ce plancher, une estrade permettait à un homme debout et de taille moyenne de regarder par-dessus les murailles. Pour éviter d'exposer sa tête aux tirs ennemis, le guetteur utilisait des jumelles à périscope, semblables à celles des sous-marins, mais plus sommaires.

Dans le plancher, une trappe carrée de soixante centimètres de côté était aménagée ; elle permettait d'accéder au local inférieur, sorte de cave obscure et nauséabonde. Enfin, dernière protection, un réseau de fils barbelés couraient sur le sol à environ quinze mètres des murailles.

▲ *Mirador sur le piton au-dessus d'El Maïn.*

Isolés dans ce mirador, nous prenions la garde, à tour de rôle.

Le point de vue était superbe : montagnes, vallées, ravins et villages étagés sur le flanc des montagnes. Le paysage était d'une grande beauté. Contempler le spectacle coloré du pays kabyle nous procurait un grand bonheur. C'était très reposant.

Nous étions quatre soldats du contingent et un brigadier. Nous y restions vingt-quatre heures, ou plus quand une opération était en cours, puis on nous relevait. Dans notre petite équipe, nous prenions la garde chacun à notre tour, toutes les deux heures. C'était la règle. En réalité, le jour, nous discutions ou nous jouions aux cartes sur le plancher intermédiaire. La nuit, les dormeurs se mettaient à l'abri dans la pièce située sous le plancher. L'été, ce local sans fenêtres était une vraie fournaise, on s'y asphyxiait presque, mais on l'appréciait mieux l'hiver à cause du froid nocturne intense.

Une fois par jour, une équipe de copains montaient du camp. Ils nous apportaient la nourriture et parfois des bières. Nous mangions et nous buvions ensemble. Prévenus par radio de leur arrivée, nous les protégions. Du haut de nos murailles, nous avions une vue dégagée et plongeante sur le camp et nous surveillions leur ascension.

Le mirador pouvait constituer une cible pour des assaillants déterminés. La nuit surtout. Pas le jour, parce que nous pouvions les voir venir et nous étions fortement armés : fusils, pistolets, pistolets mitrailleurs, fusil mitrailleur, grenades et fusées éclairantes. Mais, en cas d'attaque, nous pouvions difficilement riposter sans exposer nos têtes au-dessus de la muraille. Les cibles étaient trop voyantes. Nous pouvions, bien sûr, tirer à distance, et au fusil mitrailleur, sur un adversaire éloigné, à condition de le repérer assez tôt. Mais contre un ennemi rapproché, par exemple arrivé par surprise au pied des murailles, il ne nous restait plus que les grenades défensives.

Ce point faible du dispositif de défense n'avait pas échappé aux concepteurs du mirador. Ils avaient imaginé une parade. On pouvait nous couvrir depuis le camp par des tirs de mortier. Un mortier de soixante millimètres était toujours braqué sur nous. Mais un toit en forme de chapeau chinois couronnait le sommet du mirador. Sa tôle d'acier épais était capable de résister aux explosions des obus de mortier. Ainsi, nous étions à l'abri, mais nous devions protéger nos oreilles.

Pendant la durée de mon séjour à El Maïn, le FLN n'a jamais attaqué le mirador.

Sur le plancher de madriers, un fusil mitrailleur rouillait dans une caisse. Un jour que je montais la garde, j'ai voulu l'essayer. Simple curiosité. Par radio, nous demandâmes l'accord à nos chefs. La réponse fut favorable. Nous sortîmes l'arme de sa caisse. Nous essayâmes d'introduire un chargeur. Impossible. Le mécanisme était grippé. Le FM n'avait pas servi depuis longtemps. Il manquait d'entretien. Par la radio, nous demandâmes l'aide d'un spécialiste pour le remettre en état. Une équipe d'une dizaine de copains vint avec le matériel nécessaire. Ils apportaient aussi trente bières. Avec eux, nous étions quinze. Cela faisait deux bières par soldat. La première était pour la peine d'être montés jusqu'au mirador et la seconde pour celle du retour. Ce fut une aubaine et un régal. Voilà la vraie solidarité !

À la fin de la journée, le FM était réparé. Chacun voulut l'essayer, comme à l'entraînement. Les échos des tirs résonnaient dans les vallées. Tous les villages des alentours étaient en effervescence. Dans les camps les plus proches, déjà, certains croyaient que nous étions attaqués. L'émotion était grande. Les radios appelèrent « Piémont gris », le mot de passe du 4e escadron à El Maïn. Qui a tiré ? Pourquoi ?

Réponse : « Tout va bien. Pas d'inquiétude ! »

Depuis ce jour mémorable, le fusil mitrailleur fut vérifié et entretenu tous les quinze jours. Désormais, nous pouvions faire confiance à sa drôle de musique.

Les autres miradors dans le camp d'El Maïn

À l'intérieur du camp d'El Maïn, il y avait quatre miradors.

Ils ressemblaient à celui qui dominait le sommet de la montagne, mais ils étaient plus étroits. Leur base mesurait seulement deux mètres sur deux. La chambre basse située sous le plancher intérieur servait de prison. La trappe d'accès était fermée au-dessus par une barre de fer en écharpe. Parfois, plusieurs « rebelles » y croupissaient, gardés par la sentinelle de faction à l'étage. Pour être sûrs que l'homme de garde ne s'endormirait pas, les gradés lui laissaient croire que les prisonniers étaient tous condamnés à mort et informés du sort qui les attendait. Le malheureux troufion préposé à la garde imaginait que les détenus allaient faire l'impossible pour s'échapper. Non seulement il ne dormait pas, mais il était toujours en alerte. Monter la garde dans ces conditions était une épreuve terrible, mais efficace.

Petites soirées entre amis

Avec les membres de mon peloton, à Beni-Ourtilane déjà, mais surtout à El Maïn, pour nous distraire et oublier notre triste condition, nous organisions parfois des représentations. Théâtre et musique ? Disons plutôt délire loufoque ! Peu importe ! C'était une occasion de rire et de panser nos plaies de l'âme.

Dans tout l'escadron, seul notre peloton pratiquait ce genre de distraction.

Nous avions élu un président, un trésorier et un comptable : le bureau (fictif). Une boîte à chaussures en carton servait de caisse. Moi, le paysan venu de la lande bretonne, je devenais coiffeur à l'occasion. Je coupais les cheveux pour 0,50. « 0,50 quoi ? » Cela faisait toujours rire les copains quand j'annonçais mon tarif. Je demandais cinq centimes par coupe. C'était dérisoire. Ceux qui sollicitaient mes compétences devaient payer leur écot. Et malheur au tricheur ou au mauvais payeur ! Il était « répertorié » par le comptable et couché sur le carnet de bord. La prochaine fois, il devrait payer deux fois le prix. Et il perdait la première mise. Cet argent servait à faire la fête. Mais le produit de mes services ne suffisait pas, loin s'en faut. Alors, nous faisions la quête. Chacun donnait selon son bon vouloir. Et la récolte était bonne. De l'argent ? Nous en avions assez, mais nous n'étions pas riches. Chaque mois, un comptable nous allouait une petite somme, notre solde, plus une prime de risques, insignifiante, mais suffisante pour nos dépenses courantes. Dans le bled, il n'y avait rien, aucune distraction. Les dix-huit premiers mois de notre service militaire, nous ne percevions pas de solde. Ensuite, nous bénéficiions du même régime que les engagés. Mais moi, cet argent, je ne l'ai jamais vu. Et je n'ai même jamais su ce qu'il était devenu. L'armée devait le verser à mes parents. Ils ne m'en ont jamais parlé.

Après la quête, notre caisse était pleine. Nous pouvions faire la fête.

Il nous restait à fixer le jour. Comme nous invitions toujours notre capitaine, c'est lui qui décidait, en fonction des opérations prévues. Pas d'opération : ni le jour de la fête ni le lendemain ! La fête, dans ce bled perdu, sans autres distractions que celles que nous pouvions improviser, c'était d'abord bien boire. De l'alcool, de la bière par cartons complets de cannettes et du pastis, plus deux bouteilles d'alcool à quarante-cinq degrés. Je buvais le pastis nature, sans eau ni glaçons, car la glace était une denrée inconnue dans ce pays paumé. La fête était un moment exceptionnel. Elle durait toute la nuit. À la fin, les « garçons » étaient fatigués, très fatigués. Incapables de monter en opération. Vraiment !

Dix ou quinze musiciens improvisés composaient un orchestre folklorique avec des jerricans, des couverts, des assiettes et des boîtes de conserve vides. Tout ce qui tombait sous nos mains était bon pour faire du boucan. Mais un soldat d'un autre peloton était musicien dans le civil. Un vrai. Il s'appelait Prudhomme. Il jouait du saxo. Alors, nous l'écoutions.

Bouquet final : au petit matin, je sortais de ma valise deux boîtes de conserves étiquetées « petits pois » mis en boîte par mes parents à la ferme de Keranguen. Et je les ouvrais. Au début, ça faisait rire les copains. Des petits pois, au petit matin ? C'était bien rigolo. Mais soudain, une incantation transformait les « petits pois » en eau-de-vie de cidre. Mes parents avaient imaginé ce stratagème pour m'envoyer de l'eau-de-vie de leurs pommiers. Je ne saurais dire la valeur donnée à ces petits verres d'alcool de Tréméven. Tous en même temps, nous les levions très haut. Nous portions un toast et nous dégustions cet alcool par petites gorgées. Mes copains me conseillaient : « Demande donc à tes parents de t'en envoyer plus souvent ! »

Dans nos verres brillait un rayon du soleil de Cornouaille.

Talmat

(les 15 et 16 mai 1957)

Quand mon escadron a déménagé pour El Maïn, un autre escadron, composé de jeunes appelés entraînés et aguerris, l'a remplacé à Beni-Ourtilane.

La malchance a voulu qu'ils passent par Talmat, au cours d'une opération.

Des soldats du FLN étaient retranchés dans ce village, et ce fut l'accrochage.

Les combats violents et meurtriers durèrent une partie de la journée. Nous n'y avons pas participé, mais tous, nous fûmes les témoins oculaires et éloignés de ces combats meurtriers. Nous voyions monter la fumée des incendies et nous entendions les explosions et les détonations. Depuis El Maïn, nous étions bien placés pour tout voir et entendre.

À Talmat, ce fut l'horreur.

Talmat est un village situé entre Beni-Ourtilane et Arassa, au-dessus de l'oued Bousselam. Il avait été complètement évacué, donc réputé vide, désert. Mais, depuis l'évacuation, une bande d'au moins deux cents combattants dotés d'armes de guerre s'y était installée. L'escadron venu de Beni-Ourtilane l'ignorait.

Vers sept heures du matin, un peloton composé d'une vingtaine d'hommes conduits par le sous-lieutenant Loïc de Maupéou se heurte à une vive résistance. Le maréchal des logis-chef Fontaine et le sous-lieutenant sont blessés. Une partie des soldats se réfugie dans l'ancienne école de Talmat. Le sous-lieutenant de Maupéou, inquiet de ne pas voir revenir le reste du peloton, envoie l'adjudant Bollo avec ses hommes pour rechercher les disparus et reprendre le contact. Et c'est le piège. Les combattants du FLN attaquent l'école. Le dragon Labre est grièvement blessé. Il décédera presque aussitôt. Une deuxième tentative de sortie de l'école échoue.

Pendant ce temps, le second groupe, qui n'a pas pu se réfugier dans l'école, est surpris par un parti de « rebelles » plus nombreux. Plusieurs appelés succombent après avoir épuisé leurs munitions. Huit sont faits prisonniers. Ils se prénomment : Eugène, André, Auguste, Michel, Guy, Henri, Stéphane et Armand. Le dragon Le Noch, blessé, gît sur le sol. Les combattants du FLN le croient mort. Ils l'abandonnent. Impuissant, le malheureux assiste au massacre de ses camarades et à la capture de huit d'entre eux.

Seul le dragon Gasdoué réussit à s'enfuir. Il mettra toute une nuit et une partie du lendemain pour regagner Beni-Ourtilane.

Dix-huit harkis se réfugient dans des mechtas.

Les combattants du FLN font sauter les toitures des mechtas, puis ils jettent de la paille à l'intérieur, l'arrosent avec du pétrole et y mettent le feu. Plutôt que de tomber vivants entre les mains des « rebelles », les harkis retournent leurs armes contre eux. Ils se donnent tous la mort.

On retrouvera leurs corps, en partie carbonisés, mais avec une balle dans la tête.

On n'a jamais retrouvé les huit jeunes soldats français capturés à Talmat. Des Kabyles les ont vus, traînés dans plusieurs villages, exposés à la vindicte publique, les mains liées derrière le dos. Que sont-ils devenus ? Comment sont-ils morts ? Nous ne le saurons jamais. Seule la plaque d'immatriculation militaire du dragon Blondeau a été retrouvée dans un village voisin, le 24 mai.

Quand l'escadron de Beni-Ourtilane se rendit sur les lieux, il découvrit l'horreur.

Bilan du massacre : huit prisonniers (à jamais disparus), huit tués au combat, dix-huit harkis suicidés et deux survivants.

Depuis notre caserne, à El Maïn, nous assistions aux combats et nous entendions les bruits de fusillades. Nous savions que nos copains se faisaient massacrer à Talmat. Une vallée nous séparait. Nous étions prêts à intervenir. Toute la journée, jusqu'au soir, nous avons attendu les hélicos. Ils ne sont jamais venus, ni à El Maïn, ni à Beni-Ourtilane qui est à une heure de marche du lieu du carnage.

Voir et entendre, assister impuissants, ne rien pouvoir faire, c'est terrible. Ce qui est arrivé est inimaginable. Notre douleur était grande et notre colère encore plus grande. Nous nous sentions tous plus ou moins coupables. Si nous avions su que le hélicos ne viendraient jamais, nous serions partis à pied.

Personne ne m'a jamais expliqué pourquoi les appelés du contingent de Beni-Ourtilane ne furent pas secourus. Si les officiers, quelque part au niveau du haut commandement, savent, j'aimerais connaître ces raisons. Cette expérience désastreuse laissera dans nos cœurs un pénible souvenir. Le plus navrant : une partie de ces militaires devaient être libérés quatre jours plus tard.

Sur les monts de Kabylie, les jeunes soldats français faisaient la guerre contre les combattants du FLN, pas la « pacification ». Des deux côtés, la lutte était sans merci. Où étaient les bons ? Où étaient les méchants ? Chacun jugera selon son point de vue.

Un supplicié

Au lever du jour, nous étions en embuscade près d'un village dont j'ai oublié le nom. À l'affût depuis longtemps, nous attendions que le jour se lève pour entrer dans le village, car, dans l'obscurité, les risques étaient grands.

Ce matin-là, un homme montait sur la piste. Un soldat de notre groupe l'a intercepté. Tout individu surpris à pénétrer dans un village avant le lever du jour n'y avait donc pas passé la nuit : il était réputé suspect. Ce pouvait être un combattant du FLN.

Aussitôt, un officier et quelques soldats se sont occupés de lui. Voulaient-ils le faire parler ? Je ne le sais pas. Ils s'acharnaient sur ce malheureux. Quatre soldats, appelés du contingent, et des gradés le maintenaient le dos au sol, pendant qu'un gradé versait l'eau d'une outre en peau de chèvre dans sa bouche, à l'aide d'un entonnoir. C'était une réédition du supplice de l'eau, rustique et médiéval.

Le malheureux buvait contre son gré et beaucoup plus qu'à sa soif. Impitoyable, son tortionnaire continuait de l'abreuver. Que se passait-il dans sa tête ? Voulait-il le faire parler ? Pour avouer quoi ? Ou se venger ? Pourquoi torturait-il cet homme avec une telle violence ? Les pensées qui trottent parfois dans les cerveaux de certains individus, têtes brûlées ou malades mentaux, sont si éloignées de l'idéal humanitaire qu'il devient difficile pour un homme normal et sain d'esprit de les imaginer.

Le prisonnier soumis au supplice de l'eau était-il un dangereux « rebelle » ou un paisible habitant d'un village ? La suite de l'histoire ne l'a jamais dit. Les soldats avaient-ils raison ou tort ? Même si leurs soupçons étaient fondés, rien ne justifiait le recours à la torture. Mais deux considérations pouvaient l'expliquer : d'abord, le sadisme et la barbarie de certains (souvent, ce sont les moins courageux au combat), ensuite les conditions de notre vie exposée et l'obligation où nous étions d'obéir aux ordres de nos supérieurs. Nous étions isolés dans le bled. Il n'y avait aucune échappatoire, aucune porte de sortie honorable. Tous devaient suivre le mouvement, avec les copains, soumis à l'influence des chefs. Hors du régiment, point de salut ! Avec ou sans remords, nous étions solidaires.

L'eau coulait dans la gorge du prisonnier. Elle pénétrait dans ses poumons. L'homme étouffait. Soudain, à la limite de l'asphyxie, comme un noyé qui se débat au moment de sombrer, il fit un effort désespéré pour se libérer. Son énergie fut décuplée. D'un bond prodigieux, il se souleva du sol, à au moins quarante centimètres. Pourtant, quatre soldats entravaient ses poignets et ses chevilles et pesaient sur son corps. Il bondit en l'air comme un lapin atteint par la décharge du fusil. C'était horrible et insupportable. Et moi, je ne pouvais rien faire pour empêcher l'horreur.

Impuissant, je me suis éloigné du macabre spectacle.

Des soldats qui étaient mes copains ont commis cet acte. Je le juge inexcusable. Plusieurs dizaines d'années se sont écoulées et je relate ces faits. Mes pensées ne sont plus les mêmes. Nous n'avons pas fait que des belles choses, en Kabylie. Je me dis : « Que pouvais-je faire pour les empêcher ? » Et encore : « Qu'allions nous faire là-bas ? Et à quoi ont servi tant de morts et de mutilés ? » Maintenant, on peut toujours porter un jugement. Mais à froid, sans regard pour le passé, il n'a pas de valeur. La vie était dure dans les deux camps. Ceux des nôtres qui sont tombés aux mains du FLN furent suppliciés et massacrés. Mais les horreurs perpétrées par nos adversaires n'ont jamais justifié les nôtres.

Notre vie dans le bled était frappée du sceau de l'inconscience, et cela nous aidait à tenir le coup. Pris dans l'engrenage de l'action, nous n'avions guère le temps de réfléchir. C'est après notre libération, quand le travail de mémoire a lentement décanté nos souvenirs, que les problèmes mentaux sont apparus. Certains ont perdu la raison, d'autres ont tout oublié. Tout, complètement ! D'autres se souviennent. Et moi, je rédige mes mémoires. C'est peut-être le meilleur moyen pour exorciser mes vieux démons ?

On tire sur Freha au canon de 75 avec recul

Ce matin-là, le capitaine Jojo veut essayer le canon de 75 avec recul.

Quand ce diable d'homme a une idée en tête, on ne l'en fait pas changer. Et sur quel objectif pointer le canon ? Sur le village de Freha. Il est à la bonne distance. Il fera l'affaire. Mais il est habité ? Eh bien, tant pis pour les habitants ! Le bruit les sortira de leur torpeur. Peut-être y aura-t-il quelques dégâts collatéraux (ainsi appelle-t-on les victimes dans le jargon du métier des armes) ? Qu'importe ! La guerre n'est jamais sans risques ni victimes. Donc notre capitaine assume la responsabilité pleine et entière des conséquences de sa décision. L'adjudant Vial, soi-disant « artilleur », est prié de pointer le canon et de régler la hausse. Il s'exécute.

Premier tir. L'obus part, mais il n'explose pas.

Deuxième tir. Même résultat. Pas mieux !

Au troisième tir, aussi inefficace que les deux premiers, le capitaine se fâche : « Qu'est-ce qui m'a fichu… ? » On connaît la suite. L'adjudant en prend pour son grade. Et bien ! Furieux, le capitaine avise un soldat : « Toi, va me chercher l'Autre ! »

Le dénommé « l'Autre » est un soldat débrouillard et compétent en matière d'artillerie de campagne. Il arrive, jauge la situation et accepte de s'occuper du canon, mais à une condition : que l'adjudant incompétent « dégage ». Le capitaine lui donne satisfaction.

Examen du problème. Conclusion : « Voyons, mon capitaine ! Vos obus ne sont pas amorcés. » Et l'adjudant incompétent n'avait rien vu. Félicitations !

Maintenant, on peut tirer. Les obus explosent. Mais loin en avant du village.

La portée du canon était trop faible. Si elle avait été suffisante, il y aurait eu peut-être des blessés et des morts. Une chance pour les habitants. Effrayés, ils ont tous déguerpi.

La fillette mascotte

Souvent, les combattants du FLN mettaient en avant des femmes et des enfants. Et quand nos soldats approchaient, les malheureux otages poussaient des hurlements de frayeur. C'était très efficace. Avertis par les cris, les soldats du FLN décrochaient. Ils se retiraient sans combattre, car nous étions plus nombreux et mieux armés. Et notre opération échouait.

Ce petit jeu cruel a duré quelque temps. Et puis, un jour, les soldats français ont ouvert le feu et poursuivi les « rebelles » sans se soucier des victimes dites collatérales.

Alors, les combattants du FLN ont cessé de procéder ainsi.

Mais, entre-temps, il y a eu des morts et des orphelins.

Ainsi, au camp d'El Maïn, nous avons longtemps hébergé une fillette de sept ans, avec son frère. Ces deux enfants avaient perdu leur maman et leur papa, parce que les combattants du FLN les avaient mis en avant, exposés aux balles de nos fusils.

Une fois démobilisé, je n'ai pas su ce qu'ils étaient devenus. Mais j'ai conservé leur photo.

▲ *La fillette et son frère que nous avions hébergés.*

Une bière contre une grenade

Je suis curieux et prudent. Ma nature est ainsi faite. Quand je pénètre dans un village inconnu, je fais attention à bien repérer les rues principales. Cela m'a permis de me tirer de mauvais pas, parfois. Je procède de la même façon avec les armes nouvelles.

À El Maïn, nous avions un stock de grenades incendiaires. Elles n'avaient jamais été utilisées. Par curiosité, j'en ai pris une pour l'essayer quand je serais dans la nature. Je n'en ai pas eu l'occasion. J'ai marché toute la journée avec ma grenade au côté.

Un sergent prénommé Serge me demande :

— Tu me la donnes et je la lance ?

Comme je semble réticent, il me propose :

— Tu me la laisses et je paie une bière à tous, une fois de retour au camp.

Je lui tends la grenade, trop heureux de faire un cadeau aux copains.

C'est un petit cylindre plastifié, de la taille d'une bombe de déodorant pour salle de bains. L'engin ne paie pas de mine. Il paraît presque inoffensif.

Le sergent la dégoupille et il la lance loin, dans une maison détruite. Aussitôt, l'engin éclate. Une énorme boule de feu se développe et se propage à une vitesse considérable. Elle recouvre toute la maison et s'avance vers nous. Surpris par la violence et l'intensité de la déflagration, nous nous jetons au sol. L'effet de souffle est considérable. Une énorme boule de feu recouvre la maison et ses alentours.

Je ne pensais pas qu'un si petit engin pût produire un aussi puissant effet.

Si j'avais lancé cette grenade, je l'aurais gardée trois secondes dans ma main. Trop longtemps. J'aurais été carbonisé. Je pensai : « Merci, Serge, tu m'as sauvé la vie ! »

De retour au camp, nous avons arrosé l'événement. Et bien.

Parfois, je me dis qu'une vie tient à peu de chose.

À l'armée, nous ne testons pas assez les munitions.

La fouille du village de Ouled Sidi Idir

(le 29 août 1957)

Ce matin, de bonne heure, les deuxième et troisième pelotons, soit une cinquantaine de soldats, partent fouiller le village de Ouled Sidi Idir. À vol d'oiseau, c'est à deux kilomètres d'El Maïn. Mais à pied, il faut compter au moins une heure et demie de marche pénible par des sentiers muletiers. J'appartiens au deuxième peloton. Je suis de l'expédition. À flanc de montagne, les soldats lourdement armés progressent lentement en file indienne sur des sentiers tortueux et abrupts.

Nous arrivons au village. Ici, sur la terre meuble, les anciens bâtisseurs ont arasé une colline. Ils ont construit leur village sur une terrasse artificielle. Les maisons sont basses, sans étages. Les murs en torchis ocre jaune et brique se fondent dans le paysage. Les toits sont en tuiles canal de terre cuite. Le village semble jailli hors de la terre. Les rues étroites sont creusées dans une marne grasse et lourde qui adhère sous les chaussures quand il pleut. Un bourricot chargé peut à peine y passer. Mais l'ensemble est harmonieux, joli à regarder, bien conçu et admirablement protégé contre le soleil.

Plusieurs habitations sont regroupées autour d'une cour intérieure commune. On y accède par une porte principale unique qui ouvre sur la rue. Toutes ces maisons communiquent avec la cour intérieure. Cette disposition facilite les contacts entre les habitants qui, peut-être, appartiennent à une même famille ? Ce mode de vie est adapté aux rudes conditions du bled.

Les habitants du village ont été regroupés sur la place, bon gré mal gré, et les maisons sont vides. Des groupes de cinq à six soldats les contrôlent une par une : deux restent dehors et trois pénètrent à l'intérieur. C'est la consigne.

▲ *À Ouled Sidi Idir, les villageois rassemblés avant la fouille des maisons.*

Avec des copains, une maison retient notre attention : elle possède un étage, ce qui est rare dans un village du bled. Nous décidons de la visiter. Le rez-de-chaussée est vide. Nous montons à l'étage. Il comprend deux chambres. Elles sont vides aussi. L'intérieur de la maison est propre, bien tenu, presque luxueux pour le pays. Une exception. Cette maison doit appartenir à un notable. Dans les chambres de l'étage, nous avons trouvé des sous-vêtements en dentelle. Elles devaient être habitées par des femmes de haut rang. De la dentelle ? Dans le bled ? Cela tient presque du miracle. Quand on connaît la pauvreté des habitants et quand on sait que les femmes ne portent pas de culottes, tout comme nos grand-mères à la campagne, on est étonné. Où sommes-nous ? Ne serait-ce pas la maison d'un responsable du FLN ? Après tant de mois passés dans le bled, nous commençons à connaître certaines habitudes, nous qui sommes formés sur le tas.

Nous glissons les vêtements des femmes sous un lit. Au passage, je récupère une trousse de toilette vide. C'est un étui de plastique sans valeur avec une fermeture Éclair, le genre de bricole que l'on achète pour un euro, de nos jours, dans un supermarché. Machinalement, je prends ce sac. Je ne sais pas pourquoi.

Mais, quand nous sortons, nous apercevons un rassemblement de soldats. Le lieutenant du troisième peloton est très énervé : il leur fait des remontrances. Mieux, il les invective.

Nous approchons du groupe. Ce lieutenant reproche à ses hommes d'avoir chapardé quelques objets. C'est mal. Plusieurs gars qui assistent à la scène rient sous cape. L'officier n'a ni l'art ni la manière de parler aux soldats. Il manque de psychologie. C'est un imbécile. C'est lui qui avait exposé au mess des officiers la « pétoire » que j'avais trouvée dans une grotte aux environs de Freha.

C'est alors qu'un Kabyle vient se plaindre. On aurait dérobé une trousse de toilette avec fermeture Éclair dans sa maison. Je me dis : « Albert, tu as encore fait une connerie. » Je sens que ça va chauffer pour moi. D'autant plus que le lieutenant irrité commence à qualifier ses hommes avec des noms d'oiseaux. Ils sont nombreux et variés, les noms d'oiseaux, croyez-moi ! C'est l'occasion ou jamais de parfaire mes connaissances en ornithologie. Au moins je sortirai de cette épreuve plus savant que je n'y suis entré.

Vite, je balance la trousse dans la cour d'une maison.

Ni vu ni connu. Et basta !

Avec mes copains, nous étions persuadés que cette belle maison abritait des membres du FLN. Eux seuls possédaient assez d'argent pour payer à leurs dames des dessous chics. L'homme venu se plaindre au lieutenant aurait dû être conduit au camp et interrogé. Mais, ce jour-là, le lieutenant qui nous commandait a baissé les bras. Nous avons abandonné les fouilles sans les terminer. Le plus important restait à faire. Cet officier accordait plus d'importance à l'accessoire qu'à l'essentiel. Peut-être cherchait-il à se défiler ? À éviter une confrontation ?

Nous sommes revenus bredouilles au camp d'El Maïn. Nous n'avions même pas fouillé toutes les maisons. Nous avions monté une opération inutile. Peut-être y avait-il des membres du FLN cachés dans une ou plusieurs maisons du village ? Et qui refusaient le combat ?

Longtemps plus tard, à l'occasion d'une réunion d'anciens de l'escadron, j'ai raconté cet épisode à mon ex-capitaine, Jojo. Il m'a répondu :

— Pourquoi n'es-tu pas venu me voir ? Nous en aurions parlé. Je vous aurais écouté, toi et tes copains. Et nous aurions fait une descente de contrôle.

Mais je réfléchissais. À cette époque, quand un supérieur, même un lieutenant, nous décourageait de faire notre « sale boulot », nous en restions là. Nous, les appelés, nous avions plus à perdre qu'à gagner dans un engagement frontal. Peut-être le manque de courage du lieutenant a-t-il sauvé nos vies ? Ce jeune homme, lui non plus, n'avait sans doute pas envie de tenter le diable.

La mort accidentelle du soldat Yves Lucas

(le 26 septembre 1957)

Yves Lucas revenait d'une permission exceptionnelle dans sa famille, en France dite métropolitaine. Il était allé à l'hôpital, au chevet de son fils, accidenté de la route. Il arriva à El Maïn un jeudi. Il invita deux camarades à passer un moment avec lui au foyer. Puis, à quinze heures, il prit son tour de garde à l'entrée du camp.

À ce moment, des officiers, passablement éméchés, revenaient d'une petite fête bien arrosée, organisée avec des collègues d'un autre escadron. L'un d'entre eux voulut faire une « bonne blague » à l'ordonnance du capitaine qui était montée sur un cheval arabe. Il prit une carabine américaine USM1 et, depuis la porte du bâtiment, il visa un talus de terre surmonté de chevaux de frise. Il pensait que l'impact de la balle allait soulever un nuage de poussière, faire sursauter le cheval et désarçonner le cavalier.

Par malchance, le dragon Yves Lucas se trouvait dans la ligne de mire quand le coup partit. Atteint en pleine tête, il fut tué sur le coup.

Ce drame sema la consternation dans le camp d'El Maïn.

La tristesse et l'émotion étaient si grandes que nous gardons toujours le souvenir de cette tragédie. Ce jour-là, le facteur chance n'était pas au rendez-vous.

L'officier responsable de la mort accidentelle de notre compagnon, un homme de grandes qualités humaines, fut si désespéré qu'il sella un cheval et partit courir le bled, exposé à un tireur éventuel. On ne le revit plus avant la nuit.

Conclusions d'un drame stupide ! Pour la famille et pour l'armée, le soldat Lucas fut déclaré mort au combat. C'est peut-être mieux ainsi. Je n'écrirai pas plus longtemps sur ce sujet poignant, malgré la tristesse qui m'étreint. Je dis : « Bonne route, Yves ! »

Nous qui restons, nous devons penser au lendemain.

Jamais nous n'avons évoqué cet épisode au cours de nos rencontres avec les anciens du 4e dragons. Certains événements semblent voués à l'oubli, parce que l'empreinte de leur impact a trop marqué nos esprits.

Dans les environs de Sidi-Aïch

(du 28 septembre au 6 octobre 1957)

Tôt le matin, nous quittons El Maïn à pied et nous rejoignons Lafayette où nous arrivons vers 14 heures. Une délégation dont je ne fais pas partie assiste aux obsèques de notre camarade Yves Lucas. Puis nous partons pour Kerrata où nous arrivons vers 20 heures.

Une opération commence. Elle va durer neuf jours.

Nous reviendrons à El Maïn le 6 octobre.

En opération, les nuits sont courtes. Souvent, nous sommes debout vers deux ou trois heures, bien avant le lever du soleil. Il faut surprendre l'ennemi avant qu'il ne s'en aille.

Après un bref repos et un léger casse-croûte, des camions nous emmènent à Sidi-Aïch où nous arrivons vers 3 heures du matin, le dimanche 29 septembre.

Il est six heures. Nous investissons Sidi Aïch, un village de la vallée de la Soummam. Toujours la routine. Tous les habitants sont réveillés, extirpés de leurs maisons et rassemblés sur la place du village ou à l'extérieur. La fouille commence. Cette fois, l'enjeu est important. Nous recherchons Amirouche et ses principaux lieutenants. Ils écument la région. Le chef Amirouche est insaisissable. On le signale à un endroit, mais quand nous arrivons, il n'y est déjà plus. Qui est ce diable d'homme qui nous donne tant de fil à retordre ? Un chef « rebelle », intelligent et audacieux, le protecteur du « Congrès de la Soummam : 20 août 1956 », l'organisateur de la résistance algérienne en Kabylie.

L'armée française déploiera des milliers d'hommes pour essayer de le capturer. Elle rasera des villages, elle déportera des populations entières, elle exterminera des centaines de combattants de l'Armée de libération nationale (ALN). Il faudra encore deux années de recherches et de combats avant qu'Amirouche ne succombe dans la région de Bou-Saada, le 28 mars 1959. C'est ce diable d'homme que nous recherchons pour le neutraliser.

Bercés par les chaos, nous dormons sur le plancher des camions qui roulent sur les pistes. À peine arrivés, nous sautons à terre et ratissons le bled. Les marches de jour alternent avec les marches de nuit. Les nuits sont noires, sans lune. Le terrain est typique du bled de Kabylie : aride, rocheux, escarpé, tout en dénivellations et reliefs. C'est la montagne splendide et dangereuse, avec ses difficultés et ses traquenards. Nous n'avons ni tentes, ni lits de camp, évidemment, ni sacs de couchage, ni couvertures. Nous dormons à même le sol. Tout d'abord, nous nous asseyons sur la terre, adossés deux à deux l'un contre l'autre. C'est plus reposant. Les plus diserts racontent des histoires ou des blagues. Et le temps passe. Puis le sommeil lentement nous rattrape. L'un après l'autre, nous glissons vers le sol, endormis, sanglés dans nos treillis fatigués. La nuit, le froid vif nous réveille souvent. Toujours nous nous rendormons, vaincus par la fatigue. Tôt le matin, la rosée nous recouvre. Elle glace nos chairs. Sa densité varie selon l'altitude, le temps et la configuration du terrain. Personne ne peut prévoir son effet.

Au grand jour, le soleil nous séchera.

Un matin, le capitaine nous ordonne de contrôler un oued près d'un village dont j'ai oublié le nom. Pendant que le reste de l'escadron visite le village, nous sommes sept, désignés pour ratisser l'oued. C'est un petit cours d'eau bordé par une crête de sept à huit mètres de hauteur. Quatre camarades progressent au-dessus de l'éminence. Trois cheminent dans le lit de l'oued. Je marche en tête du groupe des trois.

Je suis voltigeur de pointe, un maître-chien me suit à ma gauche et un brigadier à ma droite. Cinq mètres environ nous séparent les uns des autres. Nous pataugeons dans une végétation de roseaux et de plantes aquatiques, épaisses et hautes. Au début, tout semble calme. Le secteur est silencieux. Nous avançons avec prudence.

Environ une demi-heure plus tard, nous entendons des voix. Des hommes viennent vers nous. Combien sont-ils ? Une dizaine. Des « rebelles ? » Sûrement ! En opération, tout étranger est réputé « rebelle ». La consigne est simple : tirer le premier. Pas de quartier ! Celui qui hésite risque de perdre la vie.

Nous avons l'avantage de la surprise. Nous les entendons, mais eux ne savent pas que nous sommes cachés par les roseaux.

Dans le lit de l'oued, nous sommes exposés. Ce n'est pas à nous de tirer, mais à nos compagnons sur la crête. Ils dominent le paysage et voient se déployer l'ennemi. Mais ils patientent. Ils attendent que les « rebelles » aient pris un peu d'avance sur nous. Ils savent que nous sommes en danger. Et nous, cachés dans le lit de l'oued, abrités par la végétation, nous les laissons passer. Ils continuent d'avancer sans nous voir. Ils nous dépassent de plusieurs mètres. C'est alors que les tireurs embusqués sur la crête ouvrent le feu. Nous aussi, et simultanément. Les combattants algériens n'ont pas le temps de riposter. La surprise joue en notre faveur.

C'est un carnage. Le spectacle est pénible à voir, insupportable.

Aucun des combattants n'a survécu au tir de nos pistolets mitrailleurs et fusils. Ils gisent derrière nous, étendus dans l'oued. Par chance, nous sommes tous indemnes. Une balle a frappé le chargeur de mon PM. Je me dis : « Albert, tu l'as échappé belle ! » Le boîtier du chargeur est défoncé, serti contre le chargeur. Je ne peux plus tirer par rafales, mais seulement au coup par coup. Je dois introduire les balles l'une après l'autre et à la main dans la culasse de mon arme. Autant l'avouer, je suis désarmé. Pas tout à fait ! Il me reste encore deux grenades et un couteau fixé à mon ceinturon.

Nous rejoignons les copains sur la crête. Deux camarades me couvrent. Puis nous rejoignons le reste de l'escadron qui est à un peu plus d'une heure de marche de l'oued. Nous étions sept au départ. Nous sommes sept au retour. Sains et saufs. Mais, au fond de l'oued asséché, gisent une dizaine de corps. Ceux-là ont eu moins de chance que nous. Nous les avons surpris. À quoi tient la vie d'un homme ? Parfois je m'interroge. Quand je remue ces souvenirs dans ma tête, je vois ces corps sans vie, abattus par nos balles. Et je me dis : « Qu'allions-nous faire là-bas ? Et pourquoi, entre eux et nous, y avait-il cette obligation de tuer, cette pulsion de mort ? » Mais aussi, je me raisonne : si nous n'avions pas ouvert le tir les premiers, peut-être et même sûrement, je ne serais pas revenu vous raconter cette navrante histoire.

Ensuite, nous avons marché toute une journée. Mon pistolet mitrailleur était presque inutile. Mes copains veillaient sur moi comme des mères poules sur leur couvée. Mais j'avais toujours, par précaution, une balle engagée dans la culasse. J'étais prêt à faire feu. Je n'aurais pas tenu longtemps. Parfois, la première balle est décisive.

On a remplacé mon pistolet mitrailleur endommagé.

J'ai demandé un fusil Garant. Entre le PM et le fusil, quel est le plus efficace ? Cela dépend des circonstances, de la situation.

Le sous-lieutenant du deuxième peloton

Le soir, nous campons dans un entrepôt désaffecté.

C'est une grande bâtisse située à l'entrée du village de Sidi-Aïch. Le sol est très sale, jonché de détritus. Alors, chacun pour soi, nous balayons une aire sur laquelle nous poserons une natte ou un matelas (pour les plus chanceux). Et nous dormirons là.

Je dégage donc une surface au sol et je demande à un nouvel arrivant (un bleu) dans mon peloton, de me garder l'emplacement pendant que je vais chercher un couchage. Où trouver un matelas ou quelque chose de similaire ? Chez l'habitant. Pendant la guerre dite de « pacification », les soldats français « empruntaient » aux villageois tout ce dont ils avaient besoin. Dans la mesure de leurs faibles moyens.

L'occupant exerçait ses droits, en vertu de la loi du plus fort.

Croyez-vous que les malheureux habitants de ces pauvres villages protestaient ? Même pas ! Ils laissaient faire les soldats. Ils courbaient l'échine. La force des armes imposait sa loi. Nous étions en pays conquis. Les soldats du contingent ne se préoccupaient pas des états d'âme des habitants. Entraînés par l'exemple de nos supérieurs, conduits par un capitaine intrépide, aguerris par de rudes exercices, exposés au risque de perdre la vie dans une embuscade, nous étions endurcis, presque insensibles. Un peu fous, il faut le reconnaître. Ce que nous n'aurions jamais osé faire dans la vie civile, à cause des contraintes de la civilisation et de la loi, nous le faisions ici, naturellement, comme si cela allait de soi. Ce monde était inhumain et démentiel.

Je suis entré dans une maison kabyle et j'ai pris un matelas. Pour une nuit seulement. Demain, après notre départ, les habitants pourraient venir le récupérer. Cette nuit, au moins, l'un d'entre eux dormirait sur le sol. Cette pensée n'a même pas effleuré mon esprit, tant la pression de la nécessité était forte. Aux soldats « pacificateurs » de l'armée française tout était dû. Il est difficile de comprendre ce genre de comportement. Impossible pour quelqu'un qui n'a pas vécu dans le bled pendant la guerre d'Algérie. Nous étions en rupture de civilisation et entraînés pour tuer. Pour nous, la vie ne comptait guère. Plus tard, le retour vers nos terres paisibles sera difficile et laborieux. Nous devrons refaire l'apprentissage de la vie civile.

Je reviens dans le hall avec un matelas. Peut-on appeler ça un matelas ? Il est percé en de multiples endroits, mité, éculé, sale d'avoir traîné par terre. Mais que demander de plus ? Pour une nuit, quand la fatigue vous terrasse. Mais que vois-je alors ? La place que j'avais balayée est occupée. Un matelas est posé dessus. J'en demande la raison à mon « bleu ». Il me répond que le sous-lieutenant l'a prise. Il est le successeur de Barrot, et je ne l'aime pas. Dans la compagnie, personne ne l'apprécie. Son style de commandement nous déplaît.

Alors je me mets en colère, je saisis son matelas et le jette dehors.

Le sous-lieutenant arrive, furieux, vexé. Il me demande des comptes. Je me défends. Je lui tiens tête. Moi, je reste assis sur mon matelas. C'est ma place. Je revendique le droit du premier usager. Je tiens mon arme à la main. Je suis décidé à défendre mon territoire et mon bon droit. Le sous-lieutenant me cède la place (elle me revient : je l'ai nettoyée moi-même), mais il décide de m'infliger une punition : cette nuit, je prendrai un tour de garde supplémentaire. Je lui réponds : « Non ! Je ne prendrai pas ce deuxième tour de garde. » C'est injuste. Nous avons tous fait le même trajet. Nous ressentons tous la même fatigue. Nous sommes tous éreintés. Pourquoi un homme s'arroge-t-il le pouvoir de dire à un autre : « Toi, dégage ! »

En principe, dans l'armée, un supérieur a toujours raison contre un subordonné. Mais en Algérie, dans le bled, la discipline militaire est plus souple, adaptée aux circonstances. Les soldats du contingent sont nombreux et ils font bloc. La solidarité joue.

Les camarades se soutiennent les uns les autres.

La situation devient dangereuse. Des copains assistent à la scène. Ils me comprennent et ils approuvent mon comportement.

Obéissant, je prends mon premier tour de garde. Serge, un sergent appelé du contingent, vient me voir. Nous évoquons l'incident. Il me propose de me remplacer, demain matin, pour mon deuxième tour de garde. Chose promise, chose due. À cinq heures trente, Serge prend la garde à ma place. Je le rejoins parce que je ne veux pas le laisser seul. Une demi-heure plus tard, un autre copain nous rejoint. Peu de temps après, nous sommes cinq à monter la garde, tous réunis par la fraternité des armes. Et nous causons.

Le sous-lieutenant n'est jamais venu vérifier si j'avais accompli mon second tour de garde.

Le regard hypnotique de l'homme qui sent qu'il va mourir

Nous montions par un sentier vers un village dont j'ai oublié le nom. Peut-être El Kseur ? Toujours dans le secteur de Sidi-Aïch. Notre escadron, conduit par le capitaine Jojo, s'étirait en file indienne sur plusieurs centaines de mètres. Nous arrivions au terme d'une marche de quatre ou cinq heures, sous le soleil, dans la montagne, sur un terrain escarpé et difficile. Le village était proche. Nous étions fatigués. Mon groupe fermait la marche. Mon camarade Paul et moi étions les derniers, tout en bas, loin des autres.

Souvent, le danger survenait par l'arrière.

Le capitaine a donné l'ordre de s'arrêter pour prendre un petit repos. Nous nous sommes assis sur le sol. Nous avons bu un peu et attendu.

Soudain, Paul et moi avons entendu des pas, un peu plus bas. Un inconnu, un Kabyle, montait par le sentier. Il venait vers nous. Il ignorait notre présence, car il ne nous voyait pas encore. Il ne se méfiait pas. Mais nous, cachés par un buisson, nous l'entendions monter. Soudain, et simultanément, Paul et moi, nous nous levâmes et nous le mîmes en joue avec nos fusils. L'homme, surpris, s'arrêta, leva les mains en l'air, puis il nous regarda.

Contre la consigne, nous n'avions pas ouvert le feu. Nous aurions dû. Nous tenions l'homme au bout de nos fusils. Il était à quinze mètres environ. Mais nous hésitions. Pourquoi ? Ce Kabyle semblait inoffensif. Mon ami et moi, sans nous concerter, jugions qu'il ne constituait pas une menace pour notre groupe. Les secondes s'écoulaient. L'homme nous regardait fixement. C'est peut-être à cause de ce regard terrifié et fixe que nous n'avons pas tiré. C'était le regard de l'homme qui sent qu'il va mourir.

Je ne l'oublierai jamais.

Souvent, après un rêve nocturne, je me réveille et je revois le visage de cet homme apeuré. Il est flou et manque de netteté. Alors, j'essaie de l'imaginer tel que je l'ai observé sous le soleil de Kabylie, mais je n'y parviens pas. Le regard de l'homme qui sent qu'il va mourir est imprécis, mais éloquent, terrible et angoissant.

Je ne fais pas une fixation sur cette image, elle ne me hante pas en permanence, mais j'y pense souvent, le matin au réveil. J'en ai parlé plusieurs fois à mon médecin. Il s'est déclaré incompétent. La médecine a ses limites.

Comme nous tenions notre homme en joue, il s'est produit un phénomène étrange. Paul et moi, nous avons eu un moment d'hésitation. Et en même temps. Tous les deux, nous avons pensé que, puisque l'un de nous (lui ou moi) tenait cet homme en joue, nous pouvions relâcher notre attention. Nous l'avons fait ensemble, simultanément et sans nous concerter. C'était inexplicable.

Soudain, l'homme a disparu. Comment ? Par où ? Nous l'ignorons.

Nous nous sommes regardés tous les deux. Nous étions surpris, mais pas déçus. Heureux d'être débarrassés d'un fardeau, soulagés de n'avoir pas tué un homme qui peut-être était innocent. Notre conscience devenait plus légère. La fatigue, la tension et la chaleur avaient affaibli notre attention et atténué notre perception. Peut-être avions nous été hypnotisés par ce regard impressionnant et fixe de l'homme qui sait qu'il va mourir ? Je ne saurai jamais ce qui s'est passé dans ma tête en ce moment d'intense concentration, d'extrême tension et de fatigue physique.

Un quart d'heure plus tard, le capitaine Jojo tira un coup de revolver.

Fin du repos ! En avant les gars ! Nous reprîmes la marche. Un coup de revolver, c'est efficace pour vous sortir de votre léthargie. Le village était à un peu plus d'un kilomètre. Nous y arrivâmes. Alors nous le ratissâmes et nous fouillâmes toutes les maisons.

Un autre peloton venait de faire un prisonnier. L'homme avait les mains liées dans le dos. Les soldats étaient fatigués. Comme le soleil tapait fort, ils se mirent à l'ombre avec leur prisonnier. Soudain, le Kabyle, ses mains toujours liées dans le dos, trompa la vigilance de ses geôliers et il disparut. Pourtant, la visibilité était bonne : le terrain était découvert sur plus de deux cents mètres. Toutes les recherches furent vaines. L'homme s'était évanoui. Avait-il eu le temps de courir deux cents mètres avec ses mains liées ? Ou connaissait-il une cache proche ? Les soldats s'étaient-ils endormis ?

On ne l'a jamais retrouvé.

Pour quelques pains...

À Sidi-Aïch, avec des copains, je revenais d'opération. Nous avions faim.

Dans le village, nous avisâmes une boulangerie. Sa devanture regorgeait de pains. Nous entrâmes pour en acheter.

— Pas de pain pour vous ! me répondit le boulanger, un Kabyle bien stylé.

Je lui répondis :

— Donne-nous du pain ! Nous payons.

Il refusa. Alors la colère me prit. Je le menaçai :

— Ah ! Tu ne veux pas nous donner de pain ? Eh bien nous allons faire savoir dans le village que tu es un traître à ton pays. Et tu vas voir.

C'était du chantage. Jamais je ne l'aurais dénoncé. Mais le boulanger comprit aussitôt l'importance de la menace et il prit peur. Celui qui était dénoncé comme traître était aussitôt abattu par le FLN. Et les commandos de « rebelles » ne prenaient pas le temps de contrôler la véracité des dénonciations. Leur justice était expéditive et sans appel. Combien d'innocents ont-ils payé pour un mensonge ou une dénonciation ?

L'homme nous donna du pain.

Je déposai sur le comptoir une somme d'argent supérieure à la valeur du pain délivré.

C'était une partie de l'argent de notre solde que l'on ne pouvait pas dépenser. Dans le bled, il n'y avait rien à acheter et aucune distraction. Et nous ne savions même pas si nous sortirions vivants ni quand de cette aventure.

Rentrés au camp, le capitaine a vu nos pains. Il nous a demandé :

— Alors, les gars, vous avez acheté du pain ?

— Oui.

— Et vous l'avez payé ?

— Assurément !

— C'est bien, les gars.

Le boulanger que nous venions de contraindre à nous vendre du pain était le fournisseur de l'armée. Mais nous l'ignorions.

Cela n'aurait rien changé, car nous avions faim et nous étions déterminés.

La fuite d'Amirouche

Notre folle équipée vers Sidi-Aïch se termina dans les gorges de Kerrata. La présence du grand chef de l'ALN y était signalée. Mais comment arrêter un homme dont on ne connaissait pas le visage, dont on ne possédait même pas une photo ? Cela me semblait impossible. À cette époque, je trouvais que tous les hommes du bled se ressemblaient.

La journée de recherches se terminait.

Enfin, nous apprîmes que ledit Amirouche avait quitté la région où nous l'avions si longtemps recherché. Il avait pris l'autocar régulier pour Bougie. Comme un simple voyageur.

Opération vers Tensaout

(du 10 au 12 octobre 1957)

Vers quinze heures trente, le 10 octobre, nous sommes héliportés à proximité du village de Tensaout au nord d'El Maïn. Nous emportons nos rations habituelles et chacun une veste matelassée pour la nuit. Le soir tombe. Le soleil se couche. L'exubérance des couleurs et l'éclat des tons rouges minéraux nous offrent un spectacle éblouissant. Je m'arrête toujours pour contempler les couchers de soleil sur les monts de Kabylie. J'éprouve un grand bonheur, comme quand j'écoute une belle musique. Le pays est rude, les habitants sont pauvres, la vie est difficile et la guerre très cruelle, mais il y a ces instants sublimes et merveilleux où le soleil descend à l'horizon, le soir. Ils agissent comme un baume sur mon cœur. Je ne les ai jamais oubliés.

Notre peloton est fixé sur le versant d'une crête.

La pente est abrupte, à l'approche du sommet. Sous nos pieds, c'est le vide. Nous nous accrochons aux aspérités et aux buissons. Pour dormir, adossés à la pente, nous devons trouver des appuis. Pour monter la garde, nous creusons des trous dans le sol avec nos couteaux, pour y poser nos pieds. Debout, notre tête émerge au-dessus du sommet de la crête. Alors, nous dominons la piste, à gauche, en contrebas. De là peut venir le danger. Je m'efforce de mémoriser la topographie des lieux. Tout à l'heure, quand je monterai la garde, il fera nuit et je serai comme un aveugle. La lune est absente et la nuit sera noire.

Mon tour de garde est fixé entre dix et onze heures.

J'aurais préféré après minuit. C'est mieux. Après minuit, en général, les gens ne se déplacent plus. C'est un fait constaté. Tant pis ! C'est un mauvais moment à passer.

Je suis de garde depuis une demi-heure environ, quand soudain j'entends des voix humaines et un bruit de pas de mules sur la piste. Une petite caravane monte vers Tensaout qui est à un kilomètre plus haut. Discrètement, je hèle Serge. Il vient près de moi. Les hommes et les mules se rapprochent. Maintenant, ils sont à la bonne distance. D'un commun accord, Serge et moi, nous ouvrons le feu. Nos pistolets mitrailleurs crachent leurs salves. Nos chargeurs contiennent vingt-sept cartouches chacun, au lieu des trente possibles. Pourquoi mettre moins de cartouches que n'en peut contenir un chargeur ? Parce que le ressort, moins comprimé, est plus nerveux. Quand on remplit un chargeur avec toutes les cartouches qu'il peut contenir, le ressort s'avachit et l'on risque un raté au départ.

En contrebas montent des cris, des hurlements, puis le bruit des mules en débandade. Elles foncent vers le village. Quelques minutes plus tard, le fusil mitrailleur de l'homme de garde entre en action. C'est l'accueil de la caravane.

Bilan de l'opération. Rien que des surprises !

Deux harkis de notre escadron ramenaient trois mules. Personne ne les attendait, et encore moins les mules. D'où provenaient-elles ? C'est un mystère.

Les hommes de l'escadron qui défendaient le village ont abattu les mules.

Les deux harkis étaient : l'homme que j'avais fait prisonnier à Ouled Sidi Idir et Achssar, l'interprète du capitaine Jojo. Mon ex-prisonnier était blessé. Deux balles lui avaient fracturé le coude gauche. Son avant-bras pendait au milieu des chairs sanguinolentes. Toute la nuit, il a hurlé. Le lendemain, il a encore marché une journée avec nous, son bras soutenu par une écharpe de fortune. Nous n'avions ni pansement, ni trousse de secours, ni infirmerie, en opération dans le bled. Rien ! C'était : « Marche ou crève ! » Livrés à nous-mêmes, nous devions compter sur le hasard et la chance. Le lendemain soir, enfin, nous arrivâmes dans un endroit où les premiers soins purent être prodigués au malheureux harki.

L'interprète du capitaine avait plongé dans le ravin, protégé par les buissons. Il s'en était tiré avec quelques égratignures. Mais un de nos copains avait reçu une balle dans le pied.

J'ignore quel fut l'avenir de mon ex-prisonnier. Mais je doute qu'il ait survécu au massacre des harkis quand fut proclamée l'indépendance de l'Algérie.

Singulier destin ! Un soir, je le fais prisonnier, un autre soir, je lui tire dessus.

Qui l'a blessé ? Moi, Serge ou nous deux ? Cela, on ne le saura jamais.

C'est peut-être mieux ainsi.

Histoires de T6

Le T6 est un petit avion de guerre construit par la firme américaine North American. Son moteur de 9 cylindres en étoile développe six cents chevaux ; il est bruyant. Conçu en 1935, il a servi sur tous les fronts pendant la Seconde Guerre mondiale. L'armée de l'air française l'a beaucoup utilisé en Algérie pour des missions de combat. Il était armé d'une mitrailleuse et pouvait emporter six roquettes, trois sous chacune des ailes. Il pouvait y avoir une ou deux personnes à bord.

Quand les T6 apparaissaient dans le ciel, nous les saluions.

Nous soulevions nos chapeaux de broussard et nous les agitions de gauche à droite. Les occupants du T6 nous reconnaissaient. En réponse à nos saluts, ils descendaient en rase-mottes, ils faisaient osciller leurs appareils de gauche à droite, plusieurs fois. Nous appelions cela « battre des ailes ». Les voltiges des T6 nous réconfortaient. Nous avions l'impression d'être moins seuls dans le bled.

Un jour, dans les environs d'El Maïn, nous ratissions une hauteur couverte d'une végétation dense formée d'arbustes qui ressemblaient à des houx. Nous pouvions nous y cacher facilement. La pente était forte. Et sur la piste, un peu plus bas, gisait la carcasse brûlée et rouillée d'un T6. Un tas de ferraille déformé par le crash témoignait de la violence du retour au sol. Tôles tordues et noircies par l'incendie. Le réservoir d'essence avait pris feu au moment du crash. Les deux occupants avaient péri carbonisés. Pour leur malheur, les deux jeunes gens, le pilote et son mitrailleur, survolaient une troupe de « rebelles ». Mais eux, informés de nos habitudes, avaient soulevé leurs chapeaux, puis ils les avaient balancés de gauche à droite. Le pilote du T6, croyant avoir affaire à un peloton d'appelés, s'était approché en rase-mottes pour saluer la « biffe ».

Il était à portée des fusils ennemis.

Les deux occupants tués, l'avion s'est écrasé. Aussitôt il s'est enflammé.

La piste au bord de laquelle s'est abattu l'avion et où sont morts nos deux camarades aviateurs, fut appelée par nous la « piste de l'avion ». Ce n'était pas original, mais chaque fois que nous la prenions, nous pensions à ces deux jeunes gens qui nous saluaient au passage, maintenant morts « au champ d'honneur ». Désormais, leur salut venait de bien plus haut.

Un autre jour, deux T6 nous rendent visite, sur les « balcons du ciel ». Nous sommes auprès d'un village dont je ne me rapelle plus le nom. Les pilotes sont seuls à bord. L'un est débutant. Il manque d'expérience.

Les deux avions amorcent un piqué, puis ils filent en rase-mottes et « battent des ailes » pour nous saluer. Le pilote novice fait un premier passage, remonte vers le village, moteur à plein régime, plonge à la verticale et rase les toits des maisons. Par radio, son collègue lui fait remarquer qu'il prend des risques. Mais le novice lui assure qu'il a encore de la marge. Il pique à nouveau vers nous, remonte vers le village et accomplit un second passage en rase-mottes. Il n'en fera pas un troisième.

Soudain, comme il perd de l'altitude, il tire sur le manche, manette des gaz à fond et tente de redresser l'appareil. La manœuvre échoue. Une aile accroche un toit. C'est la catastrophe. Le choc est violent. L'appareil est pulvérisé, le pilote tué et les débris de l'avion éparpillés sur au moins trois cents mètres.

Combien de jeunes pilotes ont perdu la vie, victimes de l'inexpérience ou d'erreurs d'appréciation ? Les T6 en Algérie avaient une bien sinistre réputation. On les appelait les « cercueils volants ».

▲ *Entre Beni-Ourtilane et El Maïn : l'aire d'atterrissage des T6.*

Une « libération » ratée

Les prisonniers « rebelles » étaient, soit transférés à Sétif ou Alger pour y être interrogés (et parfois torturés), soit « libérés ». Encore un euphémisme. L'escadron ne pouvait pas les garder. Les moyens matériels et la place manquaient.

La « libération » se faisait souvent dans la montagne, à une demi-heure de marche du camp, rarement à l'intérieur, mais cela pouvait arriver.

Un détachement de militaires désignés d'office se chargeait de la sinistre corvée. Des hommes armés emmenaient le prisonnier et ils l'exécutaient sans témoin. Son corps, abandonné, devenait la proie des oiseaux et des animaux sauvages. Parfois, les habitants d'un village venaient le rechercher pour lui donner une sépulture.

Les hommes de garde dans le mirador supérieur assistaient, mais de loin, à la « libération ». Ils étaient prévenus par radio qu'un détachement quittait le camp pour une courte durée.

Je n'ai jamais participé à ce genre d'exécution, ni de près, ni de loin.

Nous connaissions tous le sens du mot « libération ».

En notre âme et conscience, cela nous révoltait. Mais nous ne pouvions ni n'osions manifester notre réprobation. Nous étions esclaves de la routine de notre vie militaire et soumis à la menace des « rebelles ». Le mieux était de ne pas participer au peloton de « libération ». Hélas, il y avait toujours des volontaires pour accomplir les basses œuvres. Certains y éprouvaient même du plaisir. Ce n'était pas à l'honneur de l'escadron. Mais l'excuse était facile et rationnelle. Un prisonnier qui retrouvait la liberté reprenait aussitôt les armes. Alors, il ne faisait pas de sentiments à notre égard s'il nous avait dans le viseur de son fusil. Il fallait donc tuer, pour être sûr ne pas être tué par l'adversaire.

Ainsi allait la sale guerre.

Ce matin-là, le prisonnier, un Kabyle, parle français. Il discute avec les soldats du peloton d'exécution qui l'accompagnent. Il leur raconte sa vie, sa pauvre vie dans le bled. Il évoque sa famille. Elle l'attend dans sa mechta. Elle va être heureuse de le revoir. Il nomme ses enfants. Il cite leurs âges. Les familles sont nombreuses, dans les villages du bled. Mais beaucoup d'enfants meurent en bas âge. Le prisonnier « libérable » est un brave homme, un bon père de famille, un vrai paysan attaché à sa terre, même si elle produit peu. S'il a embrassé la cause du FLN, c'est parce qu'on l'a dévoyé, manipulé, berné et contraint. Lui aussi, est en service commandé. Il obéit aux ordres des supérieurs. Un peu comme nous, les soldats de la France, obligés de venir à contrecœur en Algérie. Il jure qu'il ne prendra plus jamais les armes contre la France. D'ailleurs, n'est-il pas français ? De droit ? C'est juré. Il ne combattra plus l'armée française. Maintenant, il va retourner auprès des siens et il se tiendra tranquille. Les soldats qui l'accompagnent peuvent lui faire confiance. Eux aussi, contraints et forcés, mènent une guerre qu'ils n'ont pas voulue. Une sale guerre. Les chefs commandent, les hommes exécutent les ordres. N'est-ce pas ? Quand il aura rejoint son foyer, si le hasard les amène devant la porte de sa mechta, il se fera un plaisir de les recevoir. Une joie même. Sa porte est toujours ouverte. À tous. C'est gentil de leur part de l'accompagner, de faire un bout de chemin avec un homme [illegible] ». Mais il ne fallait pas vous donner tant de mal, jeunes soldats ! Il suffisait de le laisser partir libre, à la porte du campement. Il aurait bien retrouvé son chemin tout seul. Vous pensez s'il connaît la région !

L'homme discute. Il bonimente. Il n'arrête pas de parler. Et le temps passe.

L'heure de la « libération » est arrivée. Le peloton est arrivé à l'endroit choisi. Mais le Kabyle est un homme malin, subtil, avisé. Il continue de parler aux militaires. Il devient intarissable. Il joue avec eux et avec la mort. Il connaît l'enjeu de sa « libération ». Il endort leur méfiance. Il leur dit « à bientôt », comme s'il allait les quitter, mais il reste. Il s'incruste. Il sait que cette « libération » n'est pas celle qu'il souhaite. Lui aussi, avec ses copains du FLN, quand il tient un prisonnier français, il ne lui laisse aucune chance de survie. C'est pourquoi il comprend et il admet le comportement des soldats qui l'encadrent. Entre soldats, on se comprend, n'est-ce pas ? C'est la guerre. Une guerre atroce, sans merci. Mais il cache bien son jeu. Il continue de jouer la carte de l'amitié indéfectible. Et il parle. Il parle. Chaque minute gagnée est une minute arrachée à la mort, une minute de vie et d'espoir.

Le moment de la « libération » est passé depuis longtemps. Enfin le Kabyle a trouvé l'endroit idéal pour se libérer, mais à sa manière. Il s'éloigne à reculons et lentement, comme s'il regrettait de quitter un groupe d'amis. Tout en reculant, il dit encore :

— Quand cette guerre sera finie, vous reviendrez en Algérie ? Alors, venez me voir !

Il est éloigné d'une centaine de mètres déjà. Et personne n'a tiré. Les soldats sont surpris et indécis. Alors le Kabyle leur dit :

— Au revoir, mes amis. Au revoir !

Il lève les bras en signe d'adieu et il se jette dans un ravin. Roulé-boulé dans la pente.

L'homme disparaît, avalé par les buissons.

Les militaires, surpris, n'ont même pas le réflexe de tirer. Peut-être répugnaient-ils à tuer un homme désarmé et de sang-froid ? Et qui savait si bien s'exprimer en français.

Enfin, ils se lancent à la poursuite du fugitif, mais ils ne le retrouvent pas. La traque s'épuise. Enfin, ils rentrent à El Maïn. Racontent leur aventure à leurs supérieurs hiérarchiques.

On n'a jamais retrouvé le Kabyle. A-t-il rejoint sa famille ou les rangs du FLN ?

Une vie a été sauvée. Un homme est sorti avec panache d'une situation critique ; il parlait bien le français et il connaissait la région : deux atouts. Je suis heureux que cette « libération » se termine bien. Je ne suis pas le seul à me réjouir du dénouement de cette histoire. Quarante-huit années plus tard, je me réjouis toujours de la fin heureuse de cette « libération ». Mais j'ai mûri. Mes sentiments ont changé. La vie dans le bled, à cette époque, était souvent tragique.

Des « libérations », il y en a eu d'autres, mais moins heureuses, définitives, hélas !

Souvent, le sale boulot était confié à des harkis. Ils devaient abattre un « rebelle » pour prouver leur attachement à la France. Ce moyen cruel, mais radical et définitif, les compromettait à tout jamais vis-à-vis de leurs compatriotes. Les hommes qui avaient abattu de sang-froid et devant leurs compagnons d'armes, un combattant du FLN étaient condamnés à mort et abattus par leurs compatriotes si, par malheur, ils quittaient la protection de l'armée française.

Un camion saute sur une mine

(septembre 1957)

Mes obligations militaires touchaient à leur fin. J'étais toujours au camp d'El Maïn.

Enfin le génie acheva une piste étroite, tracée dans le flanc d'une montagne tailladée à coups de lames de bulldozers. Elle allait permettre aux convois de camions de nous approvisionner : nourriture, boissons, fournitures et armes. Quatre à cinq kilomètres de lacets prononcés depuis l'oued Iril Ihammaren jusqu'au camp d'El Maïn, très dangereux, souvent minés. Des soldats du génie précédaient chaque convoi : ils vérifiaient et déminaient souvent la piste. Une automitrailleuse du genre half-track ouvrait la voie à la colonne composée d'une dizaine de camions. Quand un convoi arrivait dans notre camp, plusieurs groupes de soldats, environ soixante à soixante-dix, se déployaient sur cette piste pour la surveiller. Toute personne qui s'en approchait était dissuadée par des tirs de sommation. Si elle insistait, nous avions l'ordre de l'abattre.

Les lacets étaient nombreux. Un virage était très difficile à négocier. Pour le franchir, les camions devaient s'y reprendre à deux fois. Le chauffeur arrêtait son véhicule au milieu de la courbe, il reculait en contrebraquant, puis il repartait en marche avant, volant braqué à fond. La route était étroite, le virage prononcé et le ravin proche. Le même problème se posait au retour. Pour les chauffeurs, la tension était énorme, un avant-goût du film *Le Salaire de la peur*.

Un jour, en revenant du camp, un chauffeur décida de négocier ce virage en une seule manœuvre. Il le prit très large. La roue avant gauche du camion était au bord du ravin. Mais la malchance jouait contre lui. Une roue arrière passa sur une mine. La charge était forte. Un essieu fut pulvérisé et le camion bascula dans le ravin. Le chauffeur et un soldat qui partait en permission furent éjectés au premier tonneau. Ils sortirent indemnes de cette aventure. Au plus, avec quelques contusions. Pourtant, le secteur venait d'être déminé. Sauf peut-être à l'endroit où la roue du camion était passée ? Le chemin le plus court n'est pas toujours le plus sûr.

Il n'y a eu ni morts ni blessés graves, et ce fut un heureux dénouement.

Nous avons démonté la carcasse du camion et récupéré les pièces de rechange : elles serviraient pour dépanner d'autres GMC. Vingt-cinq soldats, tout notre peloton, ont monté la garde, de peur que le FLN ne fasse un feu de joie avec les restes du camion.

Une envie de steak-frites

(le 8 septembre 1957)

Longtemps, j'ai souffert d'une envie de steak-frites. C'était un désir lancinant qui tournait à la hantise. Je rêvais de manger un bon steak saignant, avec une grosse part de pommes frites et une salade bien assaisonnée. Cela m'est venu progressivement, après plusieurs mois de vie dans le bled. J'étais dégoûté du menu du soldat. Je ne supportais plus le camembert, ni les légumes en conserve, ni les surgelés, ni la viande de mouton.

L'envie d'un steak devenait obsédante. C'était puéril et stupide à la fois. J'aurais pu, sans efforts, satisfaire ce désir. Il me suffisait de le demander à mon excellent camarade et ami René, notre cuisinier. Mais je n'y pensais pas. Mon envie croissait avec le temps ; elle devenait presque maladive. J'y pensais souvent, même en opération, et j'en rêvais parfois la nuit.

Le dimanche 8 septembre, avec des compagnons, nous allâmes à Sétif chercher notre capitaine. Nous avions quartier libre pour quelques heures. Comment occuper notre temps ? Nous prîmes place sur la terrasse d'un restaurant. Nous voici donc installés, les pieds sous la table, entre copains venus du bled. Trop heureux de pouvoir, au moins une fois, nous régaler. Mes camarades commandent leur repas. Mais moi, toujours prêt à me singulariser, je demande un gros steak saignant avec des frites et de la salade.

Enfin le moment est venu de satisfaire un désir si longtemps contenu.

Le serveur apporte mon plat. Il le dépose devant moi. C'est appétissant.

Et moi, qui suis encore stupéfait du résultat et ne m'explique pas mon comportement, soudain je n'ai plus envie ni de steak, ni de salade, ni de frites. Je ne peux pas manger. Mon dégoût est aussi fort que mon envie était grande. Je reste là, planté devant ce plat fumant que j'avais tant désiré et mes camarades ébahis. Me voilà définitivement guéri de l'envie de steak.

Comment expliquer ce phénomène ?

Même mon médecin actuel reconnaît qu'il en est incapable.

Le canon du PM entre les yeux
(septembre 1957)

Un convoi vient d'arriver au camp. Il apporte la nourriture et les boissons. Quelques « bleus » débarquent des camions. Ces jeunes appelés du contingent assurent la relève des anciens qui ont été libérés deux mois plus tôt. Mais, parmi ces nouvelles recrues, il y a un Kabyle qui vient juste de faire ses classes. Ce jeune homme est originaire de la région où nous sommes, il parle à peine le français, mais il s'exprime couramment en langue kabyle.

Il est seul avec nous et très timide.

Et voilà l'ineptie des ordres !

À peine ce Kabyle est-il installé dans notre chambrée que, sans même nous le présenter, un gradé lui ordonne de prendre la garde dans le mirador qui jouxte notre chambrée. Dans le bled, c'était comme ça. Les gradés partaient du principe que les jeunes appelés avaient reçu une éducation militaire. Ils étaient donc immédiatement opérationnels. Ceux qui nous commandaient avaient peut-être la science infuse, mais pas nous ! Qu'avais-je appris au cours de mon passage à Vouneuil-sous-Biard ? Que certains chefs étaient de fieffés coquins qui abusaient de leur pouvoir. Que l'armée était une source de grandes gabegies. Mais on ne nous enseignait rien qui nous fût utile pour affronter les « rebelles » et pour la « pacification ». On ne nous parlait pas, ou presque pas, de la guerre d'Algérie. Et on nous envoyait au casse-pipe, naïfs et ignares, faire le coup de feu sur des pauvres gens qui aspiraient à la liberté.

Pour rejoindre le mirador, il fallait emprunter une passerelle jetée sur le vide. Elle communiquait avec notre chambrée et débouchait au sommet du mirador. Voilà donc notre Kabyle seul pendant deux heures, affronté au silence et à la nuit.

Moi, ce nouveau, je l'avais à peine vu. Il venait d'un village proche de notre camp. Je me disais : « Albert, comment peux-tu faire confiance à un jeune homme qui, demain, devra peut-être tirer sur un membre de sa famille : père, frère, cousin ? Alors, comment réagira-t-il ? Ne va-t-il pas retourner son arme contre nous ? »

Et toujours cette absurdité propre à l'armée.

Pourquoi ne l'ont-ils pas affecté loin ? En métropole, par exemple ? Mais non ! À cette époque, la France manquait de bras pour tenir ses fusils en Algérie. Les recruteurs n'étaient pas regardants. Au conseil de révision, beaucoup de jeunes qui, en temps normal eussent été déclarés « inaptes pour le service », étaient retenus « bons pour l'Algérie ». Le système avait des tolérances de maisons closes. Des fournées entières de jeunes gens partaient au casse-pipe. Même les pères de famille ! Il fallait avoir au moins deux enfants pour échapper à l'obligation de servir en Algérie. C'est peut-être cette raison qui a favorisé le baby-boom de cette époque.

À vingt-trois heures, la relève arrive.

Le caporal-chef désigne un autre bleu, mais originaire de la métropole. Pour lui, c'est le baptême du feu. Tous les bleus prennent leur tour de garde. Or, celui qui assure la relève ignore que le gardien du mirador est un Kabyle qui parle mal le français. Il est mûr pour la méprise.

Le remplaçant demande le mot de passe au Kabyle dans le mirador.

Comme ce dernier ne lui répond pas, le nouveau franchit les six ou sept marches de la passerelle, puis réitère sa demande. L'homme de garde lui répond en kabyle. Le nouvel arrivant s'imagine qu'un « rebelle » s'est emparé du mirador. C'est l'incident. Il braque le canon de son fusil vers lui et il appuie sur la queue de détente. Mais le Kabyle a le bon réflexe : avec une main, il dévie l'arme. Les coups partent dans la toiture. Le magasin du fusil se vide. Le métropolitain désarmé se jette sur le Kabyle. Entre les deux hommes s'engage un combat au corps à corps qui tourne à la lutte à mort.

Nous entendons les coups de feu. Branle-bas de combat dans la chambrée.

« Les gars, nous sommes attaqués ! » Je suis près de la porte d'accès au mirador. Je saisis une lampe torche et j'éclaire le poste de garde. C'est une erreur. En cas de véritable attaque, j'eusse constitué une cible facile. Avec des copains, nous avançons, arme au poing, prêts à défendre notre territoire. Je vois deux hommes agrippés l'un à l'autre, engagés dans une lutte sans merci. Le Kabyle a le dessous. L'autre, que je ne connais pas, que je n'ai jamais vu, va le tuer. Je comprends qu'il s'agit d'un malentendu. J'essaie de le convaincre de relâcher sa victime, mais il persiste et le combat continue.

Alors, je ne sais pas ce qui m'a pris. Soudain, je réagis. Je saisis mon pistolet mitrailleur et j'en pointe le canon contre le front du Métropolitain. Je presse l'extrémité du canon sur son crâne, droit entre les yeux. Mon arme est chargée, prête à tirer et mon index droit est posé sur la queue de détente. Alors, le bleu venu de la métropole lâche prise et le combat prend fin. Nous nous expliquons. Ce n'est rien, rien qu'un malentendu. Mais qui aurait pu avoir des conséquences graves. Palabres ! Palabres ! Tout rentre dans l'ordre. L'incident est clos. Le bleu de la métropole est un jeune appelé, un Breton.

Sonné, je m'allonge sur mon lit de camp. C'est alors que je réalise que j'aurais pu tuer l'un des nôtres et, même un Breton. Un pareil coup est dur à encaisser. Je suis désemparé.

Aucun gradé ne se soucie de moi. Chacun pour soi ! J'assume seul les conséquences de mon intervention. Elle aurait pu être sanglante. Plus tard, Serge et quelques copains sont venus me voir et nous avons discuté. Ils ont même réveillé le gardien du foyer du soldat et ils m'ont offert une bière. Le lendemain, j'avais un sacré cafard. Mon moral était à zéro.

Une fois encore, la solidarité entre copains m'a soutenu. C'est elle qui nous a aidés à vivre à El Maïn. J'ai voulu oublier cette aventure. Jamais je n'ai revu ni le Kabyle ni le Breton qui pendant plusieurs jours, paraît-il, a porté la marque du canon de mon PM imprimée sur son front.

La reconnaissance sanglante du secteur de Boutouab

(novembre 1957)

Le jour se lève. Nous sommes en opération à proximité du village de Boutouab.

Devant nous, une crête. À cent mètres de nous, sur notre droite, un peloton la franchit avant nous. En tête marchent deux éclaireurs : Michel Yset et Jean-Claude. Ils arrivent sur la crête. Soudain, les combattants du FLN les prennent pour cible. Jean-Claude reçoit deux balles : l'une dans la poitrine et l'autre dans le ventre. Puis le tir ennemi devient plus intense. Les balles sifflent à nos oreilles. Notre peloton est cloué sur place. Incapables d'avancer, nous sommes contraints de nous abriter.

À ce moment, un groupe de combattants du FLN se précipite sur nos deux copains blessés. Ils prennent leurs armes, leurs munitions, leurs chaussures, leur portefeuille, leur montre et leur plaque d'identité militaire. Puis ils les achèvent.

Michel Yset reçoit une balle en plein front, tirée à bout portant. Il meurt aussitôt.

Jean-Claude, blessé, se tord de douleur sur le sol. Un combattant du FLN lui tire deux coups de fusil dans la tête.

Le combat continue.

Les combattants du FLN se replient. Ils refusent le combat.

Enfin nous prenons position sur la crête.

Jean-Claude est encore vivant. Nous appelons un hélicoptère. Il le transporte dans un hôpital. Quelles chances a-t-il de rester en vie ? Très peu. Nous pensons qu'il est perdu. Plus tard, un avion l'emmène à Villacoublay, puis à l'hôpital du Val-de-Grâce, à Paris. Notre copain porte quatre blessures par balles : une près du cœur, l'autre dans l'abdomen et deux à la tête : une balle est ressortie par la joue et l'autre par l'oreille droite. Mais il est vivant. C'est un miracle.

Plus tard, quand j'ai raconté cette histoire à mon épouse, elle ne m'a pas cru.

Vingt-huit années plus tard, à l'occasion d'une réunion avec les anciens de l'escadron, j'ai retrouvé Jean-Claude. Son visage était très bien réparé. C'était un beau travail de chirurgie esthétique. Les greffes de peau étaient lisses, mais avec un léger hâle. Mon épouse a même dansé avec lui. Pour elle, c'était un miraculé. Moi qui ne crois pas aux miracles, j'estime que c'est un fameux chanceux.

Si un ancien soldat qui a fait la campagne d'Algérie vous raconte un jour une histoire extraordinaire, laissez-le parler ! Même si vous ne le croyez pas. Cet homme est sincère. Dites-vous simplement : « Et si c'était vrai ? » Puis laissez-le vous conter son histoire. Dites-vous que ça lui fait du bien de se confier.

VII - 48 années plus tard

Retour à Tréméven

Avec ma permission libérable délivrée le 30 novembre 1957, je mesurais ma chance : j'étais encore en vie et entier, alors que beaucoup de mes compagnons d'armes étaient morts ou blessés. Par la pensée, je me voyais déjà à Keranguen. Je rêvais de quitter la Kabylie, pays redoutable et magnifique où j'avais vécu des heures tragiques : nature sauvage et montagneuse, soleil généreux et parfois trop, nuits étoilées mais glaciales, avec des myriades d'étoiles filantes les soirs d'été. Dans ce pays, j'avais connu la faim, la soif et la peur, mais il avait pris mon âme. Il m'envoûtait. Je dirais même que je l'aimais. Hélas, la vie que nous menions était trop dure, trop dangereuse. Elle usait nos organismes, au plan physique et mental. Quand passait une étoile filante, je faisais un vœu, toujours le même. Je l'ai gardé pour moi. C'est mon secret. Il me suivra dans ma tombe.

Quand j'ai appris que nous allions être libérés, nous assurions la protection d'un détachement du génie, dans le village de Djahnit. Le village ? Si l'on peut dire. Il avait été presque complètement rasé par le génie. Il avait pour mission de détruire ce village réputé dangereux. Les bulldozers avaient terminé leur travail. Seules restaient, au milieu d'une grande place vide, une tente imposante et une mechta à l'intérieur de laquelle était mort un combattant kabyle et à l'extérieur, derrière un muret, un soldat français.

Un camarade, affecté aux transmissions et rencontré à Lafayette, était du même contingent que moi, la classe 55 II/B. Il m'avait promis de me tenir informé dès qu'il connaîtrait la date de notre libération. Je l'avais oublié quand je reçus ce message codé : « Mariage dans quatre jours. » Cet avis sibyllin m'annonçait que nous quitterions le bled dans quatre jours. Mon compagnon avait tenu parole. Je l'ai remercié par un message en retour et j'ai aussitôt averti mes copains.

Nous étions quarante-cinq libérables. Vous imaginez notre bonheur !

Le soir, notre capitaine Jojo nous a réuni dans une chambrée.

Petit speech : « Merci à la 55 II/B ! Soldats, je suis content de vous… » Mais il se prenait pour le général Bonaparte haranguant ses braves pendant la campagne d'Italie, notre capitaine ! Puis il continuait : « Vous allez bientôt reprendre une vie normale. Je vous souhaite bonne chance dans votre nouvelle vie civile. » Etc. Ensuite, il entonna *La Marseillaise*. Nous avons tous chanté avec lui, et très fort. Disons braillé à tue-tête.

Sur cent vingt appelés, quarante-cinq allaient quitter son unité. C'était beaucoup. Cela représentait une grosse perte pour cet homme qui aimait ses soldats et un grand vide dans l'escadron. Des nouveaux, des bleus, allaient nous remplacer. Ils devraient être formés, entraînés et aguerris. L'apprentissage serait long et difficile.

J'ai ouvert les trois dernières boîtes de conserve de « petits pois » de Tréméven. L'eau-de-vie de cidre à cinquante degrés fut vite bue. Et beaucoup d'autres bouteilles aussi. L'alcool coulait, bien généreux. Nous aurions volontiers raccourci le discours du « pitaine » pour fêter notre départ, mais la courtoisie et la camaraderie nous obligeaient à un peu de retenue. Le discours terminé, nous fîmes la fête. Elle dura presque toute la nuit.

Nous étions si heureux ! Notre bonheur était si grand ! Je ne peux pas exprimer ce sentiment fort qui serrait nos poitrines à la limite de l'oppression.

Le lendemain matin, nous descendîmes vers l'oued pour la dernière fois et prîmes la route vers Tittest et Lafayette, par Djahnit, Aourir et Guezet. L'oued était en crue. Nous dûmes le traverser sur le bulldozer, cinq par cinq avec nos bagages, installés tant bien que mal sur le capot de la machine. Mon copain du génie conduisait l'engin. Il est descendu prendre ma valise et mon sac. Il les a déposés sur le bull, puis il m'a fait monter avec lui. J'ai traversé l'oued comme un « pékin » dans un taxi. Une minute plus tard, nous accostions sur l'autre rive. Il m'a dit adieu. Il était un peu triste et nous tellement heureux. Des regards lourds, quelques signes de la main. Adieu ! À peine avions-nous abordé les deuxièmes lacet de la piste que mon ami disparaissait : il partait rechercher des copains libérables.

Une autre vie commençait.

▲ *À El Maïn : le passage de l'oued. La quille !*

Nous avons marché pendant deux heures sur des pistes de terre et de pierre avant de rejoindre les camions qui nous emmèneraient à Lafayette. La pagaille était indescriptible et joyeuse. Nous avions hâte d'arriver. Nous ne marchions pas, nous trottions et parfois nous courions. Les premiers n'attendaient pas les suivants. Si les « rebelles » avaient su que nous étions lâchés dans la nature comme des chiens fous, ils auraient pu « faire un carton ». Pourtant, nous étions armés. Même le sergent, libéré avec nous, avait déjà, dans son esprit, remisé ses galons. Heureusement, les « rebelles » ignoraient notre départ. Un T6 tournait dans le ciel au-dessus de notre cortège en délire, prêt à cracher le feu. Le capitaine Jojo, soucieux de notre intégrité, avait demandé une couverture aérienne pour protéger ses hommes. C'est lui qui avait commandé le T6.

Cette nuit-là, au camp de Lafayette, je ne sais pas où j'ai dormi. Lit de camp ou sol dur ? Rien n'avait plus d'importance.

Le lendemain, Sétif. Le surlendemain, Alger.

Puis, embarquement sur le paquebot *El Djezaïr*. Un jour de traversée. Mer calme. Houle légère ! Peu de vagues ! Ce fut un cadeau pour Albert, sujet au mal de mer.

Enfin Marseille. Avec les copains, et d'un commun accord, nous avions décidé de poser le pied gauche sur le sol français. J'en ignore la raison.

Nous l'avons fait, comme à la manœuvre :

Gauche ! Gauche !

Ma vie prenait une autre direction. Je savourais mon bonheur.

Nous avons échangé nos francs algériens contre des francs métropolitains. Puis nous avons pris le train pour Lyon. La campagne française était verte, calme et reposante. Comment avions-nous pu survivre dans le bled au milieu des montagnes arides et hostiles, nos yeux éblouis par les tons ocre et rouges ? Maintenant, nous étions sortis du cauchemar ; nous allions vivre, nous adapter à notre nouvelle condition. Mais il nous faudrait encore beaucoup de temps.

Plus nous approchions du but, plus nous devenions nerveux.

À Lyon, nous prîmes le train pour Nantes, puis Quimper.

J'avoue que j'ai hésité un moment. Devais-je monter à Paris pour saluer la mère de mon copain tué dans l'opération Espérance en juin 1956 ? J'ai manqué de courage. Je le reconnais. Une page venait d'être tournée. Définitivement. Ma vie changeait d'horizons. Je voulais oublier ces tristes souvenirs.

Nous qui émergions d'un grand lac de ténèbres, nous voulions oublier ces terribles moments que nous avions vécus ensemble, tirer un trait sur le passé récent et penser à autre chose. C'est pour cela peut-être que vingt-huit années se sont écoulées avant nos premières retrouvailles, entre copains ?

À la gare d'Auray, mon ami le cuisinier René Audic et quelques autres nous ont quittés. Nous nous sommes dit au revoir, adieu peut-être ? Signes de la main. Sourires. Émotion. Sentiments forts de rupture. Et puis soudain, ce fut l'absence et le vide. Un lien venait de se briser ; je ne souhaitais pas le renouer. Un coup de sifflet. Une locomotive qui repart et ahane en crachant sa fumée. Une page venait d'être tournée dans le petit livre de la vie d'Albert. Je n'éprouvais ni regrets ni amertume. Je n'avais qu'un seul désir : rentrer à la maison.

Dans le train qui roulait d'Auray vers Quimper, nous n'étions plus que deux : Marcel Kergourlay, de Guiscriff (un petit village situé entre Le Faouët et Scaër) et moi. Je descendrais à Quimperlé et Marcel poursuivrait encore jusqu'à Rosporden d'où il prendrait le fameux « train-patates » qui m'avait transporté en grand seigneur de Guingamp à Rosporden presque trois années plus tôt.

À la gare de Quimperlé, Pierre Le Bloa, un ami de Tréméven, devait venir me chercher avec son auto. Je descendis du train, mais je ne le vis pas. En même temps, Marcel Kergourlay, de l'autre côté, avisait une personne qui semblait rechercher un voyageur. C'était Pierre. Marcel lui dit que j'étais descendu, mais de l'autre côté. Alors, sans hésiter, il jeta son paquetage sur le quai et bondit hors du wagon.

Il était temps. Le train partait.

Quand le train eut fini de sortir de la gare, j'eus la surprise de découvrir Marcel. Il discutait avec mon ami Pierre. Pendant que mon copain de régiment ramassait sa valise malmenée par la chute, le chef de gare se permit de le mettre en garde, jugeant qu'il était imprudent de sauter d'un train en marche. Marcel lui répondit :

— Mon pauvre monsieur ! Si vous saviez d'où nous venons !

Dans un petit bistrot proche de la gare, Pierre nous offrit une consommation.

Puis, changement de programme. Au lieu d'aller à Keranguen, nous partîmes pour Guiscriff. Le bourg est à environ trente-cinq kilomètres de Quimperlé. Nous ramenions Marcel chez ses parents. La Dyna Panhard de Pierre roulait sur les petites routes de la belle campagne bretonne. Ce n'était plus la Kabylie aux reliefs abrupts et arides, mais la Bretagne vallonnée, ondulante et verdoyante. J'étais chez moi, en Cornouaille. Je savourais mon bonheur. Je ne pensais plus, je ne souffrais plus, je vivais. Je me laissais porter par le bonheur. Il m'emmenait loin, au pays des rêves, des farfadets et des korrigans, sur les champs labourés par ma charrue et mes chevaux.

J'étais heureux.

Au bourg de Guiscriff, dans la maison de ses parents, au lieu-dit Belle-Comtesse, la sœur de Marcel Kergourlay nous accueillit. Elle était gentille et serviable. Nous étions affamés. Elle nous mitonna une grosse omelette baveuse aux fines herbes. Nous la dévorâmes sans parler. Je savourais ces premiers instants de bonheur et de liberté retrouvée. Enfin j'allais pouvoir manger à ma faim, dormir dans un bon lit et vivre au grand air en écoutant le chant des oiseaux. C'était nouveau, précieux et rare.

Une journée comme celle-là marque la mémoire. On ne l'oublie pas.

J'ai remercié Pierre de m'avoir conduit de Quimperlé à Tréméven en passant par Guiscriff. Nous sommes toujours restés bons copains. Nous sortions les dimanches et parfois le samedi. Nous étions une quinzaine, dans trois voitures : la Dyna de Pierre, une traction onze légère et une quinze.

Lentement, la vie reprenait un cours longtemps interrompu.

Après l'épreuve de la guerre d'Algérie, il nous fallait retrouver nos anciennes habitudes et nos réflexes. Cela prendrait beaucoup de temps. Le retour à la vie civile était une autre épreuve. Nous étions fatigués, marqués dans nos corps et dans nos âmes, au physique et au moral. Déboussolés. Fatigués. Épuisés. En Kabylie, malgré la dureté de la guerre, je n'ai jamais éprouvé ni haine, ni plaisir, ni goût à commettre certains actes. J'ai agi par obligation, devoir et nécessité. Mais, à mon retour en Bretagne, le lourd passé pesait sur mes épaules. Il devenait insupportable. J'aurais voulu crier, mais je savais que personne ne me comprendrait. Personne ne m'aiderait. Alors, je gardais pour moi le poids de mes remords.

À la ferme de mes parents, je décidai que je dormirais quinze jours et quinze nuits d'affilée. C'était une hantise, une fixation aussi forte que celle que j'avais faite avec le steak-frites. Je voulais me reposer, récupérer le temps perdu. La société me l'avait volé ; elle était redevable envers moi. Je n'ai jamais raconté à ma famille ma vie en Algérie. Ni mon père ni ma mère ne m'auraient compris.

Je voulais prendre de vraies vacances. J'en avais besoin.

Mon père a accepté ma décision. Il a dit :

— D'accord pour quelques jours, mais pas plus !

Une semaine a passé dans l'oisiveté complète.

Mon père s'impatientait.

Un soir, au cours du repas, devant toute la famille, il m'a posé cette question :

— Et maintenant, quand te décideras-tu à travailler ?

C'était une mauvaise question et posée au mauvais moment.

Ma réponse fut immédiate. Je posai mon assiette dans celle de mon père, je le regardai droit dans les yeux et je lui répondis, plein de colère :

— Tu me dis que tu as fait la guerre de 1939-1945. C'est grave. Tu ne me comprends donc pas ?

Et j'ai quitté la table. J'avais besoin de réfléchir. J'avais besoin de repos et de calme pour penser doucement, sans brusquerie ; sinon, je ne contrôlais pas mes réactions.

Il fallait me laisser du temps pour guérir le traumatisme induit par la guerre d'Algérie.

Le lendemain, je suis allé en ville. À Quimperlé, je suis entré dans la gendarmerie, pour connaître mes droits. Il me restait un mois et huit jours de permission libérable. Pouvais-je travailler dans une entreprise pendant ce temps-là ? Les gendarmes de Quimperlé m'ont conseillé de m'adresser ailleurs.

En réalité, j'étais libéré de mes obligations militaires et je pouvais travailler où bon me semblait. Mais je l'ignorais. Nul ne pouvait me renseigner. Personne ne pouvait me dire mes droits, me conseiller. Aujourd'hui, les temps ont changé. Il y a des services d'orientation et de soutien psychologique. Mais à cette époque je revenais de l'enfer, j'étais déboussolé, seul, abandonné. À qui expliquer ça ? À mes proches ? S'ils avaient su comment j'avais vécu là-bas et ce que j'y avais fait, ils m'auraient traité de fou.

Navré et consterné, je me suis tu. Je n'ai plus jamais parlé de l'Algérie. J'ai gardé mes souvenirs, et leur fardeau a pesé sur mon cœur comme une pierre tombale sur un défunt.

Écœuré par la réaction des gendarmes de Quimperlé, je suis revenu à Keranguen.

J'ai repris mon travail à la ferme et ma famille a continué de vivre sans connaître mes problèmes. Mon envie d'oublier était immense, mais l'oubli ne se commande pas. Même aujourd'hui, quarante-huit années plus tard, parler de la guerre d'Algérie est encore tabou dans certaines conversations.

Quand les souvenirs reviennent

Longtemps, j'ai voulu oublier mes copains d'Algérie et je ne les ai plus revus.

Tous, nous avions hâte de partir, d'effacer les souvenirs douloureux et refaire notre vie. Nous étions déboussolés, perdus, rejetés dans ce monde prétendu civilisé, mais incapables de nous y adapter vite. Nous le considérions avec des yeux étrangers, conditionnés par une forme de vie irréelle, une vie où la morale n'avait plus cours et où l'esprit ne soufflait plus, une vie où l'horreur permanente côtoyait la mort.

Longtemps, mes nuits ont été courtes. Longtemps, j'ai ressassé mes souvenirs et mes remords, mais je ne les ai jamais confiés. Personne ne pouvait me comprendre : ni mon père, ni ma mère, ni mon épouse plus tard, ni mes amis ! Je vivais avec la peur au ventre. J'étais toujours sur le qui-vive. Le claquement du fusil d'un chasseur sur la lande me rappelait des instants douloureux et poignants. Dans ma mémoire, j'ai appris à étouffer les souvenirs de Kabylie et j'ai essayé d'oublier. J'ai espéré que le temps, ce forgeur de miracles, viendrait à mon secours et me délivrerait de ce fardeau.

Mais le temps ne s'occupe pas des hommes. Il passe.

À cette époque, aucun psychologue n'assistait les soldats revenus d'Algérie pour chasser les fantômes qui hantaient leurs esprits. C'est regrettable. Nous avons tous manqué d'assistance. Certains de mes camarades ont fini leurs jours dans un asile psychiatrique. D'autres se sont suicidés.

Quand je montais la garde dans le mirador d'El Maïn ou quand j'arpentais les djebels avec, pour toute nourriture, la ration du soldat en campagne et, sur le dos, le poids de mon bissac, l'arme à la main et mes deux balles ultimes scotchées sur ma trousse de secours d'urgence, il m'arrivait de penser à ma Bretagne, à mes parents, à mes frères, à mes sœurs et à tous ceux que j'aimais. Je me disais : « Albert, si tu viens à perdre la vie, que leur restera-t-il ? Des souvenirs et quelques larmes ! Tes parents et tes amis seront bien tristes quand ils penseront à toi. » Mais, de retour au pays, je m'interrogeais encore : « Où sont-ils, mes parents et mes amis ? Ils ne peuvent pas comprendre ma détresse. »

Quarante-huit années plus tard, je sais qu'il faut que je témoigne. Au fil de mon histoire, j'exprime mon ressenti et je sens que je vais mieux. Je ne sais pas si mon écrit parviendra un jour en Kabylie. Au moins j'aurai exprimé ma pensée, exorcisant de vieux démons. C'est peut-être cela l'important.

Je dis ce que je pense et je le dis sans haine. Je souhaite que cela puisse servir.

Quand le passé me revient en mémoire, j'éprouve une grande tristesse. Parfois il m'arrive de comparer le Kabyle et le Breton. Je me dis : « Qu'avons-nous de différent ? Toi, le Kabyle, tu es un homme de valeur, tenace et courageux, attaché au terroir et fidèle en amitié. Pourtant nous nous sommes fait tant de mal ! Pourquoi ? »

Les années passent. Jamais elles n'effaceront les tristes souvenirs.

Au Kabyle qui vit dans ma mémoire, je dis encore ceci :

« Homme, je ne peux pas dire du mal de toi. Tu mérites mon respect. Tu es kabyle et moi breton. Tu aimes la vie, le bonheur et la joie. Nous aurions pu être amis, en d'autres circonstances. Si nous avions les bras assez longs pour franchir la distance qui sépare la Kabylie de la Bretagne, nous pourrions nous serrer la main. La vie aurait pu être différente, entre les hommes et les femmes de nos deux pays. Mais nous nous sommes combattus et entretués. Pour quoi ? Pour qui ? Pourquoi nous sommes-nous combattus ? Qui avait raison ? Qui avait tort ?

Je n'ai pas la réponse. »

Je n'étais qu'un appelé du contingent, un soldat de deuxième classe contraint d'obéir. On ne me demandait pas mon avis. On me commandait. J'obéissais. Je ne sais toujours pas vraiment pourquoi je me suis trouvé là, dans ce très beau pays en proie aux horreurs de la guerre.

Un jour, peut-être, pourrai-je faire le voyage en sens inverse, comme dans la chanson de Dave. J'aimerais visiter cette belle région. Alors, nous nous retrouverions dans la fraternité. Mais, reverrai-je la Kabylie ? Ce pays que j'espère maintenant apaisé et prospère, mais toujours aussi beau. Oui, j'aimerais retourner là-bas, saluer ses habitants et leur serrer la main. Pour moi, ce serait un réel plaisir de revoir le soleil de Kabylie.

Il faudra saisir le moment. Inch'Allah !

Écrire ma vie dans les montagnes de Kabylie suscite en moi une grande tristesse.

À vingt-deux ans, je n'avais pas d'expérience. J'accomplissais mon service militaire. Je faisais mon devoir de citoyen. J'obéissais aux ordres.

Les anciens qui avaient fait la guerre de 1914-1918 ou celle de 1939-1945 parlaient rarement de leurs souffrances. Ils gardaient pour eux les souvenirs horribles des charniers. Beaucoup peut-être auraient préféré ne pas combattre, mais ils ne pouvaient pas refuser de servir. Sinon, ils auraient été bannis de la société. Même leurs amis les auraient rejetés. L'objecteur de conscience devenait un criminel au regard de la communauté locale, et le jugement était sans appel.

Aujourd'hui, je me dis : « Albert, tu étais un peu fou quand tu étais jeune. »

La détresse d'un appelé

Revenus au pays, nous étions déroutés, mal préparés au retour à la vie civile. Les souvenirs horribles des scènes vécues dans le bled hantaient nos esprits. Nous étions incapables de vivre en paix. Nous nous sentions coupables, mais nous étions victimes. Ce que nous avions fait, ce que nous avions vécu dans les montagnes de Kabylie nous avait marqués pour le reste de nos jours. Personne n'est revenu intact d'Algérie.

Les plus fragiles sont tombés malades. Ainsi un copain dont je tairai le nom.

À peine revenu dans son village, il s'est enfermé dans un grenier et il n'en est plus ressorti. Ce jeune homme a mené une vie d'ermite ; il s'est coupé du monde. Ses parents déposaient sa nourriture devant la porte du grenier. Il la prenait, mais il refusait de les rencontrer et de leur parler. Malgré son immense désespoir, il acceptait encore de se nourrir. Il a vécu ainsi plusieurs semaines, solitaire et absent. Et puis, un jour, il n'a plus retiré sa nourriture. La porte du grenier est restée close. Alors, ceux qui s'occupaient de lui ont compris qu'il venait de partir pour le voyage sans retour.

Un copain venait de disparaître, mort des suites de la guerre d'Algérie. Je ne porte pas de jugement. Ni sur lui, ni sur ses proches, ni sur ses voisins, ni sur les autorités locales.

Le cas de cet ami témoigne de la détresse morale dans laquelle nous avons vécu. Quand nous avons quitté l'Algérie, l'armée et le gouvernement ne nous ont pas aidés. Nous n'avons pas bénéficié d'une assistance psychologique. Ce fut un manque de respect et une faute envers nous qui avions sacrifié notre jeunesse. Oui ! Ce copain disparu, plus fragile que d'autres, a manqué d'assistance et de soins. Un séjour dans une maison de repos aurait-il été salutaire ? Pendant combien de temps ? Peut-être plusieurs années ?

Quand il est revenu dans son village, il a fait un choix. Bon ou mauvais ? Je ne me prononce pas et je n'accuse personne.

Ce qui est arrivé était prévisible.

Il fallait y penser avant de le lâcher dans la nature, avant de le libérer.

Des jeunes appelés du contingent sont revenus d'Algérie, qui souffraient dans leur tête, perdaient la mémoire et sombraient dans la névrose. Certains ont fini leurs jours dans des établissements spécialisés : hôpitaux psychiatriques ou asiles d'aliénés.

En quarante-huit années, nous changeons, et notre façon d'analyser les événements évolue. Mais moi, je persiste à penser que ceux qui portent la responsabilité de cette boucherie dans les djebels, ceux qui ont voulu cette guerre, qui l'ont orchestrée, organisée et dirigée, ceux qui nous ont expédiés là-bas n'ont pas prêté attention à notre désespoir et à notre équilibre mental. Ils nous ont simplement négligés, oubliés.

Maintenant, chaque fois qu'un accident survient, on met en place une cellule de soutien psychologique ; on aide les victimes à surmonter leur malheur et à dominer leur stress. Nous qui sortions de l'enfer, nous avions besoin de psychologues. Si quelqu'un nous avait écoutés, nous avait tendu la main et offert un peu de réconfort, notre retour à la vie civile eût été plus facile. Mais personne ne s'intéressait à nous, pauvres jeunes soldats vaincus, abandonnés, brisés par cette guerre inimaginable, oubliés presque par ceux qui étaient restés de ce côté-ci de la Méditerranée.

À ce copain mort, « libéré » de la vie, je dis : « Bonne chance dans l'au-delà et *kenavo* ! »

L'enterrement d'Yves Aussant

(le 25 septembre 1999)

Yves Aussant était séminariste et appelé du contingent. Je l'ai connu à l'occasion du premier rendez-vous entre camarades, vingt-huit années après ma démobilisation. C'était un bon copain, un gars « comme ça ! ». Nous pouvions toujours compter sur lui.

Pour plaisanter, nous l'appelions « Monseigneur ».

Une fois démobilisé, il a prononcé ses vœux, mais il n'a pas gravi les échelons de la hiérarchie cléricale. Il n'est pas devenu « Monseigneur ». Il est toujours resté simple curé dans un petit bourg de campagne : Saint-Denis-sur-Sarthon, près de Fougères dans l'Orne. Il y est mort simplement.

Son enterrement fut à la hauteur de l'estime portée à notre camarade de combat. L'église était fort bien décorée et quarante-neuf prêtres et diacres participaient à la cérémonie, dirigés par l'évêque d'Alençon. Le maire de la commune, assisté par les maires des six autres communes desservies par notre camarade, fit un discours apprécié.

Pierre, un copain qui habitait dans la paroisse où officiait Yves, avait informé les camarades de l'escadron. Comme il avait estimé qu'au moins une vingtaine de personnes, camarades et épouses, assisteraient aux obsèques, il avait préparé de la charcuterie, une potée de choux, du pain et la boisson nécessaire et organisé le repas dans sa maison.

Nous fûmes cinquante-trois au rendez-vous, plus nombreux que les membres du clergé à l'église. Les provisions de notre ami étaient insuffisantes et sa maison était pleine : rez-de-chaussée, cuisine, couloir, étage.

Devant une telle affluence, Pierre a tout improvisé. Avec sa famille, il a pourvu à notre nourriture. Nous manquions de vaisselle et la famille de Pierre lavait nos assiettes entre deux plats. Le repas a duré presque cinq heures. Dans le feu des retrouvailles, nous avons fait la fête. C'était une façon amicale de saluer le départ d'un copain et d'honorer un ami. Je pense qu'il ne nous en a pas tenu rigueur. Au contraire ! Yves était un bon vivant. Je suis sûr qu'il aurait apprécié l'ambiance. S'il nous regardait depuis là-haut, peut-être pensait-il : « Tiens, ils n'ont pas changé. Toutes les occasions sont bonnes pour faire la fête. »

C'était une petite revanche prise sur les restrictions endurées à l'époque de notre jeunesse perdue, quand nous crapahutions avec un litre et quart d'eau chacun et un pain et un camembert pour deux. Pour nous, les rescapés du désastre, ce n'étaient pas les noces de Cana : nous avons multiplié les pains et le vin, mais sans faire de miracles.

Je suis parti tôt le matin. J'ai parcouru trois cent soixante kilomètres.
Je suis revenu tard dans la nuit.
À Yves, je souhaite : « Bonne route ! »

Dire la vérité

La vérité n'est pas toujours facile à dire.

Peu de gens trouvent le courage et la volonté de l'exprimer. Je tiens parole. Je raconte ce que j'ai vu et vécu, tout ce dont je me souviens. En Algérie, il s'est passé des choses très sales et très graves : massacres, tortures, viols.

Personnellement, je n'ai pas participé aux horreurs condamnables, même si j'en ai été parfois le témoin involontaire et choqué. Ma nature m'a toujours retenu d'accomplir des actes barbares. Hélas, certains jeunes qui étaient avec moi n'avaient pas les mêmes scrupules. Je crois même qu'ils prenaient du plaisir à torturer leurs semblables. Ils aimaient faire souffrir les autres. C'était dans leur nature profonde.

J'ai connu des situations pénibles. J'ai dû faire des choix difficiles, mais nécessaires. Parfois la vie et la sauvegarde de mes camarades ont dépendu de mes actes. J'ai fais mon devoir de soldat, mais selon ma conscience. Rien que mon devoir !

Des mauvais moments de cette vie terrible il me reste des souvenirs douloureux et tristes. Quarante-huit années plus tard, je n'ai pas oublié. Certains événements restent gravés dans ma mémoire. J'écris ces lignes sans réfléchir. Les souvenirs affluent naturellement. Ma pauvre vie d'appelé défile au gré de mon récit.

La torture

Oui, elle a existé.

J'ai vu des cas flagrants. Soit pour obtenir des informations, soit par vengeance, soit par sadisme pur. Elle n'a jamais grandi l'homme. Certains souvenirs hantent ma mémoire. Ils sont indélébiles, la preuve de l'ignominie de la nature humaine. Je n'ai jamais torturé personne, ni levé la main sur un homme sans défense, ni incendié une maison. Jamais je n'ai pratiqué la barbarie. J'étais dans la bonne moyenne des gars du contingent. Peut-être à cause de mon éducation chrétienne et des conseils de mes parents ? À la maison, on respectait la vie, les animaux, le bien d'autrui.

D'autres avaient moins de scrupules : ils ont commis des actes condamnables. J'ai toujours éprouvé de la répulsion pour les faits de barbarie. Peut-être, aujourd'hui, quand les anciens tortionnaires allument un feu, la vision de la flamme leur rappelle-t-elle ce lointain passé ?

Le viol

Quand ils fouillaient un village, des soldats perdus ont parfois abusé des femmes kabyles. Mais les cas étaient rares. Je n'ai jamais entendu dire qu'il y en eût dans notre escadron. On en parlait parfois. Ainsi l'exemple du soldat du génie de l'escadron voisin.

Violer une femme est un acte grave, surtout une femme kabyle. Sa famille la renie. Elle perd ses droits. Elle ne peut plus se marier. Et si elle est déjà mariée, son mari la répudie. Alors elle est déshonorée, haïe, bannie de son village. Dans un village de montagne, les droits d'une femme, créature soumise à la dictature du père ou du frère aîné, sont infimes.

Je me suis toujours tenu à l'écart de l'ignominie.

En Algérie, je n'étais pas un saint, mais je respectais la vie. Parfois, j'ai utilisé mon arme à feu. J'y étais obligé. Je n'ai pas recherché le combat. Mais j'ai obéi aux ordres, contraint et résigné. Et si je tiens à témoigner maintenant, si je tiens à raconter les faits auxquels je fus confronté pendant ma vie d'appelé du contingent, c'est parce que je voudrais laisser un souvenir à ceux qui me liront.

J'ai quitté l'Algérie à vingt-trois ans.

Quarante-huit années ont passé. J'ai soixante et onze ans. Bientôt je quitterai cette terre. Je voudrais que mon expérience ne sombre pas dans l'oubli, qu'au moins elle serve, sinon à l'éducation, au moins à l'information de quelques-uns.

Longtemps ces tristes souvenirs m'ont agressé comme les taons sur les bœufs en été. Je chassais mes souvenirs. Sans cesse ils revenaient. Je ne les ai jamais écrits, mais jamais je ne les ai oubliés.

Le hasard a mis Marcel sur mon chemin : il est mon voisin et mon ami. Je lui ai parlé de mon expérience. Je lui ai laissé entendre que j'aimerais aussi parler de mon passé. Il m'a suggéré de l'écrire. Nous nous sommes vus une fois par semaine, petites rencontres amicales. Lentement, la confiance s'est installée. Jamais je n'ai fait de confidences aussi poussées à une personne, même pas à mes proches. Parler de ma vie en Algérie est une tâche difficile et douloureuse. Cela demande beaucoup d'efforts. Parfois, j'ai envie de pleurer. Alors je marque une pause et j'attends que le calme revienne.

Puis, quand la séance est terminée, Yvette, la charmante épouse de mon confesseur, m'offre le café de l'amitié.

Vous qui lisez ces lignes, j'ignore quel jugement vous porterez sur moi. J'espère que vous serez indulgents. Je vous ai raconté une partie importante de ma vie : c'est la plus difficile et la plus éprouvante. Les bons souvenirs y côtoient les mauvais, mais les mauvais dominent. C'était la vie ordinaire d'un appelé du contingent à l'époque de la guerre d'Algérie, dans le secteur d'opérations où j'étais affecté.

Albert chez les gendarmes de Quimperlé

Le 23 avril 1961 éclatait le putsch d'Alger.

Des généraux rebelles prenaient le pouvoir en Algérie. Ils menaçaient l'État français.

Le 24 avril, je fus prié de reprendre du service. Je rejoignis la gendarmerie de Quimperlé. L'armée française avait besoin de moi. Sans doute allais-je, une fois de plus, contribuer à sauver « la patrie en danger » ? J'avais fait la guerre d'Algérie. C'était une référence. On ne me demanda pas mon avis. Ma présence était indispensable. On sollicitait mes compétences. Comme en 1956, quand on m'avait expédié de l'autre côté de la Méditerranée.

À cette époque, je travaillais aux abattoirs de Quimperlé. La société qui m'employait avait pour sigle : SAF. Je me rendis chez les gendarmes, gens de bonne compagnie et pas belliqueux du tout. Aucun n'envisageait de combattre les « rebelles », les armes à la main. Mais je devais faire acte de présence, parce que : « Monsieur Naour, nous avons reçu des ordres. Et les ordres sont les ordres. Vous comprenez cela, vous qui avez longtemps serv ? »

Je comprenais. Cela allait sans dire.

J'étais nourri, logé et même indemnisé pour mes petites dépenses. Le contribuable payait.

Devais-je me plaindre ? Allons donc ! Exempté de travail, j'étais presque en vacances.

Le premier jour, nous sortîmes. Oh ! Pas bien loin ! Au village du Croiziou, à Moëlan-sur-Mer. Cette sortie n'était pas une opération de pacification. Les objectifs étaient très différents. C'était une promenade de santé et en auto.

Des promenades de ce genre, il n'y en avait pas tous les jours.

Alors comment occuper les réservistes ?

Tout simplement ! Il suffisait de se « creuser le ciboulot ». D'abord ces messieurs nous demandèrent fort poliment si nous voulions bien nous charger du nettoyage de la voiture du commandant. C'était un petit boulot de tout repos. Un à-côté. Nous l'acceptâmes bien volontiers. Et la voiture fut nettoyée, bichonnée et rendue pimpante.

Le commandant, fort satisfait de notre travail, nous alloua une petite gratification.

Les officiers et les sous-officiers avaient apprécié la qualité de notre prestation ; ils nous proposèrent, mais gentiment, de nettoyer aussi leurs « guimbardes ». Puis, de fil en aiguille, nous exécutâmes des ordres qui ressemblaient à des requêtes. Cela nous prit une partie du reste de la semaine. Pour chaque voiture, ces messieurs nous allouaient un petit pourboire : « Et grand merci, les gars ! » Si bien qu'une dizaine de jours plus tard, quand sonna l'heure de notre libération, nous avions amassé un petit pécule, ma foi assez honnête. Nous allâmes le dépenser au restaurant *Les Tilleuls* à Quimperlé pour fêter dignement notre retour à la vie civile.

Mon absence forcée eut le don d'émouvoir les directeurs de la SAF.

Ces messieurs, non seulement appréciaient mes services, mais aussi ils plaignaient ma condition de « rappelé ». J'étais le seul de l'abattoir. Pour mes patrons, c'était un peu comme si l'on m'envoyait de nouveau au casse-pipe. Pour atténuer les désagréments de ma situation, ils m'ont offert des petits cadeaux, quelques morceaux de viande de qualité, afin que je puisse manger à ma faim et nourrir ma famille. Même mon chef d'équipe, Pascal, se montra généreux avec moi.

Je n'étais pas à plaindre, pas malheureux et fort satisfait. Je venais de vivre un bon moment. L'État français m'avait offert des vacances. Ce cadeau compensait en partie la douloureuse époque où je crapahutais dans le bled en Kabylie.

Les anciens

Longtemps après ma libération, je ressassais mes souvenirs d'Algérie. Ils assaillaient ma mémoire. Je n'arrivais pas à les chasser. Ils tournaient dans mon esprit comme les mouches autour de l'abat-jour, dans la cuisine d'une ferme en été. Dans ces moments poignants de grande effervescence mentale et de tourments, j'aurais aimé rencontrer mon capitaine Jojo et lui poser cette question :

— Comment pouvez-vous dormir ?

Moi, je dormais assez bien. Je n'avais pas commis de crimes, ni torturé, ni porté la main sur un prisonnier. Je n'avais pas incendié de maisons. J'avais fait usage de mon arme à feu avec parcimonie, au combat, par nécessité et par contrainte. Souvent même j'évitais de tirer. Je préférais épargner une vie plutôt que de transformer un homme vivant en cadavre. Supprimer une vie m'a toujours répugné : c'est une offense à la dignité humaine. Sans doute n'étais-je pas programmé pour cela. « Tu ne tueras point », m'avait-on appris dès ma plus tendre enfance. Je respectais cette maxime autant que possible. J'étais heureux, je l'avoue, quand je n'avais pas utilisé mon arme. Parfois j'ai mangé des figues et des dattes, et aussi dévoré à belles dents la chair des animaux volés à l'habitant. Je le confesse. En ces temps-là, nous avions faim. Seuls les saints peuvent dominer leur faim et ne pas « prélever » la nourriture nécessaire au mépris des lois de la propriété.

Mon capitaine était un militaire. Il avait connu plusieurs conflits : la Seconde Guerre mondiale, l'Indochine et peut-être Madagascar. Tuer un homme ne le dérangeait pas. En apparence. Aimait-il donner la mort ? Je me le suis toujours demandé. Cet homme extraordinaire partageait nos souffrances, il montrait l'exemple pendant nos longues marches et il prenait un soin extrême de ses soldats.

À quoi tient l'ascendant que certaines personnes exercent sur leur entourage ? Qui le sait ? Quand Jojo nous parlait, nous étions comme hypnotisés. Cet homme sans pitié avec les « rebelles » avait des comportements de mère poule envers ses soldats. Attitude clanique ? Esprit de chapelle ? Je me suis toujours demandé comment un militaire capable d'abattre de sang-froid un ennemi désarmé pour la simple raison qu'il ne pouvait ni s'encombrer d'un prisonnier, ni le relâcher de peur qu'il ne recommence à nous « canarder », ou le compromettre au regard de ses amis du FLN afin de l'incorporer avec nos harkis, pouvait être aussi humain envers nous ?

Que les militaires de carrière puissent tuer un être humain sans arrière-pensées, je pouvais encore l'admettre. Ils avaient choisi le métier des armes. Ils étaient entraînés et aguerris, insensibles en somme. Les conflits les avaient vaccinés contre ce qu'ils appelaient la sensiblerie. Mais des soldats du contingent ? Et il y en avait, hélas, parmi nous. Oui ! Certains de mes compagnons, mais en petit nombre bien sûr, tuaient sans hésiter. Quelques-uns y prenaient du plaisir. Et d'autres torturaient.

Cela, je ne l'ai jamais compris. Je ne le comprendrai jamais.

Je me dis parfois qu'il y a des criminels dans la vie civile, des gens qui ont le meurtre dans le sang. Quand on les incorpore dans une armée en opération, quand on leur met une arme entre les mains et quand on leur donne le droit de s'en servir, cela devient dramatique. Témoin ce soldat sorti du camp avec deux prisonniers. Il revient une demi-heure plus tard, mais seul.

Question :

— Et les deux Kabyles, qu'en as-tu fait ?

Réponse :

— Je les ai jetés au fond du ravin.

Vingt-huit années après ma libération, j'ai revu mon capitaine.

Nous étions quatre-vingts, avec nos épouses. Pendant deux jours, nous avons fait la fête, mangé comme nous en rêvions parfois dans le bled, bu plus qu'un litre et quart et pas de l'eau javellisée, traitée contre les bactéries, évoqué nos aventures, chanté, dansé, dormi peut-être (je ne sais plus, on dort peu dans ces cas-là). Je vous laisse imaginer la nouba et l'ambiance !

À table, pendant le repas de midi, j'étais assis à la gauche de mon capitaine et René était à sa droite. Notre ancien capitaine était devenu colonel et il avait piloté des hélicoptères. Jusqu'à l'âge de la retraite, il avait mené une vie d'aventures et pris beaucoup de risques. Un homme pareil, un casse-cou, un baroudeur, on ne le calme pas. Enfin je lui ai posé la question qui me démangeait. Et il m'a répondu :

— Si, dans la vie, tu commences une chose, tu dois aller jusqu'au bout. Ou alors, il ne faut pas la commencer.

J'ai compris qu'un militaire, quand il est sincère avec lui-même, au moment de s'engager dans la carrière, doit admettre qu'il lui faudra tuer. Ensuite, il doit l'accepter sans réserve et se montrer à la hauteur de son engagement.

Que pouvais-je répondre ? Rien !

Je me suis tu et j'ai changé de sujet de conversation.

Quand j'ai quitté le camp d'El Maïn, l'esprit tout imprégné de ce que je venais de vivre, si l'on m'avait prédit mon avenir, je ne l'aurais pas cru. Je n'étais pas préparé au retour à la vie civile et pacifique dans une France apaisée. J'estimais que ce n'était pas possible. Trop d'horreurs avaient marqué mon séjour en Kabylie. Je ne pouvais pas chasser les fantômes de la guerre dite de « pacification ».

Après ces retrouvailles grandioses avec les copains de régiment, nous avons décidé de nous revoir tous, deux années plus tard, mais dans le village où habitait notre capitaine. Jojo était heureux de nous recevoir chez lui. Il se faisait une fête de nous retrouver. Hélas ! Il est mort l'année qui a suivi notre premier rassemblement. Je n'ai pas pu assister à ses obsèques, mais on m'a rapporté que, au cours de la messe d'enterrement, la chaudière qui assurait le chauffage de l'église a explosé. L'office funèbre a été interrompu un moment. Peut-être ce militaire d'exception voulait-il se rappeler au souvenir de ses anciens compagnons d'armes par cet ultime baroud d'honneur ? Leur signifier qu'il était resté le même et pour l'éternité ?

Je lui dis : « *Kenavo* ! »

Aujourd'hui, quand je pense à lui, je me souviens surtout des bons moments passés aux côtés de cet homme exceptionnel.

Chaque année, depuis cette date mémorable, les anciens d'El Maïn ou de Beni-Ourtilane se retrouvent. Tantôt chez l'un, tantôt chez l'autre et avec leurs épouses. Il n'y a pas d'organisation. Les réunions se font à la bonne franquette. Plusieurs camarades se dévouent pour organiser la réception.

Les temps changent. Nous avons vieilli. Nous sommes tous des retraités. Certains ont disparu. D'autres nous ont rejoints qui n'étaient pas aux premiers rendez-vous. Mais toujours nous restons fidèles en amitié, comme en Algérie, nous formons la confrérie unie des appelés du contingent.

La musique

J'ai toujours aimé la musique, surtout le chant grégorien. Souvent, le soir, quand tout le monde dort, j'écoute la musique, un casque sur les oreilles. Cela me détend et me repose.

C’est une sorte de thérapie pour le corps et l’esprit.

J’aime la musique. Oui ! Mais il en est une que je déteste : c’est la sonnerie aux morts.

Elle me glace le sang. Elle me rappelle de sinistres souvenirs : la guerre de 1914-1918 et celle de 1939-1945 que je n’ai pas connues. Mais le pire, ce sont les cérémonies en l’honneur de mes copains morts en Algérie. Des militaires du contingent accompagnaient leur dépouille mortelle jusqu’à Lafayette ou Sétif et, parfois, j’assistais à la cérémonie.

Au camp d’El Maïn, un ami jouait du saxophone. C’est lui qui interprétait la sonnerie aux morts chaque fois qu’un copain venait de perdre la vie. Il jouait par devoir, mais il détestait cette corvée.

Les nuits de souvenirs

Souvent je pense à la Kabylie. La nuit, pendant mes insomnies, je pense aux disparus : Talmat, huit morts, huit disparus, tous des jeunes hommes, entre vingt et vingt-deux ans, des appelés du contingent, dix-huit harkis qui ont préféré se donner la mort, et combien de tués chez les combattants du FLN ?

Et toujours je me pose cette question : POURQUOI ?

À Beni-Ourtilane, on a rendu les honneurs militaires aux huit victimes de Talmat. Puis on a mis leurs corps dans des sacs en plastique que l’on a enfermés dans des caisses provisoires pour les transporter à Sétif. Enfin, on les a enfermés dans des cercueils plombés et zingués et envoyés en métropole dans leurs villages. J’ai essayé d’imaginer la douleur des parents empêchés de voir le corps de leur enfant. Et le dernier office avant la mise en terre. Parfois, dans mon esprit, trottent ces visions fugitives.

C’est difficile à dire, mais c’est comme ça.

La vie m’a expédié sur les djebels. Elle m’a réservé tant de mauvaises surprises que je sais l’incroyable possible.

Talmat encore : huit disparus. C’est pire. Les familles ne peuvent pas faire le deuil de leur enfant. Jamais elles ne viendront se recueillir sur leur tombe dans le cimetière de leur village. Il ne reste plus rien. Même pas l’espoir d’un possible retour. C’est horrible.

Talmat toujours : dix-huit harkis brûlés dans les mechtas. Brûlés après s'être donné la mort pour ne pas tomber entre les mains des combattants du FLN. Pour eux, pas de pitié ! Les harkis faits prisonniers subissaient une lente agonie dans d'atroces supplices.

Et les combattants du FLN ? Combien ont péri à Talmat ? Nous ne le savons pas. Leurs compagnons ont retiré les corps pour qu'ils ne figurent pas au palmarès de l'armée française.

Souvent je me demande : qu'allions-nous faire là-bas ?

Nous défendions une certaine idée de la patrie et de la grandeur nationale. Nous luttions contre la « rébellion », mais les « rebelles » étaient des résistants. Ils combattaient pour une noble cause : la liberté de leur pays. Nos parents aussi avaient combattu l'envahisseur allemand. D'un côté comme de l'autre, nous luttions pour des idées, les idées qui, dit-on, mènent le monde. Je persiste à dire : Algériens ou Français, Kabyles ou Bretons, où est la différence ? Nous sommes tous des hommes. À ce titre, nous devrions être frères.

Seuls les morts réunis dans la paix éternelle ne se combattent plus et ne se haïssent pas.

C'est la fraternité des morts.

À quoi auront servi tant de sacrifices humains ?

À exciter la haine entre les peuples. Et maintenant, quarante-huit années plus tard, subsistent les relents des souvenirs terribles qui polluent nos relations. Les nostalgiques de l'ancienne Algérie n'ont pas encore compris qu'une page est tournée. Il y a prescription. Place à la fraternité ! Ami Kabyle, je te serre la main et je te dis : « *Kenavo !* »

Et pour moi : « *Ma'as - salam* ! » Au revoir !

Si je pouvais, malgré mon âge, visiter la Kabylie, j'aimerais revoir Talmat.

Alors, j'observerais un long moment de silence ; j'honorerais la mémoire de tous les morts, sans distinction.

Pertes subies par le régiment du 4e dragons

Pour mémoire, voici le dénombrement des morts dans mon régiment, le 4e dragons, pendant la durée de mon séjour en Kabylie.

Entre novembre 1956 et fin novembre 1957

Tués :
5 officiers
6 sous-officiers
54 brigadiers et hommes de troupe
(dont 8 disparus à Talmat)

Total : 65. Sur un effectif d'environ 600 personnes.

Entre le 15 novembre 1955 et le 30 juin 1962

durée de la guerre d'Algérie

Tués :
10 officiers
14 sous-officiers
91 brigadiers et hommes de troupe

Total : 115.

Je ne parle pas des blessés. Ils sont encore plus nombreux. Quant aux blessures morales, personne n'est sorti indemne de l'enfer.

Et pour clore mon récit, voici le bilan de huit années de guerre d'Algérie.

Morts

Musulmans : entre 300 000 et 500 000

Européens : 55 000 civils ou militaires

Effectifs engagés du côté de l'armée française

Entre 1 300 000 et 2 000 000

Militaires tués : 26 614

Coût de la guerre

Environ 50 milliards de francs.

VIII – Et maintenant ?

Plusieurs mois ont passé depuis notre première rencontre. Albert a fini de me conter ses aventures. Il continue de fouiller les souvenirs de sa jeunesse mais il ne trouve rien de notable pour compléter le récit de sa jeunesse sacrifiée. Parfois, il interroge ses copains de régiment, précise quelques dates, confirme un passage ou corrige une erreur, mais ce n'est pas important : l'essentiel vient d'être dit.

A-t-il tout dit ? Certains épisodes vécus méritent le silence.

Les faits sont là, bruts, cruels, mais humains, car l'homme est une créature complexe, à l'image des yeux aux multiples facettes des insectes. D'insondables mystères se cachent dans les circonvolutions cérébrales qui sécrètent la pensée.

Oui, la vie d'Albert dans les djebels fut une folle aventure.

Parfois, quand nous évoquons ses souvenirs d'Algérie, nous parlons de Djahnit, de Talmat, de Boutouab et de Ouled Sidi Idir. Ces noms de villages sont chargés d'émotion. Albert a parfois pleuré en évoquant sa vie d'appelé. Parfois, quand je suis seul, je ferme le yeux, je fais le silence dans ma tête et j'essaie d'imaginer ces lieux que je n'ai pas connus, vaguement entrevus sur de vieilles photos jaunies prises par Albert ou un copain de régiment, ou encore à partir de ces vues récentes trouvées sur Internet, proposées par de jeunes Beurs qui recherchent leurs racines.

Je vois des terres arides et des rochers sous la lumière et la chaleur. Parfois, des pluies torrentielles rompent la torpeur méridienne et étourdissent les habitants. Terres brûlées par le soleil et lessivées par les eaux des orages rares. Je vois des pauvres gens en djellaba peiner sur un sol dur et pauvre, et des femmes voilées qui cachent leur visage. Je vois aussi de jeunes soldats français, des appelés du contingent, obligés de servir et parfois de tuer, contre leur gré. Leur vie est rude : la faim les tenaille, la soif les torture et la fatigue les terrasse. Ils dorment sur le sol, dans leur treillis, veillés par les étoiles. Le gel nocturne gerce leur peau et le soleil brûlant des journées la tanne. Souvent, la mort les guette au détour d'une piste ou à la porte d'une mechta. Parfois, ils doivent utiliser leurs armes et certains sont blessés ou meurent. Pourquoi ?

« Pourquoi avons-nous vécu cette aventure ? » se demandera longtemps Albert.

J'essaie d'imaginer et de comprendre les sentiments des acteurs du drame : appelés du contingent et Algériens, contraints de se côtoyer sans se mêler. J'essaie de comprendre ce que pense un harki, créature atypique, prise entre deux exigences. J'essaie de me mettre à la place des uns et des autres : impossible défi. Et je me demande aussi : « Pourquoi ? »

Pourquoi Albert fut-il envoyé contre son gré sur les terres arides, ravagées par une guerre atroce dans la rutilance des couchers de soleil sur les monts de Kabylie ? Voici !

Tout a commencé le 30 avril 1827. Pour un motif futile, le dey d'Alger, dignitaire d'obédience ottomane, a souffleté le consul français Daval, avec le manche de son éventail. Son refus de s'excuser servit de prétexte. Les Français envahirent l'Algérie. Trente-trois mille soldats débarquèrent à Alger, prirent la kasbah et chassèrent les Turcs pour libérer les populations autochtones ; du moins ils le prétendaient.

Ce fut le début de la colonisation.

Plus tard, Abdelkader s'opposa à l'envahisseur venu du nord.

Alors, Bugeaud est venu, bien décidé et conquérant. Et c'est ainsi que l'Algérie devint une colonie de peuplement, livrée à la convoitise des colons : Français d'abord, puis Européens de toutes les nations. Tous achetèrent à vil prix les meilleures terres agricoles. Cette invasion fut combattue par l'habitant, il va de soi, mais l'armée française protégeait les colons : l'ordre républicain régnait.

Sous le Second Empire, Napoléon III pratiqua une politique arabophile. La tension retomba. Mais dès la chute de l'Empire (en 1870), dont se réjouirent hautement les colons d'Algérie, le cycle infernal recommença : appropriation des terres, révoltes, insurrections et répressions, conséquences du malaise des populations autochtones lésées.

La guerre d'Algérie fut l'aboutissement de plus d'un siècle de colonisation et de luttes incessantes, ouvertes ou larvées, mais toujours sanglantes. Les massacres de Sétif en 1945 lui donnèrent sa caution politique définitive : désormais, ce serait la lutte armée pour l'indépendance. En 1954, la Toussaint sanglante sonna le début des hostilités ; elles durèrent huit ans. Cette guerre se termina (historiquement) par l'indépendance proclamée le 1er juillet 1962 et le départ des pieds-noirs, français et européens, avec pour alternative : « la valise ou le cercueil ». Quant aux malheureux harkis, ils connurent le cercueil plus souvent que la valise. L'armée française ne les a pas sauvés. Elle les a délibérément abandonnés et livrés.

On ne peut pas conquérir un pays habité ni accaparer les meilleurs terres de tout un peuple sans qu'il se révolte, sauf à l'exterminer d'abord (ce fut le cas en Amérique du Nord au cours des guerres indiennes), car toujours l'opprimé tente à bon droit de reprendre son bien.

En Algérie, l'explosion démographique et la jeunesse des peuples indigènes ont permis de vaincre un occupant mieux équipé et mieux armé. La dynamique du nombre et la jeunesse l'ont emporté sur la force des armes. N'oublions pas que les triomphes de la Révolution française en 1789 et les victoires de Napoléon Ier, furent rendues possibles, en leur temps, parce que la France était de loin le pays le plus peuplé du continent européen, et fort de sa jeunesse.

Le sacrifice de la jeunesse d'Albert est la conséquence des ultimes convulsions, résultat de cent trente années de colonisation chaotique de l'Algérie. Et contre cela, Albert ne pouvait rien, pas plus que les centaines de milliers de jeunes appelés du contingent. Tous furent expédiés là-bas pour écrire dans le sang le chapitre final de cette malheureuse aventure.

Pendant qu'Albert brûlait sa belle jeunesse sur les djebels de Petite Kabylie, je faisais mes études en métropole. J'étais sursitaire. Mon école d'ingénieurs était sous le régime de l'Instruction militaire obligatoire (IMO). On en sortait officier.

Sous-lieutenant, je suis allé en Algérie. J'y suis resté huit jours. Pas plus !

L'indépendance venait d'être proclamée.

Je me souviens de l'arrivée à Bône, l'ancienne Hippone de saint Augustin, maintenant appelée Annaba. Sur la route, entre le port et la base aérienne, se pressait une foule en délire et des femmes poussaient des youyous. Le peuple algérien fêtait son indépendance dans la liesse. Moi qui avais connu l'explosion de joie du 8 mai 1945, je comprenais leur allégresse. Enfin la paix était revenue dans ce pays. Le cauchemar prenait fin. Plus personne ne mourrait dans une guerre injuste. Mais y a-t-il des guerres justes ? Les jeunes du contingent rentraient en France pour s'occuper utilement et les Algériens retrouvaient la paix. La paix, après presque cent trente années d'occupation, de spoliations, de vexations et de révoltes larvées.

Je suis resté huit jours à Bône. Puis je suis retourné en France.

Par le jeu du sursis et des événements historiques, je n'ai pas combattu en Algérie. Je n'ai pas crapahuté dans les djebels et je n'ai pas connu la réalité de la « sale guerre ».

Je sais qu'on ne récrit pas le passé, mais parfois je m'interroge.

À la place d'Albert qu'aurais-je fait ?

Je ne détestais pas la vie militaire. J'éprouvais même du plaisir à boucler le parcours du combattant. Marcher dans la nature avec le sac à dos ne me déplaisait pas. Mais les exercices physiques et les manœuvres n'étaient pas la guerre. Aucun fusil chargé n'était braqué sur nous. Les exercices physiques auxquels nous soumettaient les « commandos de l'air » revenus d'Algérie pour nous entraîner étaient supportables et humains.

Je n'ai jamais eu un homme dans l'œilleton du viseur de mon fusil.

Je me dis : « Qu'aurais-tu fait si tu avais été à la place d'Albert ? »

Aurais-je appuyé sur la queue de détente ? Aurais-je attendu qu'un copain tirât le premier ?

C'est la grande question. Elle n'a pas de réponse.

Nul ne peut préjuger des actes qu'il aurait accomplis dans une telle circonstance. C'est la raison pour laquelle on ne doit pas juger.

Ne jugeons pas Albert. Ne jugeons pas ses actes. Jugeons la guerre et haïssons-la !

Soyons tolérants et pacifiques. La paix entre les peuples est une denrée rare. Il faut l'entretenir et la cultiver comme une fleur précieuse. Lui verser un peu d'eau chaque jour, une larme peut-être, de peur qu'elle ne s'envole et qu'un autre conflit ne nous en fasse verser beaucoup d'autres plus amères.